북한 로동신문 기자들 실체 분석

북한 로동신문 기자들 실체 분석
김정은 시대 북한 언론 어떻게 변했나

초판 1쇄 발행   2020년 5월 29일
초판 2쇄 발행   2020년 10월 29일

저   자 | 김수한
발행인 | 윤관백
발행처 | 도서출판 선인

등 록 | 제5-77호(1998.11.4)
주 소 | 서울시 마포구 마포대로 4다길 4 곳마루 B/D 1층
전 화 | 02)718-6252 / 6257   팩스 | 02)718-6253
E-mail | sunin72@chol.com

정가 20,000원
ISBN 979-11-6068-382-0 93300

· 잘못된 책은 바꿔 드립니다.

북한 로동신문 기자들 실체 분석

김정은 시대 북한 언론 어떻게 변했나

김 수 한 著

머리말

어릴 때 일이다. 황석영 작가의 '사람이 살고 있었네'라는 책의 표지를 본 적이 있다. 북한을 다녀온 이야기라고 했다.

책은 읽지 못했다. 다만 '북한에도 사람이 살고 있다는 얘기겠구나'라고 추정했다. 어린 나이에도 '북한에는 괴물만 사는 줄 알았는데 사람이 살고 있다는 얘기를 저 작가가 하고 싶은 거로구나' 그런 생각을 했었다.

한편으로 '저런 얘기를 우리나라에서 하면 안 될 텐데' 하는 두려움도 있었다. 북한에도 사람이 산다면, 그건 지금까지 우리가 배운 거와는 다른 얘긴데 사회적인 동요로 이어질 수 있지 않은가. 아니나 다를까. 황석영 작가는 색깔론으로 비난을 받는 작가라는 사실을 그 당시에도 어렴풋하게 알 수 있었다.

시간은 흘렀다.

중·고등학교를 졸업했고, 대학생이 되었고, 대학원을 다녔고, 직장에 들어갔다. 그러나 그때까지도 황석영 작가의 책을 제대로 읽어본 적이 없었다. 그냥 '사람이 살고 있었네'라는 북한 방문기를 쓴, 가급적 피해야 하는 작가 정도로 여기고 있었다.

그런 그가 생각난 건 박사학위 논문을 구상할 때였다.

'북한에도 언론인들이 살고 있을 텐데…….'

북한의 언론인은 도대체 어떤 활동을 하고, 북한 사회에서 어떤 존재로 인식되며, 실제로 북한의 권력층에서 어떤 위치를 점하고 있을지가 무척이나 궁금했다. 그러나 알 도리가 없었다. 만약 이 주제를 누군가가 다뤄야 한다면 현직 언론인인 필자가 적임이라는 생각이 들었다.

  일반적인 관점에서 북한의 언론인은 연구의 대상이 되기에 한참 부족하다. 북한의 언론인이란 권력의 최상층이 가리키는 손가락을 따라 움직이는 하수인에 지나지 않는다는 인식이 널리 퍼져 있다. 북한 권력의 최상층에서 기사 아이템을 입력하면 기사가 자동으로 생산될 거라고 여기는 이가 많다. 공산주의 사회인 북한에서 언론인의 소신이나 언론출판의 자유는 있을 리가 없으며, 북한 권력층이나 언론은 한통속일 수밖에 없다는 인식이 밑바닥에 깔려 있다.

  그렇다면 북한의 언론인은 정말로 한낱 기사를 작성하는 '기계'에 지나지 않는가.

  현직 언론인으로서, 그렇지는 않을 것이라는 강한 확신이 들었다. 기사 작성에 있어 상부의 지시가 아무리 강력하더라도 그것을 쓰는 기자가 그 요구를 감당할 만한 깜냥이 되지 않으면 상부에서 원하는 기사는 나오지 못한다. 또한 상부의 지시가 있더라도 그 지시의 의도를 정확히 간파하고, 그 요구에 완벽하게 부합하는 기사를 쓰려면 기자 스스로의 상황 이해 및 판단 능력과 기자로서의 동물적 감각이 발휘되어야 한다.

북한 언론 자료를 들여다보면 볼수록 그런 생각은 더욱 굳어졌다. 기사들은 비록 자화자찬과 남한과 미국 등의 비판 등 전형적인 공산주의 언론의 폐쇄성을 보이고 있었지만, 언론인의 관점에서 쉽게 쓴 기사들은 아니었다. 각각의 기사들은 북한 매체가 요구하는 기사의 요건을 갖추고자 이런저런 시도를 하고 있었고, 나름의 관점에서 인물과 사물을 바라보고 있었으며, 감정을 가진 인간으로서 느낄 수 있는 감상과 소회를 효과적인 언어로 전달하기 위해 애쓰고 있었다. 그리고 이러한 노력은 기사를 자동으로 제작하는 기계에서는 나올 수 없는 결과물이었다.

그렇게 해서 맨 처음으로 시작한 작업이 로동신문 편집국의 기자 명단을 파악하는 것이었다.

'일간지 기자들이니 남한이라면 1일에 기사 1건은 쓸 텐데, 북한이니 1달에 1건은 쓴다고 하자.' 이렇게 시작된 연구는 신뢰성 제고 차원에서 범위를 1달에서 2달, 3달, 6달로 넓혀갔고, 결국 김정일~김정은 시대 주요 정치적 사건을 기점으로 5개 시기를 나눈 뒤 시기마다 6개월치 기사의 기명 기사를 전수 조사해 시기별 편집국 인원 전수를 파악하는 단계까지 나아갔다.

이 논문이 '쓸 만한' 주제로 인식되기 시작한 것도 이때다. 지도교수는 저자가 5개 시기별 편집국 인원 변화에 대해 설명하자, 그제서야 "연구를 해볼 만하다"며 고개를 끄덕여줬다. 총 30개월간 기명 기사 수 약 1만 4000여 개 분석 및 5개 시기별 편집국 인원 도출에만 1년이 걸렸다.

인원이 파악되자 기자들 개개인이 작성한 기사를 기자별로 묶어봤다.

그러자 아주 흥미로운 결과가 나타났다. 기자별로 작성하는 기사 주제가 뚜렷하게 드러난 것이다. 북한 로동신문 기자들도 남한 기자들처럼 소속 부서에 따라 일정한 담당 분야를 가지고 활동한다는 사실이 증명됐다. 이 내용을 바탕으로 기자 전원의 소속 부서를 추정적으로 분류할 수 있었다.

5개 시기별 편집국 인원 전수 조사와 소속부서 파악 작업이 마무리되자 시기별 기자들의 부서이동 현황도 가려낼 수 있었다. 북한 기자들도 대남 및 대미 일부 부서를 제외하면 남한 기자들처럼 부서 이동을 활발하게 하고 있다는 결과가 나왔다.

여기서 한 걸음 더 나아가 5개 시기별 로동신문의 내용이 어떻게 바뀌고 있는지에 대해서도 추가로 연구했다. 김정일 시대에는 체제 찬양, 사회주의 혁명, 선대 우상화 등 정치와 사상 관련 내용이 주류를 이뤘으나, 김정은 시대 들어 '경제 발전'과 '과학 기술'을 강조하는 트렌드가 나타났다.

　이 논문이 출판되자, 가장 적극적인 관심을 드러낸 건 주한 미국대사관 측이었다.

　미국대사관 관계자들은 저자를 찾아와 2시간 넘게 논문에 대한 질문과 해석을 주고받았다. 저자를 만나러 오기 전 A4 한 페이지 분량의 질문지를 작성해오는 꼼꼼함도 잊지 않았다. 주위에 이야기 했더니 '세계의 패권국가인 미국의 힘이 바로 거기서 나오는 것 아니겠느냐'고 한다. 그러나 그럼에도 불구하고 누구도 부정할 수 없는 사실이 하나 있다. 북한 문제에 있어 국제 사회에서 최고의 전문가는 한국 사람이라는 점이다.

　저자와 같이 90년대 중반에 대학생이 된 사람들은 대학 생활 중 긴 방황의 시간을 보냈다. 80년대 선배들이 인생을 바쳤던 '이 땅의 민주화'라는 화두가 이미 역사의 저편으로 넘어가고 있었고, 풍요로운 시절을 보낸 첫 신세대인 이른바 'X세대'로서 각자 개성 넘치는 인생을 개척해야 했다. 그때 일제 시대는 '독립운동', 군사 독재 시절은 '민주화운동'이 시대정신이었다면 우리 90년대 학번에겐 '남북통일'이 시대정신이 아닐까 생각한 적이 있다. 그리고 드디어 오늘 그 어느 때보다 큰 보람을 느낀다. 저자가 시대정신을 향한 일보 전진에 미약하지만 동참하고 있다고 느끼기 때문이다.

　이 책을 저자가 논문 집필에 집중할 수 있도록 배려해준 아내에게 바친다. 이 책은 2019년 8월 필자가 동국대학교 대학원에서 받은 북한학 박사학위 논문을 보완해 출판한 것이다.

　아내는 저자가 논문 집필을 시작한 2016년 가을, 다섯 살이던 첫째 아들 연재를 그 어느 누구의 도움도 없이 오롯이 혼자 돌봤다. 또 5개 시기 로동신문 편집국 인원 전원을 파악하고 있을 무렵이던 2017년 12월에는 둘째 아들 강우를 출산했다. 그녀는 논문이 심사를 통과한 2019년 7월까지 약 3년간 연재와 강우를 홀로 건사했다. 원유진, 정말 고생했다.

2020년 5월
삼각지에서
김수한

차례

■ 머리말 / 5

제1장 서론
제1절 문제 제기   15

제2장 이론적 배경과 선행연구 고찰
제1절 언론의 기능과 정치적 통제   21
제2절 북한 언론 관련 선행연구   37

제3장 연구 범위와 방법
제1절 연구 대상   55
제2절 편집국 조직과 인원 구성 연구   63
제3절 기사 내용 분석 연구   73

제4장 편집국 조직과 인원 구성 추정 결과

제1절 시기별 조직과 인원 구성의 귀납적 유추 결과   81
제2절 시기별 편집국 인원 변화 분석 결과   91
제3절 시기별 기자의 부서 공헌도 분석 결과   113
제4절 시기별 부서 이동 분석 결과   157
제5절 소결   221

제5장 로동신문 기사 내용 분석 결과

제1절 시기별 기사 내용 분석 결과   229
제2절 시기별 기사 내용과 편집국 조직 및 인원 변화   267
제3절 로동신문의 시기별 언론관 분석 결과   275
제4절 소결   291

제6장 결론

제1절 종합 정리   299
제2절 연구의 의의 및 한계   305

■ ABSTRACT / 315

제1장

서론

제1절
문제 제기

　김일성 주석, 김정일 국방위원장에 이은 김정은의 등장은 북한 언론을 어떻게 변모시켰는가. 김정은 국무위원장의 등장을 전후로 하여 북한의 언론은 전과 달라진 행태를 보이고 있다. 방송 뉴스 진행자들이 새로운 인물로 교체되고 스튜디오 내부가 현대적 인테리어로 재단장되는가 하면 뉴스의 속보성을 강화하고 정치나 군사 관련 보도에 중점을 뒀던 과거와 달리 경제와 과학기술 발전을 중시하는 등 형태적으로나 내용적으로 과거와 차별화된 모습을 보이고 있는 것이다.
　김정은의 등장을 전후로 하여 북한의 언론이 실제 형태적으로나 내용적으로 변화하고 있다는 게 사실이라면, 그 사실 자체만으로 상당히 주목할 만한 일이다. 기존 북한의 공산주의적 정체(政體)하에서 언론의 운신의 폭은 크지 않았던 것이 사실이다. 북한 언론이 북한 사회 전반을 변혁시킬 잠재적 능력이나 힘을 가졌을 거라고 기대하기 어려웠으며, 심지어 북한 언론이 스스로를 변화시키거나 개혁할 여력이 있을 거라고도 여겨지지 않았다.
　그러나 김정은의 등장을 전후로 하여 북한의 언론이 변화하고 있다면, 그 변화가 어떠한 형태와 내용을 보이느냐에 따라 상당한 의미를 내포하고 있을 수 있다. 본 논문에서는 이 점에 주목해 김정은 권력승계시기에 북한의 언론이 형태적으로나 내용적으로 어떤 변화를 겪었는지에 대해 과학적으로 탐구하고, 그 변화의 함의가 무엇인지 분석해볼 것이다. 이러한 논문의 목적에 따라 본 논문은 북한 언론계에서 가장 중요한 역할을 하는 로동신문을 분석의 대상으로 삼았다.

북한 최고 지도자에게 언론은 통치수단의 일부로 여겨진다. 통치수단의 일부분인 북한 언론이 새 정치 지도자의 등장을 전후로 하여 일정 부분 변화하는 양상을 보인다는 것은 통상적인 상식 하에서 자연스러운 현상으로 여겨질 수도 있다. 그러나 새 정치 지도자의 등장과 함께 북한 언론이 어떠한 분야에 더욱 중점을 두고 어떠한 방향을 지향하고 있는지 파악하는 것은 북한의 정치와 경제, 사회, 문화 등 사회 전반을 한층 더 깊이 있게 이해하기 위해 반드시 필요한 과정이다.

북한 당국은 과거부터 신문 제작을 '정치 작업'[1]으로 규정하고 노골적으로 언론을 통치를 위한 수단으로 활용하여 왔다. 북한 언론 역시 이러한 당국의 방침에 따라 통치 수단으로서의 역할에 적극 부응하여 충실히 임하여 왔다. 북한 언론인들은 스스로 "김일성의 교시와 김정일의 방침을 해설 선전하고 옹호 관철하는 한편 인민들의 정치사상적 통일과 단결을 강화할 것을 맹세한다"는 입장을 밝혔다.[2]

---

[1] 북한 당국은 "신문편집은 곧 정치이며 작전"이라는 김정일 북한 국방위원장의 말을 인용하며 "주체의 출판보도물은 인민대중의 자주위업, 사회주의위업을 위하여 복무하는 당과 수령의 출판보도물로서 본성에 있어서 당과 수령의 정치에 이바지하는 것을 기본사명으로 하고 있으며 따라서 출판보도활동이 관건적공정인 편집자체가 정치로 될 것을 필수적으로 요구하게 된다"고 규정하고 있다(남용규 외, 2011, 564쪽).

[2] 북한 언론인들은 2001년 11월 19일 북한 조선기자동맹 제8차 대회 결의문을 통해 이러한 입장을 공표하였다.

그러나 북한 언론이 수십 년간 이러한 임무와 역할 수행에 매진하여 왔다고 해서 앞으로도 지속적으로 기존의 습성과 행태를 이어갈 것이라고 단언할 수는 없는 일이다. 만약 상황이 바뀌어 북한 언론이 기존에는 보이지 않던 행태를 보일 경우 이를 어떻게 분석하고 풀이하여야 할 것인가.

앞으로 북한 언론에서 변화가 나타나기 시작한다면 그러한 변화는 기존 북한 언론의 과거와 현재 인프라를 토대로 그 테두리 안에서 나타날 가능성이 높다. 미래의 북한 언론은 과거와 현재의 북한 언론을 기반으로 진화, 발전한 결과물인 까닭이다. 북한 언론의 미래를 예측, 전망하기 위해서는 과거와 현재의 북한 언론을 주도면밀하게 살펴보고 평가하는 과정이 선행되어야 한다. 경우에 따라서는 과거와 현재의 북한 언론 분석 과정에서 나타난 작은 실마리 하나가 미래 북한 언론을 파악하고 예측하기 위한 결정적 단초가 될 수도 있는 것이다.

이 논문에서 중점을 두고자 하는 근본적인 질문은 북한 언론이 형태적으로나 내용 면에서 김정은의 등장 전후로 변화를 겪었는가, 만약 변화가 있었다면 어떠한 변화였는가에 관한 것이다. 이 질문을 해소하기 위해 김정은 등장 전후로 나타난 중요한 정치적 사건을 기점으로 시기를 분류하고, 그 시기별로 북한의 로동신문이 편집국 조직형태 면에서나 기사의 형태, 기사 내용 면에서 어떠한 변화를 겪었는지를 추적해 볼 것이다.

이를 위해 시기별 편집국 인원 구성의 변화, 기자 및 부서의 역할 변화, 시기별 신문 지면의 주요 보도내용 배치행태의 변화, 시기별 기사 내용의 중점사항 변화 등을 분석해 변화의 의미를 살펴볼 것이다.

제2장

이론적 배경과 선행연구 고찰

제1절
언론의 기능과 정치적 통제

1. 언론의 기능과 역할

언론의 사전적 의미는 '개인이 말이나 글로 자기의 생각을 발표하는 일. 또는 그 말이나 글'이다. '매체를 통하여 어떤 사실을 밝혀 알리거나 어떤 문제에 대하여 여론을 형성하는 활동'을 일컫기도 한다. 언론 활동을 하는 데 있어서 메시지를 전달하는 수단을 미디어라고 하고, 신문이나 TV와 같이 일반 대중을 상대로 매스 커뮤니케이션을 하는 데 사용되는 수단을 매스 미디어라고 한다. 미디어나 매스 미디어를 언론이라고 부르기도 한다. 라이트(C. R. Wright)가 제시한 미디어의 기능은 감시 기능, 해석 기능, 연결 기능, 가치전수 기능, 오락 기능 등 크게 5가지로 나누어진다(김학천·김병길·김동규, 2001, 36쪽).

감시 기능이란 정보 전달 기능으로 인해 언론이 갖게 되는 기능이다. 언론이 이 세상에서 일어나는 사건을 대중에게 알려주는 일을 지속적, 정기적으로 수행함에 따라 언론에게 감시의 기능이 부가적으로 주어진 것이다. 감시는 크게 경고적 감시와 기구적 감시의 두 유형으로 나눌 수 있으며, 경고적 감시는 자연재해나 전쟁 가능성을 미리 알려 대중들이 이에 대비할 수 있도록 하는 것이고 기구적 감시는 신상품 정보나 주식시장 동향 등 일상생활에 유용한 정보를 전달하는 기능을 말한다.

해석 기능이란 언론이 어떤 인물이나 사건에 대해 의미를 부여하는 기능을 말한다. 언론은 정보 전달과 함께 특정 인물이나 사건을 여러 관점에서 해석해 그 인물이나 사건이 어떤 의미와 중요성을 갖는지를 대중들에게 알려주는 것이다.

이러한 해석 기능은 언론의 게이트키핑(Gatekeeping) 기능을 통해 구현되는 것으로서, 언론이 세상의 모든 사건을 뉴스로 보도하지 않고, 수많은 사건 중 다양한 측면에서 시사하는 바가 큰 의미 있는 사건을 선별하여 보도함에 따라 나타나는 기능이다. 언론은 매 순간마다 그 순간에 가장 중요한 사건 순으로 우선순위를 매겨 보도하게 되는데 이러한 사건의 우선순위를 매기는 언론 활동을 '게이트키핑'이라고 부른다. 즉 언론의 게이트키핑을 거쳐 보도된 뉴스들은 단순히 언론의 정보 전달 기능에 의해 만들어진 것이 아니라, 언론의 해석 기능이 덧붙여져서 정보에 이어 의미와 중요성마저 갖춘 결과물인 것이다.

연결 기능이란 사회나 국가 또는 세계의 범주에서 직접적으로 연결되어 있지 않은 대상들을 언론이 연결해주는 기능을 말한다. 자연재해나 전쟁과 같이 인류 생활에 중대한 위협을 주는 사건이 발생하면 언론은 관련 뉴스를 전달함으로써 이러한 사건과 대중을 연결해주는 역할을 한다. 대통령 선거나 국회의원 선거와 같은 정치적 이벤트가 있을 경우에도 언론은 정치인과 유권자들을 연결해주는 역할을 한다. 언론이 전달하는 뉴스를 통해 유권자들은 어떤 정치인에게 투표할 것인지 결심하게 되고, 정치인들 역시 뉴스를 통해 여론을 파악하고 그 여론에 따라 자신의 정치적 행보를 결정하게 되는 것이다.

가치전수 기능은 사회화 기능이라고도 불리는 것으로서 언론이 대중들에게 소속된 사회에서 어떻게 행동해야 하는지, 어떠한 가치가 중요한 지를 가르쳐 줌으로써 그 사회의 가치를 전수해주는 기능을 말한다. 언론을 통해 곤경에 처한 이웃을 구한 의인의 이야기가 널리 퍼지게 됨으로써 대중들은 의로운 사람들을 존중하게 되고, 패륜적 범죄를 저지른 범죄자의 뉴스를 통해 대중들은 그러한 범죄를 저지르지 않고자 주의하고 경계하게 된다. 이러한 언론의 가치전수 기능에 따라 사회나 국가, 또는 국제적 차원에서 대중과 인류가 공유하는 중요한 가치가 대를 이어 전수될 수 있는 것이다.

오락 기능은 언론이 대중들에게 위안거리나 즐길 거리를 제공하는 기능을 말한다. 언론이 감시, 해석, 연결, 가치 전달 등 언론으로서의 근본적이고 실질적인 기능을 구현하는 것 못지않게 중요한 것이 언론의 오락 기능이다. 대중들은 언론을 통해 때로 카타르시스를 느끼거나 감동, 재미, 즐거움을 느낀다. 이러한 언론의 오락적 효과는 언론의 본연적 기능인 정보 전달 기능에서 기인하는 것으로서 대중들의 언론 이용도를 높이는데 기여하고 이는 다시 언론 기능의 활성화로 이어지는 선순환을 이루게 되는 것이다.

2. 언론에 대한 정치적 통제(언론의 4이론)

'누가 어떤 방법으로 어느 수위까지 언론을 통제하느냐'는 문제는 그 사회에서 언론의 위상과 수준을 논할 때 가장 핵심적인 질문이다. 이는 곧 언론 본연의 정체성 유지를 위한 '언론의 자유' 문제와 직결되며, 언론 본연의 기능인 정보 전달의 수준도 결정한다. 전통적으로 정치권력은 언론의 자유를 보장하거나 침해할 정도로 막강한 권한을 행사하였고, 각 나라에서는 정치권력의 언론 통제 방식에 따라 언론 작동의 메커니즘은 다르게 나타났다. 이러한 정치권력의 언론에 대한 통제와 언론의 자유에 초점을 맞춰 나타난 대표적인 이론이 '언론의 4이론'이다.

프레드 시버트(Fred S. Siebert), 테오도어 피터슨(Theodore Peterson), 윌버 슈람(Wilbur Schramm) 3인의 미국 언론학자들은 언론 이론을 역사적 변화 과정과 관련하여 권위주의 이론(Authoritarian Theory), 자유주의 이론(Libertarian Theory), 사회적 책임주의 이론(Social Responsibility Theory), 공산주의 이론(Communist Theory) 등 4가지로 분류하였다(시버트·피터슨·슈람, 1991, 17쪽). 이들이 말하는 언론이란 매스 커뮤니케이션의 모든 미디어를 의미하는 것으로, 이들의 4가지 언론 이론의 분류는 매스 커뮤니케이션 체제에 대한 분류를 의미한다(서정우·한태열·차배근·정진석, 2001, 178쪽). 이러한 분류는 '자유'와 '책임'이라는 측면에서 시대별 언론체제를 유형화한 것으로, 권위주의 이론은 언론의 자유와 언론의 책임이 모두 약화된 상태, 자유주의 이론은 자유는 극대화되었지만 책임은 경시된 상태, 사회적 책임이론은 자유와 책임을 모두 추구하는 상태, 공산주의 이론은 책임을 강조하되 자유는 말살시킨 상태로 설명된다.

권위주의 이론은 역사적으로나 지리적으로 가장 폭넓게 확산된 것으로, 오늘날의 매스미디어 개념이 형성되지 않았던 시대 대부분의 국가에서 자동적으로 채택된 이론이다(시버트·피터슨·슈람, 1991, 25쪽). 매스 미디어의 기능은 정치권력의 구조에 의해 결정되며 정부 정책을 지지하고 발전시키는 것이라는 주장을 담은 이론으로서, 16-17세기 황제가 지배하던 서구 유럽사회에서부터 일본, 제정러시아, 그 외 아시아와 남아메리카의 여러 나라들에 적용되었다. 당시 언론은 '톱다운'식의 정치 구조를 반영하여 권력계층의 의사를 일반 대중들에게 알리는 역할에 주력하였다. 언론은 곧 정치지도자의 전유물로 여겨졌으며, 언론이 정치지도자의 철학을 수용하지 않을 경우, 언제라도 그 기능과 역할이 제한되거나 취소될 수 있었다. 언론은 권력의 독재정치를 도와주는 하나의 수단에 지나지 않았으며, 권력의 노예라고 할 수 있을 정도의 예속적 위상을 가지고 있었다. 이러한 언론 형태는 오늘날 공산주의 국가나 비공산주의 국가의 독재권력 하에서 운영되는 언론의 뿌리라고 할 수 있다.

자유주의 이론은 권위주의적 언론 통제에 대한 반발로서 17-18세기에 유럽에서 태동하여 미국에서 꽃을 피운 이론이다. 서구 유럽사회를 한때 지배했던 종교적 억압이 개인의 종교적 자유를 중시하는 풍조로 변화하고, 자유무역의 만개와 자유방임주의의 확대로 중산층 시민계급이 대폭 확대되며 정치적 민주주의가 태동한 가운데 언론의 자유를 최상의 가치로 여긴 언론이론이 탄생하면서 생겨났다. 최고 권력자의 권력이 약화되면서 언론 또한 권력의 노예 역할에서 벗어나 다수 일반대중의 알 권리를 충족시키는 역할에 더욱 매진하게 된 것이다.

이러한 자유주의 이론은 서구 유럽의 민주주의 국가와 미국 등을 중심으로 널리 확산되었으며, 이후 아시아 등 여러 나라들로까지 전파되었다. 자유주의 이론을 토대로 언론은 국가에서 행정, 입법, 사법 등 3부의 권력을 견제하는 제4부(The Fourth Estate)의 권력으로 부상하게 되었다.

사회적 책임주의 이론은 언론의 4이론 중 가장 늦게 등장한 것으로,

정부로부터 자유로운 언론은 막강한 권력을 가지고 있는 만큼, 사회적 책임감을 가져야 한다는 이론이다. 자유주의 이론 체제에서 언론의 자유를 보장하려는 노력이 언론의 자유 보장 수준을 넘어 언론의 특권을 추구하는 단계로까지 나아가자 이를 제지하고 보완하려는 대안적 이론이 나타난 것이다. 이 이론은 언론을 소유한 특정 소수의 권력이 정치권력에 맞설 정도로 급성장하면서 언론이 특정 집단이나 개인에게만 이익이 되는 정보를 제공하는 행위를 지양하고, 올바른 국민의 의사결정을 위해 다방면에서 충분한 정보를 제공해야 한다는 주장을 편다.

공산주의 이론은 옛 소련과 동구권 국가들 등 공산주의 국가에서 극도의 통제를 받는 언론 모델을 중심으로 나타난 언론이론이다. 공산주의 국가의 언론은 사유물이 아니라 국유물이였기 때문에 권위주의 이론의 언론보다 권력으로부터 훨씬 높은 수위의 통제를 받았다. 공산주의 언론의 지상 최대 과제는 자유로운 사상을 토대로 만물의 진리를 추구하는 것이 아니라, 공산주의 이념을 지키기 위한 '진리' 추구에 전념하는 것이었다. 이를 위해 공산주의 언론은 필요한 정보 외의 정보를 배제하는 역할에 매진하게 되었다.

소수의 권력 집단이 언론을 철저히 통제한다는 측면에서 권위주의 이론과 공산주의 이론은 유사한 면이 많았다. 언론의 역할은 권력의 입장을 충실히 대변하는 것이었고, 언론이 권력의 지침이나 판단에 역행하는 경우, 언제든 그 기능과 역할 면에서 배척될 수 있었던 것이다. 뿐만 아니라 공산주의 언론은 권위주의 언론보다 더 철저한 통제와 감시 속에 훨씬 더 제한적 역할을 수행하여야 했다.

언론의 4이론은 정치 구조의 성격과 통제에 따른 언론의 특성을 설명한 이론으로 오랜 시간 각 국의 언론체제를 설명하는데 활용되었으나 그 반론도 없지 않았다.

미국의 언론학자 네론은 1950년대부터 1990년대까지 약 40년간 언론이론의 대표적 개념으로 자리매김한 언론의 4이론에 대해 4가지 이론이 아니라 하나의 이론을 입증하기 위한 4가지 증거라고 지적하였다. 네론은 "언론의 4이론의 명칭은 '4이론'이지만 실제로는 '커뮤니케이션 시스템의 구조, 정책, 행위는 그것이 처한 사회를 반영하고 그 사회는 하나의 일관된 철학에 의해 규정될 수 있다'는 한 가지 전제이자 이론을 제공하고 있으며, 그것을 입증하기 위한 4가지 증거를 제시하고 있다"(Nerone, 1998, 35쪽)고 반박하였다.

또한 언론의 4이론은 동일한 수준의 역사적 구체성을 가지고 있지 않으며, 권위주의는 이론이 아닌 실제 현상에 그치는 등 4이론의 수준이 서로 동등하지 않다고 지적하고, 서로 다르면서 동등하게 규정된 4이론을 통해 어떤 언론 시스템도 하나의 언론 이론에 의해 정의될 수 있다는 오해를 불러일으켰다고 비판하였다. 아울러 그는 언론의 4이론은 과도하게 단순화되어 개념적으로 모순되는 사례들을 포함하고 있으며3, 개인이나 국가에 대한 고전적 자유주의의 개념을 토대로 모든 갈등을 개인과 국가의 갈등이라는 구도로 설명하였고, 개인은 '민간', 공공은 '국가'와 동일시되어 시민사회 등 민간 분야의 범주를 소홀히 다루었다는 점 등을 지적하였다. 아울러 언론의 4이론에 대해 자유주의 이론의 분석틀로 접근해 권위주의 이론이나 소비에트 공산주의 이론

---

3 특히 4이론은 각각 인간, 국가, 지식, 진리라는 개념을 다루고 있으며 권위주의는 불완전한 개인, 그 자체가 목적인 국가, 소수에 의해 활용되는 지식, 절대적 진리에 의해 특징 지워지며 자유주의는 완전한 개인, 수단이 되는 국가, 국민을 위한 지식, 상대적 진리라는 상반된 개념으로 이뤄지지만 각각의 경우에 그 이론에 모순되는 사례들이 존재해 반박 가능하다며 4이론의 과도한 단순화를 지적하였다.

의 분석에서 근본적 오류를 범했다고 보았다. 언론의 4이론이 제시된 역사적 배경 또한 논란의 여지가 있다. 4이론이 세계가 냉전의 정점에 있던 1956년 출판되었기 때문에 당시 저술은 순수한 학술적 저서가 아니라 이데올로기적 주장을 담은 논고라는 것이다.

1956년 처음 발간된 시버트, 피터슨, 슈람의 〈언론의 4이론〉에 이어 레이몬드 윌리엄즈는 1962년 언론에 대한 통제와 언론의 자유를 기준으로 언론체제를 권위적 체제(Authoritarian System), 가부장적 체제(Paternal System), 상업적 체제(Commercial System), 민주적 체제(Democratic System) 등 4개의 체제로 나누었다. 이러한 분류 또한 언론의 4이론과 밀접한 연관성을 갖는다(서정우·한태열·차배근·정진석, 2001, 177쪽).

윌리엄즈에 따르면, 권위적 체제에서 언론은 소수자가 사회를 통치하는 장치의 일부로서, 언론의 1차 목적은 권력집단의 지시·사상·의견을 전달하고 소수자의 권력에 바탕을 둔 사회질서를 유지, 보호, 증진하는 것이다. 여기서 중점은 '무엇을 말할 수 있는가'이다.

가부장적 체제는 양심을 가진 권위 체제로서, 권력집단은 단순히 권력유지를 초월하여 특정 가치관과 목적을 가지고 있으며, 피치자를 보호 및 교도할 의무를 내세우는 체제이다. 이 체제에서는 '무엇을 말해야 할 것인가'에 무게를 둔다.

상업적 체제는 언론은 정치와 통제, 교도를 위해 존재하는 것이 아니고 '인간은 어떤 종류의 재화라도 팔거나 사들일 권리가 있다'는 원칙 아래 운영된다고 본다. 관건은 '이윤을 남기려면 무엇을 이야기해야 하는가'이다.

민주적 체제는 모든 인간이 원하는 것을 제시하고 스스로 선택하는 것을 수용할 권리가 있다는 원칙에 바탕을 두고 운영된다. 이 체제는 권위적 체제, 가부장적 체제, 상업적 체제의 통제를 모두 배격하고 공익봉사적 차원에서의 언론을 지향한다.

3. 북한의 언론이론과 출판보도사상

북한에서는 레닌의 언론기능론, 김일성의 언론기능론, 김정일의 주체적 출판보도사상이 시대의 변화에 맞춰 기능을 일부 수정하면서 북한 언론의 사상적 토대가 되고 있다. 시버트(Siebert) 등이 규정한 언론의 4이론적 관점에서 북한 언론은 소비에트 공산주의 이론에 근거한 언론으로 분류된다. 소비에트 공산주의 이론에서 언론은 공산주의 국가의 소유물로서 최고 지도자로부터 극도의 통제를 받는 형태로 운영된다. 소비에트 공산주의 이론은 냉전시대 옛 소련을 비롯한 공산권 국가에서 적용됐던 언론이론 모델로, 동서독의 통일(1989년)과 옛 소련 해체(1991년)를 계기로 공산권 국가들이 줄어들면서 오늘날 북한과 중국 등 일부 소수의 공산권 국가에서 명맥을 이어가고 있다.

이 중에서 북한은 현재도 여전히 철저하게 소비에트 공산주의 이론을 토대로 한 언론관 하에 모든 언론기관을 사실상 국가가 소유하는 형태로 운영하고 있다.

북한의 〈광명백과사전(7) 교육, 어학, 출판보도〉는 출판보도물에 대해 "인간생활에서 없어서는 안 될 필수적존재"로 규정하고 "사람들의 정치사상생활과 경제문화생활의 벗으로 되고 있을 뿐 아니라 정치투쟁, 계급투쟁의 무기로 복무하여왔다"고 설명하고 있다. 그러면서 "우리의 신문, 통신, 방송, 출판물은 철두철미 조선로동당의 정치에 이바지하여온 당적출판보도물"이라고 규정한다(남용규 외, 2011, 551쪽). 아울러 "혁명하는 당은 출판보도물과 같은 위력한 사상적 무기를 가져야 혁명과 건설을 승리에로 이끌 수 있다. 일시에 광범한 대중을 계몽 각성시키고 투쟁에로 불러일으키는 출판보도물의 집단적 선전선동력과 집단적 조직동원력은 그 무엇으로써도 대신할 수 없다"며 "출판보도물에 관한 사상리론의 정당성과 진리성의 척도는 그것이 출판보도물의 지위와 역할, 그 발생발전의 합법칙성을 얼마나 정확히 밝히는가 하는 것이다. 출판보도물은 시대와 력사의 산물이며 시대가 전진하고 력사가 발전하면 그에 따라 출판보도물도 변화발전하게 된다"고 설명한다.

이어 "자본주의사회가 도래하여 출판보도물이 폭발적으로 증대되면서 계급적 성격이 서로 다른 출판보도물이 출현하였다"며 "그 하나는 로동계급을 비롯한 피착취계급의 리익을 대변하는 진보적인 출판보도물이고 다른 하나는 지주, 자본가를 비롯한 착취계급의 리익을 대변하는 반동적인 출판보도물"이라는 인식을 드러낸다. 뿐만 아니라 "진보적인 출판보도물인 로동계급의 혁명적 출판보도물은 출판보도물에 관한 로동계급의 혁명사상과 리론을 지침으로 삼고 피착취계급의 리익을 대변하는 반면에 반동적인 출판보도물인 자본주의출판보도물은 출판보도물에 관한 부르죠아사상리론에 의거하여 착취계급의 리익을 대변하며 썩어빠진 자본주의사회를 미화분식한다"며 자체 논리를 강화하고 있다. 이어 "로동계급의 출판보도사상은 출판보도물에 관한 선진적인 혁명사상이며 그 최고봉을 이루는 것은 위대한 주체사상을 구현한 주체의 출판보도사상이다"라며 "주체의 출판보도사상은 영생불멸의 주체사상의 창시자이신 위대한 수령 김일성동지께서 주체사상을 빛나게 구현하여 새롭게 제시하신 가장 혁명적이고 독창적인 출판보도사상"이라고 단언한다(남용규 외, 2011, 551~552쪽).

김영주(2018)는 북한 언론이론과 관련해 "김정은의 등장과 북한 언론이론의 변화: 남한 뉴스미디어의 시각교정을 위한 전제"에서 미국 언론학자 슈람(Schramm)의 "공산주의 국가체제는 '힘'과 '설득'이라는 2개의 수레바퀴에 의해 굴러간다"는 표현을 인용하면서 "이것은 공산주의 국가인 북한이 군사력과 경찰력을 기반으로 하는 '강제'(총대)와 더불어, 언론기관을 주축으로 하는 '설득과 동의'(붓대)를 통해 그들의 체제를 유지한다는 의미"(김영주, 2018, 3~18쪽)라고 풀이하였다. 광명백과사전은 북한의 출판보도사상에 대해 "주체의 출판보도사상"으로 지칭하며 "위대한 수령 김일성동지에 의하여 창시되고 위대한 령도자 김정일동지에 의하여 발전 풍부화되고 있는 주체의 출판보도사상은 출판보도물에 대한 가장 올바른 견해와 관점을 세울 수 있게 하는 혁명사상"이라며 "위대한 수령님께서 창시하신 출판보도사상은 한마디로 인민대중이 세계와 자기 운명의 주인이라면 그들을 그런 힘있는 존재로 키우는 역할을 바로 혁명적 출판보도물이 담당 수행한다는 새롭고 독창적인 주체적 견해와 관점"(남용규 외, 2011, 553쪽)이라고 설명하고 있다.

또한 붓대중시사상에 대해서는 주체의 출판보도사상을 심화 및 발전시키는 "력사적 과제"에 당면하여 "주체혁명위업의 위대한 계승자이신 경애하는 김정일 동지께서 온 사회의 주체 사상화를 우리 당의 최고강령으로 선포하시고 그에 맞게 우리 당 출판보도물을 온 사회의 주체 사상화에 이바지하는 위력한 사상무기로 새롭게 정식화"했다며 "김정일 동지의 출판보도사상에서 무엇보다 중요한 자리를 차지하는 것은 붓대중시사상"이라고 언급했다. 사전에 따르면 붓대중시사상은 "혁명투쟁에서 총대와 함께 붓대를 중요한 위치에 놓고 그 역할을 끊임없이 높일데 대한 혁명사상"이다. 사전은 "붓대중시사상이 새롭게 제시됨으로써 혁명과 건설에서 출판보도물의 지위와 역할이 보다 더 강화되게 되였으며 그것은 (김정일의) 선군시대와 더불어 새로운 의미를 가지게 되였다. 총대가 사수의 기본무기인 동시에 군대를 상징한다면 붓대는 기자와 작가를 비롯한 문필가의 기본무기인 동시에 혁명과 건설의 위력한 사상적 무기인 출판보도물을 상징한다"고 설명하고 있다.

사전은 북한의 출판보도사상에 앞서 로동계급의 선대수령들이 출현시킨 맑스-레닌주의 출판보도사상이 인류출판보도사상사에서 새로운 발전의 계기였으며, 김일성이 창시한 주체의 출판보도사상은 출판보도물에 관한 로동계급의 사상리론발전에서 획기적 전환의 국면을 마련한 역사적사변이라고 의미를 부여하고 있다. 이러한 해석은 북한의 언론 이론이 맑스-레닌주의 출판보도사상에서 기인했으며, 이후 김일성과 김정일이 계승, 발전시켰다는 취지로 이해될 수 있다. 김영주(2018)는 이와 관련해 북한의 언론 이론이 광복 직후부터 1960년대 초반까지 레닌의 언론기능론에 근거하다가 1960년대 초반부터 김일성이 창시한 것으로 알려지는 김일성의 언론기능론으로 변화했다고 설명한다. 이는 다시 김정일 시대에 들어 소위 '1974년 5.7 문헌'으로 불리는 노작 "우리 당의 출판보도물은 온 사회의 김일성주의화에 이바지하는 위력한 사상적 무기이다"를 통해 김정일의 주체적 출판보도사상으로 다시 변형된다.

각각의 변화 단계에서 차이점은 레닌의 3대 언론기능론은 언론의 기능에 대해 집단적 선전자, 선동자, 조직동원자(경제조직자)의 역할을 하는 것으로 설명하고 있으나, 김일성의 3대 언론기능론은 레닌의 그것에 문화교양자적 역할을 첨가해 선전선동자, 조직동원자, 문화교양자 등 3대 언론기능론으로 변형한 것으로 설명된다(김영주, 2018, 4쪽).

김정일의 주체적 출판보도사상은 김일성의 언론기능론에서 선전선동자 기능을 3가지로 나누고, 나머지 조직동원자, 문화교양자 기능을 남겨 언론의 기능을 총 5가지로 재분류한 것이다. 이러한 김정일의 5대 언론기능론(주체적 출판보도사상)은 김일성의 3대 언론기능론에서 조직동원자, 문화교양자 기능은 그대로 남겨두고 선전선동자 기능을 대내·대남·대외적 차원의 3가지 범주로 나눠 만들어진 것으로 풀이된다(김영주, 2018, 15쪽).

5대 언론기능론은 사상교양자적 기능, 문화교양자적 기능, 조직동원자적 기능, 대적 투쟁·대적 언론전의 무기로서의 기능, 대외선전과 외교수단으로서의 기능으로 분류된다. 여기서 사상교양자적 기능(대내적 선전선동활동), 대적 투쟁·대적 언론전의 무기로서의 기능(대남적 선전선동활동), 대외선전과 외교수단으로서의 기능(대외적 선전선동활동) 등 3가지가 김일성 언론기능론의 선전선동자적 기능이 3가지로 분화된 것이다.

특이할만한 점은 김정일의 주체적 출판보도사상은 1974년 이후 37년 동안 지속되었으며 2011년 새로운 언론 이론으로 수정되었다는 점이다(김영주, 2018, 4쪽). 2011년 출간된 〈광명백과사전(7) 교육, 어학, 출판보도〉에서 북한이 내세운 수정된 새 언론 이론에서 언론의 5대 기능은 보도적 기능, 사상교양자적 기능, 조직동원자적 기능, 대내 사상교양자적 기능, 대적 언론전 기능, 대외 선전적 및 외교적 기능 등이다.[4]

이러한 변화는 김정일의 5대 언론기능론에서 문화교양자적 기능을

---

[4] 광명백과사전 출판보도 분야 제1장 주체의 출판보도사상리론의 제3절 주체의 출판보도물의 기능과 역할, 활동원칙에서 이와 같은 5가지의 분류가 명시되어 있다. (남용규 외, 2011, 557~563쪽)

삭제하고 그 대신 보도적 기능을 추가한 결과이다. 북한은 그동안 서구 언론에서 중요시했던 언론의 '보도적 기능'에 대해 선정적이고 엽기적인 뉴스를 양산한다는 이유로 외면하였으나, 차제에 보도적 기능을 새롭게 수용하여 언론 이론의 새로운 5개 축 중 하나로 삼은 것이다. 이 시기 전까지 북한을 비롯한 공산권 언론들은 언론의 보도적 기능보다는 정론이나 평론, 론설 등 사상교양적 기능이나 대내외적 선전적 기능을 중요시했다. 그러나 2011년을 기점으로 보도적 기능을 받아들여 북한 언론기능의 주요 5개 요소로까지 포함시키면서 입장 변화를 꾀한 것이다.

북한의 보도적 기능은 서구적 개념의 보도적 기능과는 거리가 멀다. 사전은 "보도적 기능과 역할은 출판보도물의 가장 기본적인 본성적 기능과 역할"(남용규 외, 2011, 558쪽)이며 "보도적 기능과 역할을 떠나서 출판보도물의 존재 그 자체에 대하여 말할 수 없다"고 강조한다.

또한 보도적 기능과 역할은 출판보도물의 사회계급적성격과 사명에 따라 서로 다르다고 규정한다. 북한은 서구의 부르죠아출판보도물들에 대해 "현실생활에서 아무리 의의있는 것이라도 강한 충격과 자극을 주지 못한다고 하면서 정상을 초월하여 사람들을 순간에 놀라게 하는 렵기적이며 선전적이고 색정적이면 강한 흥미를 야기시키는 새소식으로 된다는 거꾸로 된 론리에 매달리고 있다"면서 "이와는 반대로 우리의 출판보도물은 시간적으로 새롭고 내용적으로 흥미있는 유익한 사실, 사건을 담고있는 새소식을 널리 알려 사람들의 생활과 투쟁을 올바로 이끌어나가는 진정한 길동무로 되고 있다"고 비교하였다(남용규 외, 2011, 558쪽).

급기야 사전은 "오늘 우리 당 출판보도물에서 가장 의의있고 만사람에게 관심사로 되는 새소식은 다름아닌 인민대중의 최고뇌수이며 통일단결의 중심이며 혁명과 건설의 최고령도자인 수령의 혁명활동에 대한 보도"라면서 "우리의 신문, 통신, 방송은 매일과 같이 위대한 령도자 김정일 동지께서 인민군부대들과 인민경제 여러 부문에 대한 현지지도와 대외활동, 사회각계층 근로자들에 대한 감사, 로작발표 등에 대한 보도를 첫면, 첫순서에 담아 밝고 정중하게 전하는 것을 가장 중요한 새소식 보도로 국내외에 널리 전파하고있다"며 의중을 드러낸다. 즉, 북한 언론의 보도적 기능이란 최고지도자의 각종 활동을 신속하게 보도하는데 중점을 둔다는 의미인 것이다. 북한이 서구 언론에서 중요하게 여겨왔던 보도적 기능에 대해 재평가하면서도 공산권 국가에 특화된 보도적 기능을 별도로 제시하고 있어 북한 언론의 한계가 드러난다.

제2절
북한 언론 관련 선행연구

1. 북한 언론에 대한 연구

국내에서 북한 언론에 대한 연구는 1960년대부터 시작되었으며, 1970년대 들어 1972년 7.4 남북공동성명을 계기로 국토통일원의 주도로 본격화되었다(김영주, 1998, 17쪽). 1961년 "북한의 신문과 기자"라는 논문이 발표되었고, 〈북한통치기구론〉(1964)에서는 북한 신문의 현황이 소개되었다. 1968년에는 문화공보부가 펴낸 〈한국의 언론〉에 "북괴의 언론"이라는 논문이 게재되었다. 〈북한통치기구론〉은 그때까지 북한 관련 정보를 독점하고 있던 정부 기관의 자료를 토대로 북한 언론의 현황과 언론에 대한 정치적 통제, 언론의 자유에 대한 개념 등 북한 언론에 대한 전반적인 사항을 사실적으로 종합한 기본서로 평가되었다.

1970년대에 나온 보고서나 자료집으로는 〈북한의 언론제도연구〉(1972), 〈북한의 대남대상별 선전정책과 대비책〉(1973), 〈북한의 대외선전에 관한 연구〉(1973), 〈북한의 선전·선동조직과 운영에 관한 연구〉(1973), 〈북한전서 상·중·하〉(1974), 〈북한의 언론통제정책에 관한 연구〉(1974), 〈북한의 언론출판분야 사업총화집〉(1974), 〈최근 북한의 해외선전전략과 그 대책〉(1975), 〈북한출판목록〉(1978), 〈남북한 대외선전활동의 비교〉(1978), 〈북한의 신문·방송〉(1979) 등을 들 수 있다. 이런 연구 성과에서 1970년대 북한 언론에 대한 연구는 주로 북한의 선전 및 선동의 전략, 언론통제 등에 대한 정책적 연구가 주를 이루고 있다. 〈북한의 언론제도 연구〉는 북한 로동신문의 크기, 주요면의 구성, 편집체제, 발행인 등 로동신문에 대한 전반적인 사항을 남측에서도 알 수 있게 해주는 역할을 하였다. 〈북한의 신문·방송〉은 1967년 발행된 북한의 언론 관련 이론서 〈신문리론〉을 인용하여 북한 언론의 속성과 기능, 원칙 등에 대한 북한 학계의 시각을 국내에 처음으로 알려주었다.

또한 정부는 '자유아카데미'라는 연구기관을 1977년 출범시켜 석사 이상의 젊은 연구자들로 하여금 북한 원전에 입각한 공산권 연구를 진행하도록 장려함으로써 국내 북한 연구에 있어 획기적 전환점을 마련하고자 하였다. 이 기관에서는 〈자유아카데미연구논총〉을 발표하여 〈북한에서의 대중매체에 의한 정치사회화〉(1979), 〈북한 대외선전양태에 관한 고찰〉(1979) 등의 연구 성과물을 내놓기도 했다. 그러나 이에 따른 연구 성과물들은 반공이 국가의 사상적 기조이던 시절, 정부 주도로 진행된 북한 연구라는 현실적 제약을 뛰어넘지 못하고 북한 원전을 바탕으로 연구를 진행하였으되 북한 언론을 소비에트 공산주의의 아류로 바라보는 연구 관점의 한계를 벗어나지 못한 것으로 평가된다.

이 시기 정부 기관 외에도 〈북한〉, 〈북한학보〉, 〈국토통일〉, 〈통일정책〉, 〈신문연구〉 등 북한 문제를 전문적으로 취급하는 정기간행물, 논문집, 학회지 등이 발행되어 〈국토통일〉에서 "자유권과 공산권의 홍보정책비교연구"(1973), 〈신문연구〉에서 "북한신문의 특성"(1974), 〈성균

관대학교 논문집 제20집〉(1975)에서 "공산주의 신문의 이론과 실제-뉴스의 개념을 중심으로", 〈북한〉 제75호(1975. 3), 〈북한학보 제3집〉 "북한에 있어서 언론의 정책과 역할"(1979) 등이 발표되기도 했다. 이 중 논문 "공산주의 신문의 이론과 실제"와 같이 과거 이념적 편향성의 한계를 어느 정도 벗어나 북한 언론에 대해 비교적 객관적 시각으로 접근한 성과물도 나타났다.

1970년대 후반으로 접어들면서 북한 언론의 본질을 심층적이고 종합적으로 다룬 연구서도 잇따라 출간되었다. 〈공산주의와 언론〉(1976), 〈마르크스·레닌주의와 언론: 북한언론의 본질과 비판〉(1979) 등이 그것으로, 〈공산주의와 언론〉은 북한 언론에 대해 소비에트 공산주의 언론의 복제물, 아류라는 시각에서 집필되었다. 후에 나온 〈마르크스·레닌주의와 언론〉은 북한 언론은 소비에트 공산주의 언론을 북한의 실정에 맞게 변형하여 적용한 것으로서 김일성의 언론관을 보다 더 심층적으로 분석하여야 북한 언론의 본질에 더 가까이 갈 수 있다는 관점에서 저술된 것이다. 전자의 저자(김종완)는 중앙정보부 소속이고, 후자는 언론인(이상두) 출신이다.

1970년대 말에 나온 논문 "북한방송의 고찰: 공산권언론의 이론과 현황" 〈신문연구〉(1979, 제29호)는 1차 자료인 실제 북한 방송을 충분히 활용하여 기존 북한 언론 연구의 한계를 뛰어넘고자 하였다. 북한 방송의 구조와 시스템 등을 심층적으로 다뤄 후속 연구에 기여한 것으로 평가된다. 이와 같이 1970년대 후반까지 민간 차원에서 진행된 북한 언론 연구의 성과물이 전혀 없는 것은 아니었으나, 1979년 10월 26일 박정희 전 대통령 시해사건 등 일련의 정세 변화로 조성된 남북한 대치 국면 속에서 획기적 진전이 이뤄지지는 않았다.

당시 학계에서 나온 북한 언론 관련 논문은 〈북괴의 선전선동기구와 대남선전정책연구〉(김인동, 1966), 〈남북한 방송의 비교연구〉(이영익, 1973), 〈북한언론에 관한 연구〉(조형준, 1973), 〈북한의 대남정치선전〉(김성완, 1975), 〈북한방송에 대한 분석연구〉(이혜영, 1976), 〈북한신문의 대중동원성에 관한 연구〉(이광재, 1979) 등 소수에 그쳤다. 이 중 〈북한신문의 대중동원성에 관한 연구〉는 북한 로동신문 지면의 내용 분석을 통해 북한 언론이론이 현실에서 어떻게 적용되는지 실증적 검증을 시도한 내용을 담고 있다. 연구자는 북한 원전 자료인 로동신문을 활용함으로써 기존 원론적 북한 언론 연구 풍토와 차별화를 기하고자 한 것으로 평가된다.

1980년대에는 북한 언론이론의 기초가 된 소비에트 공산주의 언론이론 등을 담은 번역서가 잇따라 출간되는 등 국내 북한 언론 연구를 위한 기반이 한층 강화되었다. 박유봉 서울대 교수가 1987년 출간한 〈공산주의언론 비판〉은 안톤 부제크의 〈공산주의 언론〉(1975)이라는 책의 번역본이었고, 이규종 경희대 교수가 1987년 출간한 〈소련의 여론: 대중설득연구〉는 1958년 나온 알렉스 인켈스의 동명 단행본을 번역한 것이었다. 이규종·한병구 경희대 교수는 1987년 시버트, 피터슨, 슈람이 집필한 〈언론의 4이론〉(1956)을 번역해 〈매스컴 4이론〉이라는 도서명으로 내놓기도 했다.

1988년 서울올림픽 이후 공산권 국가와의 교류가 늘어남에 따라 북한과 공산권 국가의 언론 관련 원전들이 국내에 입수돼 출판되는 경우가 늘어났다. 이때를 전후로 북한의 사전류인 〈정치사전〉, 〈력사사전〉, 〈철학사전〉, 〈문학예술사전〉, 〈현대조선말 사전〉 등이 국내에 보급되었고 〈조선전사〉(1988), 〈김일성선집〉(1988), 〈주체사상에 기초한 문예

이론〉(1989), 〈주체의 학습론〉(1989), 〈선전선동론〉(1989) 등도 역시 남한에서 출간될 수 있었다. 그러나 1980년대 학계에서 진행한 북한 언론 연구는 남북의 분단 및 대치 상황을 반영하여 북한의 대남심리전이나 정치선전 실태 등 북한을 경계하고 견제하는 관점에서 수행된 경우가 다수를 차지하였다. 〈북한의 정치선전실태에 관한 연구〉(송재만, 1980), 〈북한의 대남심리전에 관한 연구〉(박영환, 1981), 〈북한대중매체의 기능〉(정성자, 1982), 〈북한의 대남선전에 관한 연구〉(김인술, 1982), 〈북한의 대남선전방송에 관한 연구〉(김영관, 1987), 〈북한의 언론정책에 관한 연구〉(김근수, 1989) 등이 이 시기 북한 언론 연구의 성과물이다.

다만, 서울올림픽 전후인 1980년대 말엽에는 〈북한의 언론〉(유재천 외, 1989), "북한방송에 대한 연구"〈방송문화〉(강현두·이창현, 1989), "북한언론의 성격과 기능"(유재천, 1989), 〈사회주의국가의 언론〉(김경근 외, 1989) 등 북한과 공산권 국가의 원전 확보가 한층 수월해진 국내외적 여건을 기반으로 북한 언론에 대한 보다 종합적이고 심층적인 연구 결과가 나오기 시작하였다. 유재천은 논문에서 북한의 언론 관련 원전들을 다수 인용하고 김정일 시대 언론이론이라 할 수 있는 '주체적 출판보도사상'을 다룬 〈출판보도사업에 대한 당의 방침해설〉(1985), 〈백과전서〉 등을 국내에 처음 소개하면서 북한 언론은 소비에트 공산주의 언론과 동일시해서는 안 된다는 점을 강조하였다.

이와 더불어 1980년대 후반 들어 북한의 원전 자료가 국내로 반입되고 출판되는 경로가 늘어나면서 일부 학자들이 개인적 채널로 확보해 소장하고 있으면서도 공개하지 못하고 있던 북한 원전 자료들을 점차 공개하기 시작했다. 유재천이 〈북한의 언론〉에서 〈출판보도사업에 대한 당의 방침해설〉(1985)의 일부를 공개한 사례, 〈대중문화의 이해〉(김원태, 1991)에서 북한의 〈신문학개론〉(1989)의 일부를 소개한 사례가 이에 해당된다. 북한의 〈조선신문 100년사〉(1985, 김일성종합대학 출판사, 리웅필)도 1993년 남한의 나남출판사에서 김일성 교시 등 일부 내용을 제외하고 출판되었다.

이와 같이 북한 원전 자료의 확보가 수월해지고, 남한 사회 내 북한과의 관계 개선 기대감이 높아지면서 나타난 새로운 북한 연구방법이 '내재적 접근법'이다. '내재적 접근법'은 북한의 정책이나 이론, 실상을 제대로 이해하려면 자본주의나 민주주의와 같은 북한 외부의 기준이 아니라, 사회주의나 공산주의와 같은 북한 내부 이념 및 논리를 활용해야 한다는 주장에 따른 연구기법이다.

이러한 분위기 하에서 1980년대 말부터 1990년대에 이르기까지 북한의 언론 정책, 언론 이론, 언론 철학 등 북한 언론을 '내재적으로' 이해하기 위한 북한의 자체 기준이나 논리에 대한 연구가 활성화되었다. "북한 언론의 정책과 언론구조"(김영주, 1987), 〈북한언론의 이론과 실천〉(김영주·이범수, 1991), 〈김정일시대의 언론이론과 정책〉(김영주·이범수, 1994), 〈현대북한 언론연구: 내재적 관점을 중심으로〉(김영주, 1998) 등이 그 사례다. 이와 같은 북한 언론에 대한 내재적 연구 시도는 그동안 '반공 이데올로기'로만 바라봤던 연구 대상을 풍부한 북한 원전 자료에 입각해 새로운 시각으로 바라볼 수 있게 해줬다는 점에 의의가 있지만, 새로운 연구기법에 따라 연구 대상을 지나치게 긍정적으로 평가해 좌편향이라는 비판을 받을 소지를 남긴 측면도 있다.

1987년 6.29 선언에 따른 민주화운동에 대한 인식 변화, 세계 자유진영과 공산진영이 더불어 참가한 1988년 서울올림픽, 노태우 정부가 추진한 북방정책, 옛 소련의 붕괴 등 80년대 후반에 발생한 일련의 정세 및 연구 환경의 변화에 따라 90년대에는 북한 언론 연구가 보다 종합적이고 심층적으로 진행되었다. 〈북한의 언론이론과 그 적용에 관한 연구〉(1990), 〈군중노선에 있어 북한언론의 역할에 관한 연구〉(1990), 〈남북한 신문의 미소 보도양상에 관한 연구〉(1990), 〈북한신문의 갈등관리성에 관한 연구〉(1991) 등이 이 시기에 나왔다. 비슷한 시기 대학교 부속 연구소에서도 〈북한언론의 특성에 관한 내용분석적 연구〉(서울대학교 신문연구소, 1991), 〈북한언론의 성격과 현실 재구성에 관한 연구〉(서강대학교 동아연구소, 1995) 등 북한 언론에 대한 연구 성과가 이어졌다.

그밖에 〈북한의 초기 언론사상〉(박영학, 1990), 〈북한언론철학과 대중교양사업의 원칙과 실제〉(강명구, 1991), 〈김정일의 주체적 출판보도사상에 관한 연구〉(김영주, 1995), "북한언론에 반영된 주체사상에 관한 연구"(이범수, 1997) 등 북한의 언론 정책에 중점을 둔 연구가 활성화되었다.

강명구와 김영주는 이 연구를 통해 북한 언론을 지배하는 사상은 김정일의 주체적 출판보도사상이라고 분석하였다. 국내 학계는 70년대 초중반까지 북한 언론에 대해 소비에트 공산주의 언론의 아류라는 시각으로 바라봤다. 그러나 70년대 후반 이후부터 북한 언론에 대해 점차 공산주의 언론을 북한 실정에 맞게 변형한 언론으로 규정하며 김일성의 언론관에 주목하였고, 공산권과의 교류가 활성화되고 북한의 각종 학술 원전 확보가 용이해진 80년대 후반부터 90년대까지 김정일의 언론관인 주체적 출판보도사상을 본격적으로 다루게 된 것이다. 김일성은 소비에트 공산주의 이론을 토대로 북한의 실정을 반영하여 김일성의 언론기능론을 수립하였고, 김정일은 다시 김일성의 언론기능론을 현실에 맞게 변형시켜 주체적 출판보도사상을 정립한 것이다.

그밖에 학계에서는 〈북한신문의 기능에 관한 연구〉(안춘옥, 1990), 〈북한의 언론·출판에 관한 연구: 사회주의 언론관과의 비교〉(조영희, 1994), 〈광복이후 북한의 언론정책에 관한 연구〉(박영학, 1995), 〈북한의 정치경제적 변동과 언론정책의 역사적 추이〉(김영주, 1997) 등의 연구 성과를 냈다. 1980년대 북한 언론 연구는 정책이나 이론 측면에서 활발하였다면, 1990년대 북한 언론 연구는 남북관계 개선 기대감에 따라 주로 통일과 언론을 함께 다룬 경우가 많았다.

〈분단국의 통일과 방송정책〉(1991), 〈북한방송이 수용개방과 조건에 관한 고찰〉(1991), 〈남북한 평화통일을 위한 방송의 역할: 남북 방송교류에 대한 정책적 과제를 중심으로〉(1991), 〈남북방송교류에 있어서의 기술적 문제점과 대응방안〉(1992), 〈남북한간의 연립주의적 방송모델 연구〉(1993), 〈통일지향적 언론환경조성을 위한 제언: 통일시대 언론의 역할과 정책〉(1995), 〈통일과 방송〉(1996, 한국방송프로듀서연합회), 〈통일 한국의 방송정책〉(1997, 방송학회), 〈분단국통합과 방송〉(1997, 문화방송), 〈남북한의 사회·문화·정치·경제적 통합과 방송〉(1997) 등이 대부분 통일과 언론을 함께 다룬 연구들이다. 이 시기 연구는 언론과 방송 및 통신 관련 학회와 연구소 등을 중심으로 수행되었으며, 학계에서도 이와 유사한 경향의 연구 성과물이 꾸준히 나타났다. 〈남북한 방송교류의 현황과 미래의 모색〉(1991), 〈남북한 언론교류의 이론과 정책적 과제〉(1992), 〈북한방송의 개방에 대비한 정책과제와 대국민 영향력 분석연구〉(1993), 〈남북한 방송제도 및 시설의 통합운영방안 연구〉(1995), 〈남북한 방송교류에 대한 일고찰〉(1992) 등이 그런 사례들이다. 1998년 김대중 대통령이 남북의 평화적 통일을 추구한다는 취지에서 북한방송의 개방을 선언하면서 "북한 언론 개방현황과 전망"(이영종, 1998), "북한방송 개방, 구체적 방법론을 찾아본다."(정일용, 1998) 등의 성과물도 도출되었다.

2000년대 북한 언론 연구는 2000년 6월 15일 남북정상회담을 계기로 다시 한 번 전기를 맞이하였다. 북한 언론의 이념과 정책 등 기존 관심사에 대한 연구가 깊이를 더해 이뤄지는 가운데 북한 언론의 변화상을 연구하는 양상이 나타났다. 또한 북한 언론을 1차 자료로 삼아 특정 분야 주제를 연구하는 방식이 확산되었고, 그 주제를 여성이나 예술 등 정치나 군사 외의 범주로 확대는 경향도 활성화되기 시작하였다. 남북한 언론체제의 차이에 관한 소고"(안영섭, 2000), "북한 언론의 이론과 실천과의 연계"(김영주, 2002), "한국전쟁 기간 북한의 대남한 언론활동"(김영희, 2007), "북한 로동신문의 언론이념과 대중설득에 관한 연구"(김원태, 2010) 등 북한 언론 체제나 이론 등 전통적 주제를 연구한 결과는 물론, "로동신문 사설을 통해 본 북한 언론이론의 변화"(김영주·박춘서, 2001), "북한언론 남한보도의 변화"(김두환, 2001), "북한 언론보도의 변화"(정일용, 2001), "로동신문 분석을 통한 북한정치 변화연구: 1945~1950"(김용현, 2003), 〈북한 '1호 사진'의 변화〉(변영욱, 2006) 등 이 시기 북한 언론의 변화에 주목한 연구도 다수 나왔다.

북한의 특정 분야 연구를 위해 북한 언론을 1차 자료로 삼고 연구하는 사례도 늘어났다. "로동신문 분석을 통한 북한정치 변화연구: 1945~1950"(김용현, 2003), "1960년대 북한의 대남인식과 대남정책: 로동신문 분석을 중심으로"(전미영, 2004), "로동신문을 통해 본 북한의 여성"(장하용·박경우, 2005), 〈로동신문을 통해 본 북한 변화〉(고유환 외, 2006), "1998~2007년 로동신문 분석을 통해 본 북한의 '선군정치' 논리"

(정성임, 2009), "로동신문에 나타난 대남보도 논조 분석"(김영주, 2010) 등은 북한 언론을 1차 자료로 삼아 북한 관련 특정 주제를 연구한 사례다. 그밖에 앞에서 언급된 "로동신문을 통해 본 북한의 여성"과 함께 〈북한의 방송언론과 예술〉(북한연구학회, 2006) 등 여성과 예술 등으로 연구 범위가 확대되는 양상도 나타났다.

2010년대에 접어들면서는 북한 언론의 현황과 기능 및 역할, 대내 및 대외적 기능, 논조와 이념 및 전략 등 전통적 연구 분야가 지속적으로 탐구되었으며, 아울러 2011년 12월 김정은 국방위원장의 사망을 계기로 김정일 집권기 북한 언론과 권력 교체기 북한 언론의 변화상을 조명하는 연구가 다수 전개되었다. 북한 언론을 1차 자료로 활용하여 특정 주제를 연구하는 방식도 계속 이어졌고, 북한의 의생활이나 미용, 예술 등 생소한 분야의 연구도 점차 활성화되는 추세를 보였다.

"북한 로동신문의 언론이념과 대중설득에 관한 연구"(김원태, 2010), "로동신문에 나타난 대남보도 논조 분석"(김영주, 2010), 〈북한의 사회적 커뮤니케이션 구조와 미디어〉(우형진·곽정래, 2011), 〈(북한이탈주민을 통해 본) 북한 주민의 언론과 사회에 대한 이해〉(이정철·김갑식·김효숙, 2011), 〈북한 언론 현황과 기능에 관한 연구〉(고유환·이주철·홍민, 2012), 〈북한의 통치기제로서 선전선동과 로동신문의 역할〉(이기우, 2014), 〈북한잡지에 나타난 대중선전선동에 관한 연구〉(백연주, 2014), "북한 언론의 역할과 실상"(강철환, 2018), "북한 언론검열과 주민 세뇌공작의 총책"(북한연구소, 2018) 등 전통적 범주의 북한 언론 연구가 다수를 차지하였다. 뿐만 아니라 "북한의 이미지 전략: 북한은 김정은을 어떻게 외부에 보여주고 있는가"(변영욱, 2011), "북한 언론과 대외정책 6자회담 보도를 통해서 본 북한 엘리트의 프로파간다 전략"

(선상신·김성해, 2011), "북한의 핵무기 개발과 대외 프로파간다 전략" (선상신·김위근, 2012) 등 북한의 대내외 언론 전략에 대한 연구도 심도 있게 진행되었다.

2011년 12월 김정일의 사망을 계기로 김정일 사망 전과 김정은 등장 이후 북한 언론의 변화상을 분석, 조망하는 연구도 다수 뒤따랐다. "김정은 체제 등장 전후 북한의 언론 변화와 함의"(이주철, 2012), 〈김정은 시대 북한 언론매체의 기능변화에 관한 연구〉(이래운, 2014), "김정은 시대 북한 방송언론의 변화"(이주철, 2014), "로동신문을 통해 본 김정은 정치스타일"(주정화, 2014), "북한 로동신문 부서별 언론인 분석"(김수한, 2016), 〈김정일시대의 언론이론과 정책〉(김영주·이범수, 2016), "국제사회의 대북 경제제재와 로동신문의 대응담론: 김정일 체제와 김정은 체제의 비교"(허재영·표윤신·조화순, 2017), "김정은의 등장과 북한언론이론의 변화"(김영주, 2018), "로동신문 변화로 본 김정은시대 북한 언론"(주성하, 2018), 김정은 시대 조선중앙TV의 보도성 프로그램 연구"(황지은, 2018) 등이 그런 사례다. 그밖에 "북한 언론과 종자론의 관계에 관한 연구"(조민, 2012), "북한 커뮤니케이션 네트워크 구조와 정보 이용 행태에 관한 연구"(이호규·곽정래, 2013), "로동신문을 통해 살펴본 북한의 전후복구 과정(1953~1958년)"(박영실, 2013), 〈남북한 언론에 나타난 북한 의생활 관련 기사 분석〉(최진오, 2016), 〈북한의 미용 담론 변화 연구〉(김지승, 2016), "북한 언론의 교통물류분야 2017년 보도 동향과 특징"(김선철, 2018), 〈북한의 언론과 문화예술분야 선전선동 실태 연구〉(김재엽, 2019) 등 미용, 예술, 여성, 교통 등 연구 주제도 과거에 비해 보다 다양해지고 있으며, 그 주제 또한 참신한 경우가 많았다.

김영주(2018)의 "김정은의 등장과 북한 언론 이론의 변화"는 분량이 작은 소논문이지만, 김정은 이전과 이후의 북한 언론 이론의 변화를 압축적으로 소개하고 북한 언론의 속성과 종류, 내용 등을 폭넓게 다뤄 주목할 만하다. 이 연구에 따르면 1960년대 초반까지 북한 언론은 선전선동자적 기능, 조직 동원자적 기능을 중시하는 레닌의 언론기능론을 고수했으며, 이후 김일성이 여기에 문화교양자적 기능을 첨가해 김일성의 언론기능론을 만들었다. 이어 다시 김정일이 선전선동자 기능을 대내, 대남, 대외 등 총 3가지로 나눠 전체 5가지 기능으로 세분화한 주체적 출판보도사상을 완성하였다. 또한 김정은은 여기에서 문화교양자적 기능을 삭제하고 그 대신 보도적 기능을 첨가한 김정은의 새로운 언론기능론을 제시하였다.

앞서 보았듯이 북한 언론에 대한 연구는 북한 언론의 현황과 기능 및 역할 등 기본적 정보사항에서부터 언론 정책과 이론 및 전략 분야까지 진행되었을 뿐만 아니라, 북한의 특정 분야를 연구하기 위한 수단으로서 활용되었다. 또한 북한 언론을 대상으로 한 연구물이 남북의 이념적 대립에서 우세를 점하기 위한 근거로 활용되는 경우도 적지 않았다. 그러나 북한 연구에서 언론 분야는 정치나 군사, 경제 등의 분야에 비해 상대적으로 소외된 분야였으며, 북한 언론인 연구 또한 미미한 수준에 그쳤다. 다만 최근 북한의 사회와 문화 등으로 북한 연구의 관심이 옮겨가면서 북한 언론과 북한 언론인을 대상으로 하는 연구는 지속적으로 늘고 있는 추세다.

북한에 대한 연구 자체가 상대적으로 활발하지 않던 1980년대 초중반에 나온 노재승(1986)의 "북한의 언론기관과 언론인들", 김종완(1986)의 "북한 언론인 양성의 현실과 조건"(1986) 등은 북한 언론인 연구의 초창기 자료로서 주로 정보사항을 다루고 있다. 전영선(2002)의 "북한 언론계의 핵심 3인방 차승수- 김기룡- 최칠남"은 북한 언론인을 연구 대상으로 삼고 있지만 방송과 통신, 신문 등 각각의 매체에서 대표적인 최고위 인사 3인에 포커스를 맞춰 한계를 드러내고 있다. 다만, 북한의 언론인이 어떠한 경로를 거쳐 북한의 언론 분야 최고위 인사로 발탁되는지에 대해 시사점을 준다. 김영주(2003)의 "북한기자론-그 종류, 성격과 품성, 기자교육을 중심으로"는 북한의 기자 양성 시스템과 북한에서 널리 받아들여지고 있는 기자상을 엿보게 해준다. 해당 연구는 북한의 언론 관련 원전을 토대로 북한 언론인의 자질이나 교육방법 등 북한 언론인에 관한 광범위한 정보들을 선도적으로 다뤘다는 점에서 의의가 있다.

다만, 북한 언론인의 숫자 등 북한 원전이 밝히고 있는 주요 데이터를 그대로 인용하면서도 "그 내용의 신뢰성에 대해 확인할 길이 없다"거나 "(숫자가) 명확한 것은 아니다"라며 문서 중심 연구의 한계를 스스로 노출하고 있다. 김수한(2016)의 "북한 로동신문 부서별 언론인 분석-2016년 1/4분기 로동신문을 중심으로"는 로동신문 기명기사를 분석해 편집국 인원 구성을 분석한 연구이다.

2. 기존 연구의 한계

북한 언론에 대한 연구는 크게 보면 북한 언론이론과 정책 및 이념 등 북한 언론의 사상적 토대가 되는 분야, 북한 언론을 1차 자료로 북한 관련 특정 주제를 연구하는 분야, 북한 언론 내용을 분석하여 북한 내부 권력구조의 변화 및 주요 사안이나 사건에 대한 북한 수뇌부의 대내외적 인식을 분석하는 분야 등으로 나누어진다. 남과 북이 적대적으로 대립하는 구도 하에서 북한 언론 분야를 포함한 대체적인 북한 분야 연구는 이념적 색채를 보이는 경우가 많았다. 1960년대 북한 언론 연구는 북한 언론의 기본적인 현황과 기능 및 역할을 탐색하는 수준에 그쳤으며, 1972년 7.4 남북공동성명 채택 전후인 1970년대 초중반부터 북한 원전을 바탕으로 한 북한 연구가 본격적으로 전개되었다. 1988년 서울 올림픽을 계기로 공산권과의 교류가 보다 활발해지면서 북한 언론 분야에서도 북한 원전에 기반한 연구가 더욱 활성화되었고, 1989년 독일 통일과 1991년 옛 소련의 붕괴 등 냉전 구도가 해체됨에 따라 1990년대에는 통일에 대한 열망이 높아져 통일과 언론을 함께 연구하는 사례가 늘어났다.

2000년대 북한 언론 연구는 2000년 6월 15일 사상 처음 열린 남북정상회담을 계기로 남북 교류가 활성화되면서 보다 심층적이고 종합적인 단계로 발전하였다. 2010년대에는 김정일 북한 국방위원장 사망을 전후로 권력 교체기를 맞이해 북한 언론의 변화를 다루는 연구물들이 많아졌다. 뿐만 아니라 연구 분야도 여성, 문화예술, 미용 등으로 더욱 다양화되었다. 그러나 북한 언론을 연구대상으로 삼은 연구 활동이 지금까지 60여 년 간 이어져왔음에도 불구하고 로동신문의 편집국 인원 구성이나 편집국의 인원 변화를 다룬 경우는 찾아보기 힘들다.

아울러 로동신문의 편집국 인원 구성 변화가 로동신문의 기사 내용 변화와 어떤 연관을 갖는지에 대한 연구도 마찬가지로 미흡한 실정이다. 물론, 로동신문에 종사하는 언론인들은 로동신문이 국유물이라는 공산권 국가의 언론 특성을 그대로 가지고 있다는 이유로 일반적인 개념의 언론인이라고 보기는 힘들다. 다만 이들은 로동신문이 지향하는 언론 이념을 추종하는 가운데에서도 각자 개별 기사에서 나름의 허용

권한을 가지고 기사를 작성하고 있다. 같은 제목과 취지의 기사라고 하더라도 기자가 누구냐에 따라 기사 내용은 확연히 달라질 수 있는 것이다.

　북한 언론에서도 기자들의 특기와 성향에 따라 부서 배분이 이뤄질 개연성이 높다. 로동신문 편집국 역시 마찬가지다. 본 연구에서는 김정일 북한 국방위원장 사망 이후 김정은의 권력 승계 시기 북한 로동신문의 편집국 변화를 조망하면서 편집국의 변화가 기사 내용의 변화와 어떻게 이어지는지, 그리고 이러한 변화는 북한 최고 수뇌부 내 어떠한 변화로 인한 귀결인지에 대해 알아보고자 한다.

제3장
연구 범위와 방법

제1절
연구 대상

1. 로동신문의 지면 구성

로동신문은 통상적으로 매일 총 6면이 발행되고 있으며, 정치 수뇌부의 신변 이상이나 핵실험 또는 미사일 시험발사 성공과 같은 국가적 중대 과업이 있는 경우 8면 등으로 증면돼 발행되기도 한다. 북한 언론의 기사 분류 방법은 다양하지만 대체로 공통된 형태 및 내용에 따라 분류된다. 북한의 〈신문학〉(조형창·리준하, 1982, 115~167쪽)에서는 북한 언론의 기사를 사논설(사설·논설·정론·논평), 보도기사 및 경험기사, 형상적 기사(덕성기사·긍정교양기사·실화), 수기식 기사(현지보도·방문기·기행문·수필), 신문 사진 등 5가지 형태로 분류했다(김영주, 2018, 8쪽).

북한의 〈조선대백과사전(3)〉(1996)에서는 보도적인 기사(보도기사·경험기사·현지보도·방문기 등), 사논설(사설·논설·정론·논평·관평 등), 교양적인 기사(영도기사·덕성기사·긍정교양기사 등) 등 3가지 형태로 나눴다. 북한의 〈광명백과사전(7)〉(2011)에서는 일반기사(보도기사 · 현지보도 · 소개기사 · 경험기사 · 방문기 · 참관기 · 기행문 · 동승기 · 실화 · 반향기사 · 지상토론 · 지상연단 등), 사론설(사설 · 론설 · 해설 · 정론 · 론평 · 단평 · 정세해설 · 사론 · 단론 · 관평 등), 교양류의 기사(덕성기사 · 령도기사, 혁명일화, 긍정교양기사 등) 등 3가지로 분류하였다. 그밖에 북한 언론의 기사를 보도, 논평, 해설, 특집 등으로 분류해 빈도수를 조사한 결과에 따르면 보도기사가 47.6%, 논평이 28.9%, 사진이 13.4%, 해설이 8.6%, 특집이 1.6%인 것으로 나타났다(김원태, 2010, 259쪽).

로동신문 기사는 형태적으로 기명 기사와 무기명 기사로 분류할 수 있다. 로동신문 편집국 소속 기자들이 직접 작성한 기사는 기명 기사로서 기사 작성자의 이름과 함께 기사가 지면에 표출된다. 반면 론설이나 론평, 조선중앙통신 기사를 전제한 경우 등의 경우 무기명 기사로 출고되기도 한다. 로동신문에서 가장 빈도수가 높은 것으로 분류된 보도기사는 대부분 북한 언론인이 직접 취재한 기사가 아니라 조선중앙통신에서 제공하는 기사를 사용한 것으로 분석되었다(김원태, 2010, 260쪽). 이렇게 전제된 통신 기사는 로동신문에서 무기명으로 게재된다. 보도기사에 비해 두 번째로 빈도수가 높았던 론평은 대체로 논설위원들이 기명으로 쓰는 경우가 많았다. 드물지만 이름 대신 론평원 명의로 게재된 기사도 나타났다. 기명 기사와 형식이나 내용 면에서 다를 바 없지만 '본사기자' 등의 표시만 덧붙인 채 무기명으로 게재되는 기사도 있었다.

로동신문 1면에는 북한 정권 수뇌부 동향 등 정치적 사안, 공업과 농업 등 경제 관련 사안 등 시의성이 중요한 기사를 주로 게재하고 2면에는 국내외 단체들의 축전이나 성명, 당의 역사와 사상 및 이념 관련 사안, 모범이 될 만한 당원의 생활 등을 다룬 기사 중 자체적으로 중요도가 높다고 판단되는 기사를 전진 배치하고 있는 것으로 파악된다. 3면과 4면 역시 1, 2면과 비슷한 내용을 다루고 있으나 1, 2면보다 상대적으로 중요도가 떨어지는 내용으로 보이는 경우가 많고, 때로는 생활 상식이나 과학 정보 등 실생활에 유익한 정보도 함께 곁들여 실리고 있다. 5면 역시 3, 4면과 같이 소속 기자들의 다양한 기사들을 게재하는 경우가 흔하게 나타나고 있지만, 장기적 관점에서 뚜렷하게 나타나는 경향으로는 남한과 관련된 기사들을 주로 다룬다는 점이다. 6면 역시 5면처럼 가변성이 있으나 주로 국제 소식을 다룬다는 점이 특징으로 나타난다.

2. 로동신문 편집국의 비공개적 특성

로동신문 편집국의 구조 역시 이와 같은 1~6면의 특징을 효율적으로 소화할 수 있는 방향으로 구성되어 있다. 로동신문 편집국은 당력사교양부, 당생활부, 혁명교양부(또는 사회주의교양부)[1], 공업부, 농업부, 과

---

[1] 로동신문 각 부서의 명칭은 오랜 세월 변화 없이 유지되고 있는데, 예외적으로 혁명교양부는 2009년 6월 26일자부터 사회주의교양부로 부서 명칭이 바뀌었다. 혁명교양부의 부서 명칭 변화에 대해 로동신문 측은 어떠한 배경 설명이나 고지도 없이 전격 단행하였다. 통상 남한의 신문에서도 부서 명칭의 변경에 대해 신문 지면을 통해 '사고(社告)' 등의 형식을 빌어 독자에게 알리는 경우가 있지만, 지면을 통해 알리지 않고 인사 발령문을 통해 바뀐 직제의 부장, 차장 등의 인사를 알리는 방식으로 대신하는 경우나 아예 알리지 않는 경우 등이 없지 않기 때문에 로동신문의 부서 명칭 변경에 대해 평가를 내리기란 쉽지 않다. 다만, 상당한 기간 이어온 로동신문 편집국 직제에 변화가 초래되었고, 10개의 부서 중 단 1개 부서의 명칭만 변경되었기 때문에 그 배경에 북한 수뇌부의 의중이 작용했다는 추정이 가능한 부분이다.

학문화부, 조국통일부, 국제부, 사진보도부, 특파기자부 등 총 10개 부서[2]로 이뤄져 있다.[3] 10개 부서의 작업 패턴은 로동신문 지면 분석을 통해 고스란히 드러난다.

이 중에서 당력사교양부, 당생활부, 혁명교양부, 공업부, 농업부, 과학문화부 등 6개 부서 기자들은 주로 1~4면의 기사를 작성하는 역할을 맡고 있다. 조국통일부 기자들은 주로 5면, 국제부 기자들은 6면을 담당한다.

사진보도부 기자들은 1~6면을 막론하고 신문에 사용되는 모든 사진들을 직접 촬영해 제공한다. 특파기자부 기자들은 평양을 포함해 각 지방별로 한 명씩 주재하면서 지역 소식을 전달하고 있다. 한국의 언론 시스템에 비유하자면 지역주재 기자라고 볼 수 있다.

실제 신문지면과 편집국 부서별 활동에 일정한 패턴이 나타난다. 연구 범위인 2008년부터 2016년까지의 신문에서 대부분 특정 지면을 특정 부서가 전담하는 패턴이 발견되는 것이다. 편집국 10개 부서 중 조국통일부와 국제부 기자들을 제외한 8개 부서 기자들은 1~4면, 조국통일부는 5면, 국제부는 6면을 전담한다.

2008년 7월 15일자 로동신문을 예로 들면, 1면 기명 기사는 총 4개로서 과학문화부 소속 김기철의 '경제강국건설을 추동하는 발명성과 확대' 1건, 특파기자부 박동석의 '수백건의 기술혁신안을 받아들여-검덕광업련합기업소에서' 1건, 특파기자 최재남의 '기술개조로 대상설비생산에서 혁신-평양자동화기구공장에서' 1건, 당력사교양부 황명희의 '높

---

2 로동신문은 본 순서대로 10개 부서를 기재하고 있기 때문에 본 연구에서도 이 순서에 따라 부서를 나열하기로 한다.
3 로동신문 6면 하단에 로동신문의 10개 부서 명칭이 인쇄되어 있다.

은 계급적 자각을 안고-중앙계급교양관이 개관된 후 근 257만 명 참관' 1건 등 4건이 나타난다.

2면 기명 기사는 총 4건(사진 포함)으로, 당력사교양부 김준혁의 '사상의 위력으로 승리떨치시는 희세의 위인' 1건, 혁명교양부 렴철호의 '혁명설화-사소한 불편까지 헤아리시며' 1건, 혁명교양부 김병진의 '우리 인민을 정신력의 강자로 키우신 위대한 령도' 1건, 사진보도부 리명일의 '전민학습의 대전당인 인민대학습당' 사진 1건 등 4건이다.

3면 기명 기사는 총 6건(사진 2건 포함)으로, 공업부 리병춘의 '경제강국건설에서 자립의 위용떨치는 주체공업' 1건, 농업부 김창길의 '농작물가꾸기를 주체농법의 요구대로-콩농사에 대한 관점부터 바로 가지고-송화군에서' 1건, 당생활부 리연재의 '탄부들의 참된 봉사자답게-운곡탄광 봉사관리소에서' 1건, 농업부 문길수의 '일정계획을 어김없이-금천군에서' 1건과 사진보도부 강정민의 '백암갱목생산사업소에서' 사진 1건, 사진보도부 리명남의 '사동구역 미림협동농장에서' 1건 등 총 6건이다.

4면 기명 기사는 총 6건(사진 포함)으로, 과학문화부 정영화의 '혁명적 열정으로 끓게 한 직장별예술소조경연' 1건, 당생활부 김시현의 '뜨거운 인간애를 지니고-염주군인민병원에서' 1건, 당생활부 고재정의 '협동벌의 흥겨운 노래무대' 1건, 과학문화부 오철룡의 '교원들의 자질향상에 힘을 넣어-대관군 대관소학교에서' 1건, 과학문화부 려명희의 '조류독감을 막기 위한 연구사업에서 높은 실적을-농업과학원 수의학연구소에서' 1건과 사진보도부 리원국의 '백두산밀영혁명전적지에서' 사진 1건 등 총 6건이다.

5면 기명 기사는 총 3건으로, 조국통일부 라설하의 '그 사랑, 그 은덕을 길이 전하며' 1건, 조국통일부 허영민의 '애국위업의 한길에서' 1건, 조국통일부 심철영의 '북침을 노린 <3각군사동맹> 조작책동' 1건 등 3건이다.

6면 기명 기사는 총 2건으로, 국제부 신경섭의 '다방면적인 협조강화 움직임' 1건, 국제부 리현도의 '미군의 치외법권은 불행을 몰아올 뿐이다' 1건 등 2건이다.

즉, 1면에서 과학문화부-특파기자부-당력사교양부, 2면 당력사교양부-혁명교양부-사진보도부, 3면 공업부-농업부-당생활부-사진보도부, 4면 과학문화부-당생활부-사진보도부, 5면 조국통일부, 6면 국제부 등의 지면별 부서별 배치 패턴이 드러나고 있다.

이러한 특징은 신문지면 전체에서 큰 틀을 유지하고 있다. 2016년 8월 12일자 로동신문을 무작위로 뽑아 예로 들면, 1면 기명 기사는 총 4개(사진 포함)로, 특파기자부 신천일의 '70일 전투기간에 발휘한 그 정신으로-원산철도차량련합기업소에서', 특파기자부 리은남의 '청진초등학원, 중등학원건설 마감단계-함경북도에서', 과학문화부 전성삼의 '년간 전동기생산계획 초과완수, 3종의 새 제품 개발-동림전기공장에서' 등 3개의 기명 기사가 나타난다. 또한 사진보도부 한광명의 '동평양화력발전소에서'라는 제목의 사진이 실려 있다. 이날 1면을 장식한 4개(사진 포함)의 기명 기사들 중 2건은 특파기자부, 1건은 과학문화부, 1건은 사진보도부 사진이다.

2면 기명 기사는 1건으로 '혁명은 신념이고 신념은 승리이다-혁명가극 <혁명의 승리가 보인다>에 대하여' 1건이다. 이 기사를 공동 작성한 우정혁과 리건은 각각 과학문화부와 사회주의교양부 소속이다.

3면에는 총 7건의 기명 기사(사진 포함)가 게재되어 있다. 사회주의교양부 김향란의 '위대성 교양을 주선으로 틀어쥐고-대동강구역당위원회 선전선동부 일군들의 사업에서' 1건, 과학문화부 최영길의 '자기 힘을 믿으면 만리도 지척-희천정밀기계공장 당위원회에서' 1건, 당생활부 손영희의 '애국심이 실천에서 높이 발휘되도록-인포탄광 초급당위원회 사업에서' 1건, 과학문화부 한영철의 '포전에서 진행된 계급교양-안변군 모풍리당위원회에서' 1건, 공업부 리철옥의 '불가능이란 있을 수 없다-상농광산 로동계급의 투쟁' 1건, 특파기자부 동세웅의 '년간 동발나무생산계획 수행-강계갱목생산사업소 송학작업소에서' 1건 등 기명 기사 6건과 사진보도부 리명남의 기명 사진 '김일성종합대학 계응상농업대학에서' 1건 등 총 7건이다.

4면에는 기명 기사가 0건이며, 5면에는 2건의 기명 기사가 있다. 5면의 기명 기사 2건은 과학문화부 지혁철의 '과학화는 체육발전의 위력한 추동력-평양체육단 일군들의 사업에서' 1건, 과학문화부 강효실의 '수필-우승의 시상대와 체육과학자' 1건 등 총 2건이다.

6면의 기명 기사는 4건으로 조국통일부 심철영의 '〈대북압박〉공조는 파탄의 운명을 면치 못한다' 1건, 조국통일부 라영국의 '식민지노복들의 가련한 실세' 1건, 국제부 소속 김수진의 '교육사업에 힘을 넣고있는 발전도상나라들' 1건, 조국통일부 소속 최진향의 '버림받은 로인들' 1건이다.

정리하면 1면은 특파기자부-과학문화부-사진보도부, 2면은 과학문화부-사회주의교양부, 3면은 사회주의교양부-과학문화부-당생활부-공업부-특파기자부-사진보도부, 5면은 과학문화부, 6면은 조국통일부와 국제부가 담당하는 형식을 보인다. 1면과 4면, 5면에서는 조국통일부와 국제부를 제외한 8개 부서들이 중요도에 따라 지면을 공유한다.

제2절
편집국 조직과 인원 구성 연구

1. 연구 범위

　본 연구의 범위는 북한 로동신문 기사와 로동신문 기사를 작성한 편집국 소속 기자로 한정하였다. 기사는 로동신문 기자가 작성한 기명기사, 로동신문 기자는 북한 로동신문 편집국에 소속돼 기사를 작성하는 직업군을 일컫는다. 로동신문에는 북한 정권 주요 직위자, 대학의 박사나 교수, 각계 전문가 등의 기고가 실리기도 하고, 북한 정권 하 주요 조직이나 단체의 성명, 로농통신원 소식, 생활상식, 과학정보 등도 게재된다. 기사의 작성자가 로동신문 기자가 아닌 경우 해당 기사는 연구 대상에서 제외하였다.
　시기적 범위는 김정일 정권 말기부터 김정은 정권 초기까지 주요 사건을 기준으로 5개 시기로 나눠 규정하였다. 5개 시기의 분류는 시기의 전환점이 되는 특정 정치적 사건을 기준으로 설정하였고, 기준이 되는 정치적 사건은 김정일의 졸도와 회복, 김정일 사망, 김정은의 후계 계승, 장성택의 숙청, 김정은의 국무위원장 등극 등 김정일 시대와 김정은 시대에서 정치적으로 큰 획을 긋는 사건을 중심으로 분류하였다. 또한 김정은 권력승계기를 전후해 주요 정치적 사건을 기준으로 시기를 구획한 선행연구를 참조하였다4(이교덕 · 임순희 · 조정아 · 송정호, 2012). 해당 5개의 시기는 1시기인 김정일 건강 이상 이전 시기(2003.9~2008.8), 2시기 김정일 건강 이상과 후계체제 구축시기(2008.9~2010.9), 3시기 김정은의 공식 등장과 김정일 사망 전후시기(2010.10~2012.4), 4시기 김정은의 공식적 권력승계와 장성택 숙청 전후시기(2012.4~2014.3), 5시기 김정은식 권력구조 구축시기(2014.4~2016.8)로 구분된다.

5개 시기 중 1시기인 김정일 건강 이상 이전 시기는 김정일 북한 국방위원장이 2003년 9월 최고인민회의 11기에서 국방위원장으로 재추대된 후 2008년 8월 뇌경색으로 쓰러져 건강악화가 표면화되기 전까지의 김정일 체제 후기 중 비교적 안정적 통치 기간에 해당한다. 제2의 시기인 김정일 건강 이상과 후계체제 구축 시기는 김정일이 뇌경색으로 쓰러진 2008년 9월 이후 김정일이 다시 건강을 회복하고 김정은이 김정일의 현지지도에 동행하며 2인자로서 공식 등장하는 2010년 9월까지의 기간이다. 김정일은 2008년 10월 공개 활동을 재개할 수 있을 정도로 건강을 회복해 후계 구축작업을 본격화하였다. 2009년 2월 군 수뇌부 개편을 통해 권력 승계를 위한 군 내부 기반을 다지는 한편, 2009년 4월께 김정은을 국가안전보위부장에 임명해 김정은이 자신을 대신해 북

---

4 통일연구원이 2012년 발간한 〈김정은 체제의 권력엘리트 연구〉에서는 김정은 권력승계기 관련 시기 분류에서 김정은 후계체제가 구축되는 기간과 김정일 사후 김정은이 등장해 통치구조를 개편해 권력을 장악하는 기간을 주요 변곡점을 기준으로 4개시기로 구분했다. 본 연구에서는 해당 분류법을 참고하였다(이교덕 · 임순희 · 조정아 · 송정호, 2012, 184쪽). 2012년 이후 주요 사건은 국방대 국가안전보장문제연구소의 학술 저널 〈국방연구〉 등을 참고해 총 5개 시기로 구분하였다.(정성장, 2014, 1~25쪽).

한의 권력 엘리트들을 감시하도록 했다. 김정은은 이러한 여건을 토대로 2010년 9월 열린 제3차 당대표자회에서 중앙군사위원회 부위원장에 선임되고 이후 사실상의 북한 권력서열 2인자로서 공식석상에 등장하게 된다.

3시기인 김정은의 공식 등장과 김정일 사망 전후시기(2010.10~ 2012.4)는 2010년 10월 제3차 당대표자회를 통해 김정은이 중앙군사위 부위원장을 맡아 후계자로 공식 부상한 직후 김정일이 2011년 12월 17일 사망하고 김정은이 김정일의 뒤를 이어 북한 조선로동당 제1비서, 국방위원회 제1위원장으로 등극(2012.4)하며 명실상부한 최고 지도자로 등극하는 기간이다.5 이 기간 중인 2010년 9월 27일 김정은은 대장 칭호를 받고, 다음날인 9월 28일 열린 당대표자회에서 고모인 김경희와 고모부인 장성택이 각각 당 정치국 위원과 당 정치국 후보위원 및 중앙군사위 위원에 선임됨으로써 본격적 권력 승계를 위한 발판을 마련한다.

김정은은 2010년 10월 5일 김정일과 함께 인민군 제851군부대 합동훈련 참관에 동행하며 현지지도에 동참하는 등 후계자로서 본격 행보를 하게 되고 이때부터 김정일이 사망한 2011년 12월 17일까지 약 1년 2개월간 자신이 중심이 되는 후계구도를 확고하게 구축해 김정일 사후 최고 지도자 자리에 오르게 된다. 김정은은 2012년 4월 12일 평양에서 열린 제4차 당대표자회의에서 김정일 당 총비서의 뒤를 이어 제1비서

---

5 이교덕 · 임순희 · 조정아 · 송정호(2012)는 3기를 김정일 사망 시기인 2011년 12월로 한정하고 있으나, 본 연구는 북한 지도자의 위상 및 성격 변화에 따른 북한 노동신문 언론인들의 구성 및 기사 내용의 변화에 초점을 맞추고 있는 만큼 시기별 분기점을 더욱 명확히 하기 위하여 특정 정치적 사건 이후 김정은의 위상이 변화되는 시점을 기준으로 삼았다. 이 시기의 경우 김정은이 김정일 사망 후 뒤를 이어 북한 국방위원회 제1위원장과 노동당 제1비서에 올라 최고지도자가 되는 2012년 4월까지로 기간을 설정하였다.

에 올랐고, 다음날(4월 13일) 열린 최고인민회의에서 국방위원회 제1국방위원장에 오르며 명실상부한 북한의 새 최고 지도자에 등극하였다.

4시기인 김정은의 공식적 권력승계와 장성택 숙청 전후 시기는 김정은이 2012년 4월 당 제1비서, 제1국방위원장에 취임해 최고 지도자로 올라선 이후, 자신의 권력승계 작업을 뒷받침했던 고모부 장성택을 숙청(2013년 12월)하고 최고인민회의 대의원에 추대되는 2014년 3월께로 설정하였다.6 제4기의 성격을 구획하는 가장 큰 사건은 김정은의 장성택 숙청으로, 김정은의 최측근이자 김정은의 권력 장악을 위한 핵심 후견인으로 비춰졌던 장성택의 숙청은 김정은 집권 초기와 달리 시간이 지나면서 김정은이 절대적 권력을 갖추었음을 보여주는 것이다.7 국내외에서는 장성택 숙청 3개월여 후인 2014년 3월 김정은이 최고인민회의 대의원에 오른 것에 대해 김정은이 장성택 숙청을 계기로 북한 지도부의 내부 물갈이를 시도한 것으로 풀이하였다.8

5시기인 김정은식 권력구조 구축시기(2014.4~2016.8)는 실권을 장악한 김정은이 노동당과 국가기구의 제1인자 자리에 일제히 오르면서 김정은식 통치 구조를 완성해나가는 시기다. 김정은은 2014년 3월 최고인

---

6 이교덕·임순희·조정아·송정호(2012)는 4기를 보고서 발행 당시 기준 시점(2012년 7월)까지로 하고 있으나, 본 연구에서는 장성택 숙청(2013년 12월) 이후 이에 따른 물갈이 작업의 성격으로 풀이되기도 하는 2014년 3월 북한최고인민회의까지로 범주를 한정하였다.
7 김정은이 장성택을 모든 직무에서 해임시키고 출당 및 제명시킨데 이어 사형까지 시킨 것은 김정은이 그만큼 절대적인 권력을 가지고 있음을 보여주는 것이라고 정성장은 설명한다(정성장, 2014, 21쪽).
8 미국의 소리(VOA) 방송은 김정은 집권 이후 처음 열린 최고인민회의에서 김정은이 대의원에 추대된 것에 대해 장성택 숙청 이후 북한 내부 물갈이 성격을 갖게 될 것이라고 분석하고 대의원 선거를 통해 북한의 국가 기능 정상화를 과시하며 김정은 체제가 본격화 될 것이라고 전망하고 있다(김은지, 2014).

민회의 대의원에 선출되기 2년여 전인 2012년 4월 이미 조선로동당의 제1비서, 국방위원회의 제1국방위원장 등 권부의 핵심 직함에 모두 오른 상태였다. 아울러 김정은은 2016년 5월 36년 만의 제7차 당대회를 개최해 기존 당 최고 직위인 제1비서 칭호를 내려놓고, 새로운 당 최고위 직인 노동당 위원장을 신설해 이 자리에 올라 자신이 당의 제1인자임을 재확인하였다. 또한 다음 달인 2016년 6월에는 최고인민회의에서 국무위원회를 신설하고 사실상의 국가수반에 해당하는 국무위원장 자리에도 올랐다. 이러한 김정은의 시도는 자신이 당, 군, 정권의 비상 또는 임시 최고위직을 맡은 상황에서 상설 최고위직을 신설해 이 자리를 맡음으로써 누구도 되돌릴 수 없는 자신 중심의 정권 구조를 완결 지으려 한 것으로 풀이된다.9

아울러 김정은은 김정일의 장례식 때 자신과 함께 영구차를 호위했던 7인 중 '군부 4인방'으로 불렸고, 2016년 '인민군 원수' 칭호까지 받은 김영춘 전 인민무력부장이 2016년 8월 사망하자(김효정·정빛나, 2018) 장례를 국장으로 치르기로 하고 국가장의위원회 위원장에 올랐다. 김정은은 김영춘 외에도 주요 인사들의 사망 때 국가장의위원장을 맡았는데, 실권을 확고히 한 김정은이 정권 수반으로서의 상징적 자리까지 직접 챙기며 북한 인민들에게 자신이 최고 지도자임을 각인시키고자 한 의도로 평가된다.

---

9 통일부는 김정은의 국무위원장 추대에 대해 김정은식 권력구조가 완성된 것으로 분석하였다(박병용, 2016).

2. 로동신문 편집국 관련 공식 자료의 한계

북한 로동신문 편집국 소속 기자들의 현황을 적시하고 있는 정부 차원의 공식적 자료는 전무한 실정이다. 통일부가 발행하는 '북한 주요기관·단체 인명록'에서 로동신문 편집국 구성 및 소속 기자들의 명단을 일부 공개하고 있지만 공개된 인사들이 수 명의 간부진에 불과해 자료로서의 활용 가치가 미흡한 면이 있다.[10] 기존의 연구물이나 자료 분석으로는 북한 로동신문 편집국 소속 기자 명단을 확보하기란 어려운 실정인 것이다. 고유환·이주철·홍민(2012)은 북한 언론의 중앙지 중 로동신문을 설명하면서 통일부의 북한 주요기관·단체 인명록 등을 인용해 "2000년 기준으로 100여명의 기자가 소속돼 있고, 20여명의 특파원, 20여명의 지방통신원, 사진기자, 교정원, 편집원, 인쇄기술자, 노동자 등으로 구성돼 있으며 전체 직원 수는 약 300여명이다"라고 전하고 있다(고유환·이주철·홍민, 2012, 85쪽).

기존 연구문헌이나 정부 자료를 참고하더라도 로동신문 편집국 기자 명단을 확보하기란 쉽지 않을 정도로 로동신문 기자 관련 연구는 미지의 영역인 셈이다. 이런 한계를 넘어 로동신문 기자 명단을 파악하기 위한 가장 공신력 있는 방법은 북한 언론인을 직접 만나거나 북

---

10 통일부가 발간한 2018 북한 주요기관·단체 인명록에서는 로동신문의 책임주필 김병호, 부사장 겸 주필 하승원, 주필 박영일, 부주필 21명(강덕서, 김동수, 김석래, 김원석, 김일룡, 김택훈, 로영, 리경섭, 리준하, 리진, 박정남, 박종순, 백동규, 승재순, 엄일규, 조태현, 최갑성, 최양호, 최학철, 한순송, 홍황기), 초급당위원장 리성철, 편집국장 리영혁, 부국장 3명(김임, 박종택, 조준규), 공업부 부장 김상도, 당생활부 부장 리근언, 대외협력부 부장 조기선, 보도부 부장 김천일, 사진보도부 부장 리대영, 혁명교양부 부장 김형균, 소속불명 2명(부장 강진형, 실장 홍병우) 등 총 37명의 간부진 실명을 공개하고 있다. 그러나 각 부서 기자의 현황은 공란이다.

한 언론기관을 직접 방문해 조사하는 방법일 것이다. 그러나 남북이 분단되어 있는 현실에서 북한의 언론기관을 직접 방문하거나 북한 언론인을 만날 기회는 극히 제한된다. 차선책으로 북한의 언론 지면에 게재된 기사를 분석하는 방법이 있다. 북한 언론매체에 나온 기명 기사를 일정 기간을 두고 분석할 경우 북한 언론기관의 편집국 구조를 귀납적으로 유추하여 도출할 수 있는 것이다.

본 연구에서는 북한 로동신문의 편집국 인적 구성을 파악하기 위해 특정 기간 로동신문에 게재된 기명 기사를 분석하는 방법을 사용하였다. 이에 따라 1개 시기에 해당되는 6개월 분량의 로동신문의 기명 기사를 모두 분류하였고, 이와 같은 방법의 분류 작업을 5개 시기에 걸쳐 진행하여 총 30개월 분량의 로동신문 기사를 분류하는 작업을 거쳤다. 그 결과 해당 기간 사진을 제외한 기명 기사는 1시기 2836개, 2시기 2802개, 3시기 2778개, 4시기 2459개, 5시기 2377개 등 총 13252개에 달했다.

〈표 3-1〉 5개 시기별 기사 수

시기	1시기	2시기	3시기	4시기	5시기	총계
기사수	2836	2802	2778	2459	2377	13252

3. 연구 방법

이렇게 분류된 자료를 바탕으로 5개 시기별로 기자가 어떤 제목의 기사를 총 몇 건 작성했는지를 다시 분류하였고, 이 자료에 근거하여 기자별 소속 부서를 추정하여 귀납적으로 로동신문 편집국의 예상 조직도를 완성해 나갔다. 로동신문 소속 기자들의 기사 리스트를 만들고 이를 분석해 그 소속 부서를 유추하는 과정에서 각 기자별 특징이나 기사 내용의 경향성이 드러나 기자들의 부서 분류 작업에 도움이 되었다. 특정 기간 동안 특정 기자가 작성한 기사 리스트를 만들면 기사 제목 및 기사 내용상에서 큰 흐름이 나타나게 된다. 각 기자별 부서 분류는 이런 방법을 활용하였다.

예를 들어 로동신문 본사기자 김창길의 기사 리스트를 만들어 본 결과 "수종이 좋은 나무를 더 많이-신천군에서"(2008.3.2) "땅의 주인, 농사의 주인 된 자각안고-함흥 100리벌안의 일군들과 농업근로자들"(2008.3.5.) "포전마다 거름더미 높아간다-안악군 원룡협동농장에서"(2008. 3.10) "저수지공사 완공단계-평강군에서"(2008.3.12) "수종이 좋은 나무를 더 많이-은률군에서"(2008.3.18) "도로의 기술상태를 개선-맹산군에서" (2008.3.20) "수만세대의 농촌살림집메탄가스화 실현"(2008.3.27) "성과의 비결은 대담한 작전과 이신작칙에 있다-재령군 삼지강협동농장 관리위원장 허남순동무의 사업에서"(2008.3.30) "온 나라를 푸른 숲 우거진 락원으로-각지 일군들과 근로자들"(2008.3.31) "기술규정의 요구를 철저히 지켜-연백벌에서"(2008.4.1) "애국의 마음안고 나라의 면모를 새롭게-평양시에서"(2008.4.11) "초급일군들이 자체로 농사짓기위한 투쟁의 앞장에"(2008.4.18) "빈틈없는 작전, 면밀한 조직사업-태천군협동농장경영위원회에서"(2008.4.21) "수만정보의 수유나무림 조성"(2008.4.23) "자체로 농사짓기 위한 투쟁 힘있게 전개-각지 농촌들에서"(2008.5.3) "병사시절의 그 정신으로"(2008.5.5) "높이 울리는 기계화의 동음"(2008.5.19) "산림보호사업을 군중적으로-연탄군에서"(2008.5.21) "콩농사에서 전환을 이룩할 결의밑에-평원군에서"(2008.6.3) "과일생산의 보다 밝은 전망을 열어주시여"(2008.6.5) "보리가을이 시작되었다-연안, 안악, 청단군에서"(2008.6.9) "병해충피해방지대책을 철저히-벽성군국토환경보호관리부에서"(2008.6.22) "나무모생산에 바치는 지성-세포군산림경영소에서" (2008.6.26) "네벌김매기 마지막단계-재령군 삼지강협동농장에서"(2008.7.3) "농작물가꾸기를 주체농법의 요구대로-콩농사에 대한 관점부터 바로 가지고-송화군에서"(2008.7.15) "조국의 만년재부를 마련하는 위대한 령도의 손길"(2008.7.17) "콩포전들에 빈틈없는 대책을-삼천군에서"(2008.7.29) "양떼 흐르는 산촌의 새 모습"(2008.7.31) "뒤그루콩농사를 통이 크게-태천군 읍협동농장에서"(2008.8.4) "염소떼, 젖소떼흐르는 산촌"(2008.8.11) "제힘으로 축산기지를 꾸린 보람"(2008.8.19) "과일향기넘치는 청춘과원"(2008.8.26) 등의 기사가 추려졌다.

  이 기사들에서 나타나는 특징과 경향성은 대부분의 기사가 농업과 관련 있다는 점이었고 이를 바탕으로 김창길 기자의 소속 부서는 농업부로 추정해 분류할 수 있었다. 다른 기자들의 부서 분류 역시 개별 기사 리스트를 만들어 같은 과정을 거쳤다. 먼저 로동신문 기자 분류를 위해 1~5기 범위 내에 있는 총 30개월 치의 로동신문 기명 기사를 수집해 날짜별 기사 목록을 작성하였다. 이를 다시 기자별 기사 목록으로 다시 분류하여 1~5기 30개월 치의 기자별 기사 목록을 작성하였다. 이렇게 작성한 기자별 기사 목록을 살펴보면 기자별 기사 성향이 대부분 뚜렷하게 나타났다. 5개 시기별로 한 명의 기자가 적게는 수 개에서 많게는 수십 개의 기사를 작성한 사실이 확인되었고, 그렇게 나타난 기자별 기사 목록의 내용은 특정 분야로 수렴되는 경향이 드러나는 경우가 많았다. 기자들이 제각기 작성한 기사 제목의 총합인 기사 목록과 실제 신문에 수록된 해당 기사의 세부 내용을 교차해가며 최종 분석한 결과 개별 기자들의 소속 부서까지 유추하여 도출할 수 있었다.

제3절
기사 내용 분석 연구

1. 연구 범위

이 연구에서는 앞서 제시한 5개의 시기 중에서 그 시기적 특성이 가장 뚜렷하게 나타나는 시기를 6개월 단위로 분류해 해당 기간에 등장하는 기자 전원의 기사를 조사하는 양적 분석, 해당 기간 기사에 어떤 내용이 주로 담겼는지를 분석하는 질적 분석을 병행하였다. 기사의 양적 분석을 통해서는 기자의 소속 부서 등 편집국 현황을 파악해 궁극적으로 로동신문 편집국의 인적 구성을 유추해 보았다. 질적 분석을 통해서는 특정 시기 로동신문이 중점적으로 다뤘던 기사 내용 분석을 통해 북한 당국의 정책 방향 및 과제가 무엇이었는지 분석해 보았다.

5개 시기 구분은 편집국 인적 구성 분석과 마찬가지로 김정일이 뇌경색으로 쓰러지기 전 6개월의 기간(2008.3~2008.8)을 1시기(김정일 건강 이상 이전 시기)로, 김정일이 건강을 회복한 뒤 김정은이 국가보위부장에 임명되며 후계수업을 받는 6개월(2008.10~2009.3)을 2시기(김정일 건강 이상과 후계체제 구축시기)로, 김정일 사망 및 김정은이 당 제

1비서와 군 제1국방위원장에 오르며 후계구도를 확고히 하는 6개월 (2011.10~2012.3)을 3시기(김정일 사망 전후시기)로, 장성택 숙청 및 김정은의 집권 후 첫 최고인민회의 개최 등이 나타나는 6개월(2013. 10~2014.3)을 4시기(장성택 숙청 전후시기)로, 김정은이 제7차 당대회에서 노동당 위원장(2016.5)에 등극하고 최고인민회의에서 국무위원장(2016.6)에 오르는 등 거의 모든 분야에서 최고위직에 오르는 6개월(2016.3~2016.8)을 5시기(김정은식 권력구조 개편시기)로 하였다.

기간을 6개월로 설정한 것은 크게 2가지 이유 때문이다. 첫 번째는 해당 기간 노동신문 편집국 소속 기자 구성원을 빠뜨리지 않고 조사하기 위해 충분한 기간을 확보하기 위한 것이고, 두 번째는 기간이 각각 다른 5개 시기를 효율적으로 비교하기 위한 것이다. 일간지 기자의 경우 통상 매일 담당 분야 기사를 작성한다. 이런 기자의 업무적 특성을 감안할 때 해당 매체 기사를 최소 1개월, 많게는 3개월 정도 조사하면 해당 언론인의 활동 반경을 대부분 파악할 수 있다. 일간지 기자가 수개월 동안 기사를 작성하지 않는 경우는 드물기 때문이다. 이런 이유로 1개월~3개월의 범위 내에서 기사를 분석하면 그 기간 편집국 구성인원을 효과적으로 유추할 수 있다. 본 연구에서는 정확도와 신뢰도를 높이고자 조사 기간을 6개월로 설정하였다.

해당 기간 로동신문 기사 중 기자의 이름이 명시된 기명 기사를 분석 대상으로 삼았으며, 이를 날짜별로 분류한 뒤 다시 기자별로 분류하여 5개 시기별로 어떤 기자가 어떤 기사를 작성하였는지 파악한 다음, 기자들이 작성한 기사 내용을 분석해 해당 기자가 편집국 내 어떤 부서에 소속돼 있는지를 유추해 보았다. 이런 방법으로 로동신문 편집국 내 기자의 소속 부서를 유추한 결과 그 시기 로동신문 편집국의 인적 구성이 대략적으로 파악되었다. 이 방법을 5개 시기에 모두 적용해 5개 시기의 편집국 인적 구성을 추정해 보았고, 다시 이 결과를 바탕으로 5개 시기별 로동신문 편집국 구성원과 구성원들의 인사이동에 대해 알아볼 수 있었다.

이렇게 양적 분석을 통해 로동신문 편집국 인원 구성의 변화를 파악하였고, 이를 바탕으로 시기별 각 부서의 활동, 부서별 기자의 활동을 비교 분석할 수 있었다.

아울러 5개 시기에 작성된 기사 내용에 대한 분석도 병행하여 실시하였다. 질적 분석을 위해서는 5개 시기별로 '구축된 주일'을 활용한 내용분석 방법을 적용하였다. 이를 통해 시기별로 신문이 강조하고자 한 메시지가 무엇이었는지 알아볼 수 있었다.

2. 연구 방법

신문 등 매스미디어의 내용을 분석하려면 분석할 내용 단위의 집단을 선택해야 한다. 신문 1년 치 내용에 대한 추론을 위해 표집할 때는 유층 표집(구축된 주일 방식)이 널리 쓰인다. 신문의 유층 표집을 위해서는 구축된 주일 방식을 주로 사용하는데, 1개의 구축된 주일은 각각의 요일에 발행된 신문을 무작위 추출해 구성한 것이다.

스템펠(Stempel)의 연구에 따르면, 구축된 2주를 구성할 때는 특정 시기 중 무작위로 첫 출발점을 정하고 매주 n번째 발행호를 선택하는 방법을 사용한다(Riffe, Lacy, & Fico, 2001/2006, 170쪽). 예를 들어 5월의 첫 주 월요일, 둘째 주 화요일, 셋째 주 수요일, 넷째 주 목요일, 6월 첫 주 금요일, 6월 둘째 주 토요일, 6월 셋째 주 일요일을 구축된 1주일로 구성하는 방식이다. 스템펠은 구축된 2주일의 신문 내용 분석이 1년치 내용을 대표할 수 있다는 결론을 내렸다. 또한 데이비스와 터너(Davis & Turner), 존스와 카터(Jones & Carter)도 스템펠의 결론과 유사한 결과를 도출하였다(Riffe, et al., 2001/2006, 171쪽).

리프 등(Riffe, Aust, & Lacy)은 스템펠의 연구에 대해 반복 연구를 실시한 결과 단순 무작위 표집이 적합하기 위해서는 28일치의 표본이 필요했으며, 연속일자 표집은 모평균의 내용을 적절히 대표하지 못하는 것으로 결론 내렸다(Riffe, et al., 2001/2006, 171쪽).

반면, 구축된 1주일의 표집 분량은 모평균을 적절히 예측했으며, 구축된 2주일은 모평균을 더욱 적절하게 예측한 것으로 나타났다. 즉, 큰 모집단에 대해 추론할 때 구축된 주일 방식은 단순 무작위 표집 방식보다 훨씬 효율적이라는 것이다.

리프 등에 따르면, 모집단이 6개월분으로 구성된 경우에는 구축된 1주일을 통한 연구 방식이 단순 무작위 표집보다 4배 정도 효율적이었으며, 구축된 주일의 크기를 2주로 늘릴 경우, 1년치 분량의 신문에 게재된 기사에서 신뢰할 만한 추정치를 얻을 수 있는 것으로 분석했다. 이러한 연구 결과는 스템펠의 연구와 일치하는 경향을 보였다(Riffe, et al., 2001/2006, 172쪽).

이에 따라 각각 6개월 분량인 5개 시기를 연구 대상으로 하는 이번 연구에서는 1개 시기(6개월)마다 2주의 구축된 주일을 구성해 내용을 분석할 경우 신뢰할 만한 추정치를 얻을 수 있다. 이에 따라 5개 시기의 구축된 2주를 구성한 결과 1시기 구축된 2주의 기사량은 231개였고, 2시기는 209개, 3시기는 228개, 4시기는 188개, 5시기는 181개로 1~5시기 전체의 총 기사량은 총 1037개였다.

〈표 3-2〉 로동신문 5개 시기별 구축된 2주 구성

시기	구축된 2주	기사량
1시기	2008년 5월 5일, 5월 13일, 5월 21일, 5월 29일, 6월 6일, 6월 14일, 6월 22일, 6월 30일, 7월 8일, 7월 16일, 7월 24일, 8월 1일, 8월 9일, 8월 17일	231개
2시기	2008년 11월 10일, 11월 18일, 11월 26일, 12월 4일, 12월 12일, 12월 20일, 12월 28일, 2009년 1월 5일. 1월 13일, 1월 21일, 1월 29일, 2월 6일, 2월 14일, 2월 22일	209개
3시기	2011년 11월 7일, 11월 15일, 11월 23일, 12월 1일, 12월 9일, 12월 17일, 12월 25일, 2012년 1월 2일, 1월 10일, 1월 18일, 1월 26일, 2월 3일, 2월 11일, 2월 19일	228개
4시기	2013년 12월 2일, 12월 10일, 12월 18일, 12월 26일, 1월 3일, 1월 11일, 1월 19일, 2014년 1월 27일, 2월 4일, 2월 12일, 2월 20일, 2월 28일, 3월 8일, 3월 16일	188개
5시기	2016년 4월 11일, 4월 19일, 4월 27일, 5월 5일, 5월 13일, 5월 21일, 5월 29일, 6월 6일, 6월 14일, 6월 22일, 6월 30일, 7월 8일, 7월 16일, 7월 24일	181개
합계		1037개

본 연구의 분석 대상은 5개 시기 로동신문의 기명 기사로서 1시기 기명 기사 2836개와 기명 사진 445개 등 총 3281개, 2시기 기명 기사 2802개와 기명 사진 524개 등 총 3326개, 3시기 기명 기사 2778개와 기명 사진 362개 등 총 3140개, 4시기 기명 기사 2459개와 기명 사진 430개 등 총 2889개, 5시기 기명 기사 2377개와 기명 사진 318개 등 총 2695개였다. 5개 시기별 기사 리스트를 기자별로 분석한 결과 해당 기자의 소속 부서를 유추할 수 있었으며, 이를 바탕으로 각 시기별 편집국 인원 구성을 대략적으로 파악할 수 있었다.

5개 시기별 2주간의 구축된 주일에서 표집된 기사를 바탕으로 기사 내용 분석도 진행되었다. 표집 된 기사를 코딩 과정을 통해 내용별로 분류하고, 이를 수치화해 시기별로 많이 나타난 내용과 적게 나타난 내용을 구분할 수 있었다. 코딩시트에서는 기사별로 ①김정일 찬양, 체제과시 ②김정은 후계구도 강화 ③김일성 업적 찬양 ④사회주의 혁명사상 고취, 사례 전파 ⑤과학기술 및 교육 강조 ⑥문화, 풍습 소개 ⑦경제발전 강조 ⑧남한정세 비판 ⑨미국 및 서방세계 비판 ⑩기타 국제정세 소개, 우방국 옹호 등의 항목으로 내용적 특성을 분류해 수치화하였다.

코딩의 신뢰도를 높이기 위해 두 명의 박사과정이 참여하였다. 코딩과정에 한 명이 참가하는 것보다 복수의 코더들이 협력할 때 더 분명하고 명백한 개념적 정의가 이뤄져 코딩의 신뢰도가 확보되기 때문이다. 두 명의 코더는 기사를 읽으면서 분석 항목에 대해 토론과 수정을 거치면서 코딩 지침을 작성하였다. 이렇게 작성된 코딩 지침을 통해 분석 대상 기사들을 2명이 독립적으로 분석할 수 있었다. 두 명의 코더가 실시한 코딩시트를 통한 내용분석 결과가 일치할수록 코딩의 신뢰도는 높아진다. 이때 두 명의 코더가 전체 내용의 몇 %를 추출해 결과를 비교할지에 대해서는 5~7%, 10~20% 등 학계에서도 여러 의견이 있다. "위머와 도미닉(Wimmer & Dominick)은 10~20%, 카이드와 워드워스(Kaid & Wadsworth)는 5~7%가 적절"하다고 본다(Riffe, et al., 2001/2006, 212쪽). 본 연구에서는 총 기사량 1037개 중 161개(15.52%)를 두 명의 코더가 중복해서 분석했다. 신뢰 분석결과 전체 변인의 신뢰도계수 평균은 .98로 나타났다.

제4장

편집국 조직과 인원 구성 추정 결과

제1절

시기별 조직과 인원 구성의 귀납적 유추 결과

1. 김정일 건강 이상 이전 시기

1시기에 해당하는 2003년 9월~2008년 8월의 기간 중 2008년 3월~2008년 8월까지 6개월 동안 로동신문의 기명 기사(사진기자의 기명 사진 445건 포함)는 총 3281개, 기명 사진을 제외한 기명 기사는 2836개로 집계되었다.

이 기사들을 다시 기자별로 분류하자 해당 기간 기명 기사를 작성한 기자 수는 총 271명으로 집계됐다. 271명을 기사 형식과 내용에 따라 부서별로 분류하자 당력사교양부 30명, 당생활부 45명, 혁명교양부 47명, 공업부 11명, 농업부 18명, 과학문화부 29명, 조국통일부 39명, 국제부 28명, 사진보도부 14명, 특파기자부 10명으로 나타났다.

〈표 4-1〉 1시기 편집국 부서별 추정 분류

부서	*당력	*당생	*혁교	*공업	*농업	*과문	*조통	*국제	*사진	*특파	총
기사수	30	45	47	11	18	29	39	28	14	10	271

*당력: 당력사교양부 *당생: 당생활부 *혁교: 혁명교양부 *공업: 공업부 *농업: 농업부
*과문: 과학문화부 *조통: 조국통일부 *국제: 국제부 *사진: 사진부 *특파: 특파기자부

해당 기간 로동신문 기자들은 적게는 1건에서 많게는 59건(조국통일부 심철영)의 기명 기사를 작성했고, 사진 기자 중에서는 최대 80건(강정민)의 기명 사진을 신문에 게재했다.

〈표 4-2〉 1시기 편집국 구성 추정 분류

번호	당력사	당생활	혁명	공업	농업	과문	조통	국제	사진	특파
1	강경숙	강진형	강정희	강명천	김성일	강신동	김광명	강용철	강정민	공로혁
2	김성남	고재정	김동철	리동찬	김철남	강응철	김동일	김만수	김광혁	김기두
3	김연희	김광현	김문철	리병춘	김창길	강 철	김령성	김일룡	김상남	김순홍
4	김 온	김경선	김병대	명흥숙	림춘철	김광남	김 명	김종손	김종훈	김진수
5	김용진	김승표	김병진	방인철	문길수	김기철	김상수	김창현	리명남	리성호
6	김인선	김시현	김순영	신천일	박경철	김태정	김은정	김학철	리명남	리승철
7	김인철	김영철	김영일	오철훈	박영숙	려명희	김정옥	김혜성	리원노	리혁철
8	김정수	김일권	김영삼	장영찬	서승호	림현숙	김정화	김희숙	림학락	박동석
9	김준혁	김진욱	김은주	전성삼	신길남	박광길	김지원	리경수	박재경	전철주
10	김철만	김철수	김은희	정순성	신성창	박명수	김향미	리 영	오정인	최재남
11	량 순	김치곤	김지문	지원철	엄명석	박순철	라설하	리창일	장성복	
12	리성국	리천일	김태정		오희백	박철남	로사범	리택춘	장청일	
13	림철호	김춘심	김흥근		윤성철	백상환	류광선	리학남	전성남	
14	백광철	김향란	렴철호		윤용호	오용기	리문환	리현도	정순애	
15	백영미	김호혁	류기풍		장철범	오철룡	리성철	백문규		
16	선우진	동세웅	류성일		조영걸	오 현	리정애	배금희		
17	송미란	로주봉	리길웅		조영길	우정혁	리혜옥	손태성		
18	정학준	로재화	류정근		황연옥	장명일	리효진	신경섭		
19	조동익	리남호	리성욱			장영철	명옥실	원명욱		
20	조혁철	리수정	리수근			장일남	문승혁	위국현		
21	최수복	리연재	박경원			전학철	박철준	전영희		
22	최영태	리정수	박 연			정영화	복은희	조성철		
23	최창격	리종석	박영민			조귀섭	송영석	조택범		
24	한룡호	리증근	방성화			차 수	신분지	주성희		
25	허 균	리철옥	백 룡			최영길	심광수	채일출		
26	허명숙	박상훈	석 화			태명호	심철영	최성국		
27	허학수	박옥경	오수경			한영식	오명호	최학철		
28	홍영삼	박 준	윤지혜			한정겸	은정철	한영수		
29	황명희	박준성	임성진			황용철	장룡식			
30	림애숙	박 철	전성호				전종호			
31		손영희	정광복				조남수			

32	송창윤	정선철			조대일		
33	송현수	정춘희			조순영		
34	어강훈	조영남			주성철		
35	장선숙	채철룡			최철순		
36	장은영	최근섭			최희일		
37	전경서	최승필			한동찬		
38	정성일	최일호			한은숙		
39	정형남	한경일			허영민		
40	조향선	한명신					
41	조현철	한창수					
42	최시홍	한철준					
43	최춘복	한태삼					
44	최현호	한학문					
45	황철웅	함원식					
46		홍병우					
47		홍성철					

2. 김정일 건강 이상과 후계체제 구축시기

2시기에 해당하는 2008년 9월~2010년 9월의 기간 중 2008년 10월 ~2009년 3월의 6개월 동안 로동신문의 기명 기사(사진기자의 기명 사진 524건 포함)는 총 3326개, 기명 사진을 제외한 기명 기사는 2802개로 집계되었다. 이 기사들을 다시 기자별로 분류하자 해당 기간 기명 기사를 작성한 기자 수는 총 278명으로 집계됐다. 278명을 부서별로 분류하자 당력사교양부 34명, 당생활부 47명, 혁명교양부 44명, 공업부 24명, 농업부 21명, 과학문화부 25명, 조국통일부 25명, 국제부 30명, 사진보도부 18명, 특파기자부 10명으로 이뤄졌다.

〈표 4-3〉 2시기 편집국 부서별 추정 분류

부서	당력	당생	혁교	공업	농업	과문	조통	국제	사진	특파	총
기사수	34	47	44	24	21	25	25	30	18	10	278

해당 기간 로동신문 기자들은 적게는 1건에서 많게는 54건(특파기자부 최재남)의 기명 기사를 작성했고, 사진 기자 중에서는 최대 80건(강정민)의 기명 사진을 신문에 게재했다.

〈표 4-4〉 2시기 편집국 추정 분류

번호	당력사	당생활	혁교	공업	농업	과문	조통	국제	사진	특파
1	강인숙	김광수	강기호	강명근	강수일	김광환	고혁철	강철수	강정민	공로혁
2	강철남	김광현	강진형	강명일	강승길	김경철	김선영	김경순	김광혁	김기두
3	고현주	김승표	권창복	강명천	김경선	김기철	김정옥	김은심	김용남	김순홍
4	계성남	김영일	김룡빈	김 주	김성일	김 룡	김향미	김은희	김종훈	김천일
5	김동철	김영철	김명희	김철수	김창길	김성준	김현철	김종손	리명남	리성호
6	김주만	김원석	김병진	류기풍	김향란	김시현	라설하	김혜성	리명일	리승철
7	김철혁	김일권	김상학	류성국	류 철	김원희	리효진	라명성	리영남	리혁철
8	김치곤	김정복	김성남	리경일	리근호	려명희	박철남	리경수	리원국	박동석
9	동태관	김호혁	김성룡	리병춘	리성철	류성일	박철준	리 영	림학락	전철주
10	량 순	리남호	김수란	리연재	리수정	류원일	백은향	리철호	박승남	최재남
11	렴철호	리정수	김순영	리철옥	문길수	리광준	복은희	리학남	오정인	
12	로 영	리종석	김연희	명홍숙	박경철	리은남	송영석	리현도	장명호	
13	로주봉	리철룡	김용진	방인철	박 철	리재경	심철영	문동국	장성복	
14	류민성	림규찬	김은주	백산해	서승호	리현길	엄일규	문영호	장청일	
15	리경섭	박상훈	김인선	신천일	윤용호	림현숙	은정철	박송영	전성남	
16	리금분	박수철	김일룡	오철훈	주창일	박명수	장윤남	박학철	정순애	
17	리동찬	박옥경	김정수	전성삼	탁기령	안수길	전종호	배금철	정성일	
18	리성국	박준성	김진욱	정경철	태명호	오명호	정일복	백문규	최충성	
19	리수근	손영희	김철학	정순성	한성일	윤지혜	조남수	서남일		
20	림정호	송영철	김춘남	조경철	한홍동	임 성	최문일	신경섭		
21	문영옥	송창윤	김홍근	주창선	황연옥	장은영	최철순	오혜숙		
22	백영희	송현수	리강철	지원철		전룡삼	한 철	전영희		
23	안란경	오은별	리광훈	허학수		전철호	한철준	조성철		
24	안영주	오철권	리운찬	황광식		정영화	허명숙	조성현		
25	장철범	오철룡	리창혁			한경철	허영민	조택범		
26	정순학	오 현	리 철					조 철		
27	정용남	오히백	박 연					채일출		
28	조혜경	유병남	방성화					최성국		
29	차 수	어강훈	백 룡					최학철		
30	최승필	전경서	백영미					허성숙		
31	최정란	전순철	백창수							

32	최창격	조현철	성길명						
33	최희복	조혁철	송미란						
34	한영주	지선춘	송현철						
35		채인철	우정혁						
36		최시홍	윤기정						
37		최일호	정광복						
38		최춘복	정춘희						
39		한송이	채철룡						
40		한영식	최영길						
41		한학문	한철배						
42		현경철	함원식						
43		홍성범	홍병우						
44		홍성준	황명희						
45		홍성철							
46		황금철							
47		황철웅							

3. 김정은 등장과 김정일 사망 전후시기

3시기에 해당하는 2010년 10월~2012년 4월의 기간 중 2011년 10월 ~2012년 3월의 6개월 동안 로동신문의 기명 기사(사진기자의 기명 사진 362건 포함)는 총 3140개, 기명 사진을 제외한 기명 기사는 2778개로 집계되었다. 이 기사들을 다시 기자별로 분류하자 해당 기간 기명 기사를 작성한 기자 수는 총 201명으로 집계되었다. 200명을 부서별로 분류하자 당력사교양부 22명, 당생활부 34명, 혁명교양부 22명, 공업부 20명, 농업부 13명, 과학문화부 23명, 조국통일부 19명, 국제부 23명, 사진보도부 15명, 특파기자부 9명으로 드러났다.

〈표 4-5〉 3시기 편집국 부서별 추정 분류

부서	당력	당생	혁교	공업	농업	과문	조통	국제	사진	특파	총
기사수	22	34	22	20	13	23	19	23	15	9	200

해당 기간 로동신문 기자들은 적게는 1건에서 많게는 50건(당생활부 박옥경)의 기명 기사를 작성했고, 사진 기자 중에서는 최대 56건(김종훈)의 기명 사진을 신문에 게재했다.

〈표 4-6〉 3시기 편집국 추정 분류

번호	당력	당생	사교1	공업	농업	과문	조통	국제	사진	특파
1	강설경	강진형	권창복	강명일	강명국	공로혁	김성호	강철수	강정민	김천일
2	강철남	김순영	김성룡	강명천	강명근	곽 철	김정옥	김선우	김광혁	동세웅
3	계성남	김승표	김성희	김정선	김성일	김경철	김향미	김종손	김진명	리승철
4	김명훈	김영철	김용진	김진욱	김성철	김옥별	김현철	김지문	김철우	리학철
5	김인선	김일권	김정수	김충성	김창길	김주일	라설하	김철운	리명남	박동석
6	김준혁	김정호	김철학	류기풍	문길수	김택영	리경철	라명성	리명일	송창윤
7	김철수	김진수	렴철호	류성국	윤용호	려명희	리성호	리경수	리진명	신천일
8	남철수	김호혁	리강철	리병춘	정영철	리수정	리승섭	리 영	리충성	전철주
9	동태관	김향란	리동찬	리철옥	주창일	리은남	리효진	리학남	림학락	최수복
10	량 순	량혜옥	김혜영	리향렵	주철규	리창원	박철준	리현도	신충혁	
11	리경일	로주봉	리 철	명호숙	태명호	박윤삼	복은희	민옥희	장청일	
12	리금분	리남호	박승일	박유정	한성일	방경찬	송영석	박송영	전성남	
13	림정호	리정수	박 연	손소연	황연옥	오철룡	심철영	배금희	정순애	
14	문봉혁	리종석	박춘택	오철훈		오 현	은정철	신경섭	최충성	
15	백 룡	림현숙	안혁진	전성삼		우정혁	장윤남	오수경	한광명	
16	백영미	박옥경	양철준	정경철		장성복	전종호	전영희		
17	송미란	박 철	윤철희	정순성		전철호	조남수	전철남		
18	위금순	방성화	정선희	주창선		정선범	최철순	조성철		
19	정순학	백성근	정춘희	지원철		정영화	허영민	조택범		
20	채철룡	손영희	정 필	최둑영		차 수		주세명		
21	한보암	오은별	홍병우			한경철		진 철		
22	황신률	오철권	황명희			한충혁		채일출		
23		장은영				함원식		최학철		
24		전경서								
25		정성일								
26		조경철								
27		조향선								
28		조현철								
29		채인철								
30		최영길								
31		허명숙								

32	현경철								
33	황금철								
34	황철웅								

4. 김정은 권력 승계와 장성택 숙청 전후시기

4시기에 해당하는 2012년 4월~2014년 3월의 기간 중 2013년 10월~2014년 3월의 6개월 동안 로동신문의 기명 기사(사진기자의 기명 사진 430건 포함)는 총 2889개, 기명 사진을 제외한 기명 기사는 2459개로 집계되었다. 이 기사들을 다시 기자별로 분류하자 해당 기간 기명 기사를 작성한 기자 수는 총 198명으로 집계됐다. 198명을 부서별로 분류하자 당력사교양부 20명, 당생활부 44명, 혁명교양부 29명, 공업부 16명, 농업부 9명, 과학문화부 23명, 조국통일부 13명, 국제부 16명, 사진보도부 18명, 특파기자부 10명으로 나타났다.

〈표 4-7〉 4시기 편집국 부서별 추정 분류

부서	당력	당생	혁교	공업	농업	과문	조통	국제	사진	특파	총
기사수	20	44	29	16	9	23	13	16	18	10	198

해당 기간 로동신문 기자들은 적게는 1건에서 많게는 44건(특파기자부 전철주)의 기명 기사를 작성했고, 사진 기자 중에서는 최대 61건(리진명)의 기명 사진을 신문에 게재했다.

---

1 로동신문 각 부서의 명칭 중 혁명교양부는 2009년 6월 26일자부터 사회주의교양부로 명칭이 변경되었다.

<표 4-8> 4시기 편집국 추정 분류

번호	당력사	당생활	사교	공업	농업	과학문화	조국통일	국제	사진	특파
1	강철남	강진형	강덕서	김충성	김강철	공로혁	김현철	강철수	강정민	김천일
2	김명훈	김성일	김병진	김호혁	김성철	권선철	라설하	김수진	김광혁	동세웅
3	김준혁	김성준	김성룡	류기풍	김창길	김경철	라영국	김지문	김성남	리은남
4	김창극	김영철	김성혜	류성국	윤용호	김수일	리효진	김철룡	김종손	리혁철
5	량 순	김일권	김순영	리병춘	정성일	김승표	박철준	라명성	김종훈	박동석
6	리금분	김진수	김영정	리영민	정주원	김옥별	복은희	리경수	김진명	송창윤
7	리은희	김진욱	김은주	리철옥	주창일	려명희	은정철	리경철	김철우	신천일
8	림정호	로주봉	김정수	리혜련	황연옥	리 건	장윤남	리학남	리명남	전철주
9	박승길	리강철	김철학	명흥숙	황철민	리경섭	전종호	백산해	리명진	주창선
10	백 룡	리건일	김철혁	박 철		리금옥	조남수	박송영	리영호	최수복
11	백영미	리경일	김추남	방인철		리성호	채일출	박춘식	리진명	
12	심영학	리남호	김희성	안혁진		리수정	최철순	배금희	리충성	
13	전성남	리승철	남진우	장은영		리영애	허영민	신경섭	림학락	
14	정순학	리정수	동태관	정순성		방경찬		심철영	신충혁	
15	채히성	리종석	리영일	전성삼		백성근		전영희	장성복	
16	최기만	림현숙	리 철	홍철호		안평호		채철룡	전광남	
17	한영민	박상훈	박경숙			오철룡			정순애	
18	한영희	박준성	박명남			오철훈			한광명	
19	한충혁	박옥경	박 연			우정혁				
20	함미화	방성화	박영길			전철호				
21		서남일	엄경철			조향미				
22		손영희	오수경			주령봉				
23		송미란	오천일			차 수				
24		신현규	윤철희							
25		엄명석	장은혜							
26		오은별	정광복							
27		오철권	정선철							
28		장철범	조향선							
29		전경서	한경철							
30		정영철								
31		조경철								
32		조 민								
33		조영훈								
34		지원철								
35		채인철								
36		최영길								
37		최종규								

38	한성일							
39	한영철							
40	한 원							
41	허명숙							
42	현경철							
43	홍성철							
44	홍창혁							

5. 김정은식 권력구조 구축시기

5시기에 해당하는 2014년 4월~2016년 8월의 기간 중 2016년 3월~2016년 8월의 6개월 동안 로동신문의 기명 기사(사진기자의 기명 사진 318건 포함)를 분류하자 총 2695개, 기명 사진을 제외한 기명 기사는 2377개로 집계되었다. 이 기사들을 다시 기자별로 분류하자 해당 기간 기명 기사를 작성한 기자 수는 총 189명으로 집계됐다. 189명을 부서별로 분류하자 당력사교양부 18명, 당생활부 33명, 혁명교양부 33명, 공업부 5명, 농업부 7명, 과학문화부 36명, 조국통일부 18명, 국제부 15명, 사진보도부 13명, 특파기자부 11명으로 드러났다.

〈표 4-9〉 5시기 편집국 부서별 추정 분류

부서	당력	당생	혁교	공업	농업	과문	조통	국제	사진	특파	총
기사수	18	33	33	5	7	36	18	15	13	11	189

해당 기간 로동신문 기자들은 적게는 1건에서 많게는 60건(조국통일부 심철영)의 기명 기사를 작성했고, 사진 기자 중에서는 최대 48건(리동규)의 기명 사진을 신문에 게재했다.

<표 4-10> 5시기 편집국 추정 분류

번호	당력사	당생활	사교	공업	농업	과문	조통	국제	사진	특파
1	강경숙	강철민	김성룡	강명천	김성철	강진형	김철남	강철수	강정민	김천일
2	강원남	김성일	김영철	김충성	김창길	강철웅	김향미	김국철	김광림	동세웅
3	강철남	김순영	김용일	리영민	리영학	강효심	라설하	김수진	김광혁	리혁철
4	김기병	김순홍	김정수	리철옥	윤용호	공로혁	라영국	라명성	김종훈	리은남
5	김성남	김승표	김철룡	심학철	장은영	김경철	리경수	리철혁	리진명	박동석
6	김인선	김옥별	김철학		전명일	김명훈	리성호	리학남	리동규	박 철
7	김일권	김원석	김호혁		정영철	김성민	리효진	리현도	리명남	송창윤
8	김준혁	김진수	김 혁			려명희	박영수	림 원	리진명	신천일
9	김철혁	김진욱	김현철			리병춘	박철준	박송영	리충성	전철주
10	량 순	김치곤	김향란			명흥숙	심철영	박예경	리명일	주창선
11	리금분	리경일	로주봉			박영진	은정철	배금희	림학락	최수복
12	림정호	리승철	리강철			박 현	장윤남	안철권	신충혁	
13	박일민	리신향	리 건			방경찬	장임향	정원준	한광명	
14	백영미	리정수	리남호			신윤철	전종호	채일출		
15	전광남	리종석	리수정			오철룡	조남수	최숙현		
16	최유일	백성근	리수복			오철훈	조택범			
17	한영민	서남일	동태관			우정혁	최진향			
18	현경철	손영희	박상훈			윤금찬	허영민			
19		승철진	박옥경			전성삼				
20		신 철	방성화			전철호				
21		신현규	오수경			전혁철				
22		엄명석	윤철희			전혜영				
23		오은별	정선철			정경철				
24		윤명보	정태봉			정류철				
25		윤명철	조경철			정성일				
26		장선숙	조학철			정순성				
27		장정철	차 수			조향미				
28		장철범	채철룡			주령봉				
29		조향선	채히성			지원철				
30		조현철	최유일			지혁철				
31		주창일	허명숙			채인철				
32		허일무	허의명			최영길				
33		홍성철	홍병우			태명호				
34						한경철				
35						한영철				
36						황철민				

제2절
시기별 편집국 인원 변화 분석 결과

1. 시기별 기자 수 증감

　로동신문 편집국 기자 수가 1시기는 271명, 2시기는 278명, 3시기는 200명, 4시기는 198명, 5시기는 189명으로 파악되었다. 크게 분류하면 1시기와 2시기는 김정일이 생존해 있던 기간이고, 3시기는 김정은이 공식 후계자로 부상한 뒤 김정일이 사망하고 김정은이 제1국방위원장에 오르는 권력 과도기 기간이다. 4시기와 5시기는 김정은이 권력을 물려받은 이후 자신의 체제를 공고히 하는 기간이다.

〈표 4-11〉 기사 리스트로 유추한 시기별 편집국 인원

시기	1시기	2시기	3시기	4시기	5시기
기자수	271	278	200	198	189

　공교롭게도 로동신문 편집국 기자 수는 김정일 생존 시기와 김정일 사망 이후의 시기에 극명한 대조를 이룬다. 김정일이 생존한 1시기와 2시기에는 각각 271명, 278명으로 5개 시기 중 최다 1, 2위의 인원이 로

동신문 편집국에서 기자로 근무하였다. 특히 김정일이 뇌경색으로 쓰러지기 전 시기인 1시기보다 쓰러진 뒤 회복한 시기인 2시기에 오히려 로동신문 기자 수가 더 늘어나는 추세를 보였다.

　김정일 사망 직전과 직후 기간인 3시기에 들어서자 로동신문 기자 수는 200명으로 급감한다. 김정일 사망 이후 김정은이 실권을 잡고 후계자로서의 입지를 분명히 하던 시기에 일어난 일이라 의미가 깊어 보인다. 김정일 집권기에는 볼 수 없던 로동신문 기자 수의 급감 현상이 김정은 집권 직후 나타났다는 점은 눈여겨보지 않을 수 없는 대목이다. 이런 추세는 김정은의 후계 체제가 공고화되는 4시기와 5시기에 더욱 뚜렷하게 나타나고 있어 김정일 집권기와 김정은 집권기의 차이점을 분명히 보여주는 요소가 될 수 있어 보인다. 4시기 198명으로 줄어든 기자 수는 5시기 189명으로 계속 감소세를 보이고 있다. 5개 시기별 기자 수의 증감 현상과 함께 기자들의 소속부서 변화 추세 또한 시기별로 분명하게 나타나고 있다.

〈표 4-12〉 기사 리스트로 유추한 시기별 편집국 인원

시기	당력사	당생활	혁교	공업	농업	과문	조통	국제	사진	특파	합계
1시기	30	45	47	11	18	29	39	28	14	10	271
2시기	34	47	44	24	21	25	25	30	18	10	278
3시기	22	34	22	20	13	23	19	23	15	9	200
4시기	20	44	29	16	9	23	13	16	18	10	198
5시기	18	33	33	5	7	36	18	15	13	11	189

　일단 기수별 부서의 수적 분포를 살펴보면 1시기에서는 로동신문 편집국이 당력사교양부 30명, 당생활부 45명, 혁명교양부 47명, 공업부 11명, 농업부 18명, 과학문화부 29명, 조국통일부 39명, 국제부 28명, 사진보도부 14명, 특파기자부 10명 등 총 271명이다. 2시기에서는 당력사교양

부 34명, 당생활부 47명, 혁명교양부 44명, 공업부 24명, 농업부 21명, 과학문화부 25명, 조국통일부 25명, 국제부 30명, 사진보도부 18명, 특파기자부 10명 등 총 278명이다.

3시기는 당력사교양부 22명, 당생활부 34명, 혁명교양부 22명, 공업부 20명, 농업부 13명, 과학문화부 23명, 조국통일부 19명, 국제부 23명, 사진보도부 15명, 특파기자부 9명 등 총 200명이다. 4시기는 당력사교양부 20명, 당생활부 44명, 혁명교양부 29명, 공업부 16명, 농업부 9명, 과학문화부 23명, 조국통일부 13명, 국제부 16명, 사진보도부 18명, 특파기자부 10명 등 총 198명이다. 5시기는 당력사교양부 18명, 당생활부 33명, 혁명교양부 33명, 공업부 5명, 농업부 7명, 과학문화부 36명, 조국통일부 18명, 국제부 15명, 사진보도부 13명, 특파기자부 11명 등 총 189명이다. 이를 바탕으로 부서별 인원의 변화 추세를 살펴보면 당력사교양부는 1~5시기 기간에 각각 30명, 34명, 22명, 20명, 18명으로 1시기에서 2시기로 갈 때 증가했다가 3시기에 감소세로 돌아서고 4시기와 5시기 연속해서 수가 점점 줄어드는 경향이 1~5시기 전체 기자 수의 변화 추세와 일치한다.

당생활부는 역시 1~5시기 기간에 각각 45명, 47명, 34명, 44명, 33명으로 전체 기자 수 증감 추세와 비슷한 경향을 보이고 있지만, 김정은 집권기가 본격화되는 4시기에 기자 수가 크게 늘어난다는 차별적 특성이 포착된다. 그러나 역시 이 또한 5시기에 접어들면서 다시 감소세를 보인다. 즉 김정일 체제에서 김정은 체제로 옮겨가는 과도기적 상황에서 당생활부 기자들이 유독 집중적으로 활용된 것으로 추정할 수 있는 정황이 나타나는 부분이다. 이들은 김정은이 정권을 접수한 뒤 안정화하는 시기에 다시 인원이 줄어드는 경향을 보인다는 점도 주목할 만하다.

혁명교양부는 1~5시기 기간에 각각 47명, 44명, 22명, 29명, 33명으로 전체 추세와는 좀 다른 인원의 변화를 보인다. 김정일 집권기인 1시기와 2시기에 오히려 감소하는 모습이 전체 인원의 변화 추세와 다르며, 3시기 들어 급감하는 경향은 전체 추세와 비슷한 면이다. 반면, 전체 기자 수는 3시기에서 4시기, 5시기로 갈수록 인원이 감소하고 있지만, 혁명교양부는 3시기에서 4시기로 갈 때 인원이 늘고 5시기로 갈 때도 인원이 늘어 전체 인원 변화 추세에 역행하는 경향을 보인다. 즉, 김정일의 총애를 받던 혁명교양부가 김정은 집권 초기에 다른 부서에 비해 홀대를 당했지만 시간이 흐르면서 점차 다시 기존의 위상을 되찾는 과정으로 볼 수 있다.

혁명교양부는 1시기에서 로동신문 전 부서 중에서 인원이 가장 많은 부서였으나, 3시기에서 절반 이상 인원이 줄어들 정도로 김정은의 후계체제 시작과 함께 급격한 변화를 맞이하였다. 이런 특성을 감안할 때 혁명교양부는 김정일 집권기에 로동신문 전 부서 중에서 가장 중요하게 활용되었으나 김정은 집권과 함께 활용도가 크게 떨어지는 부서로 전락한 것으로 보인다. 다만, 김정은 집권 후 4시기와 5시기에 접어들면서 인원이 조금씩 증가하는 추세를 보이는데 이는 혁명교양부가 김정은 집권 초기에는 '정리' 대상이었지만, 김정은이 정권을 점차 장악하면서 다시 활용도가 높은 부서로 위상이 바뀌고 있음을 보여주는 증거로 볼 수 있다. 이런 점은 혁명교양부가 김정은의 권력 승계 후 상당한 굴곡을 겪은 부서라는 점을 시사한다.

공업부는 1~5시기 기간에 각각 11명, 24명, 20명, 16명, 5명으로 전체 인원의 변화 추세와 같은 흐름을 보인다. 다만, 1시기에서 2시기로 넘어갈 때 11명에서 24명으로 원래 인원의 2배가 넘는 수로 갑자기 급증하고, 4시기에서 5시기로 넘어갈 때 16명에서 5명으로 급감하는 현상이 특이한 점이다. 그밖에 2시기에서 3시기로 넘어갈 때, 3시기에서 4시기로 넘어갈 때, 4시기에서 5시기로 넘어갈 때 나타난 감소 추세는 전체 인원의 감소 추세와 비슷한 양상으로 나타난다. 이에 대해 김정일 집권기에는 공업부가 중요시되었으나, 김정은이 후계자로 집권한 뒤 김정은 체제가 공고화될수록 공업부의 위상이 하락한 것으로 풀이할 수 있다.

농업부는 1~5시기 기간에 각각 18명, 21명, 13명, 9명, 7명 순으로 변화를 보였으며, 이런 추세는 전체적 감소 추세와도 일치한다. 다른 부서에 비해 비교적 소수의 인원으로 구성된 농업부는 10명~20명 내외의 인원을 유지하며 김정일 체제에서나 김정은 체제에서나 큰 변화를 보이지 않고 있다.

과학문화부는 1~5시기 기간에 각각 29명, 25명, 23명, 23명, 36명으로 변화하며 전체적인 감소 추세와 전혀 다른 흐름을 보였다. 1시기에서 2시기로 넘어갈 때 인원이 늘지 않고 오히려 줄었고, 2시기에서 3시기로 넘어갈 때는 감소했지만, 3시기에서 4시기로 넘어갈 때 감소하지 않고 인원이 같은 수로 유지되었다. 4시기에서 5시기로 넘어갈 때 감소하지 않고 오히려 증가했다. 총 4개의 구간 중에서 '2시기→3시기' 1개 구간만 전체적 감소 추세를 보인 것이다. 이런 점에서 과학문화부는 김정은이 정식 후계자로 집권한 이후 다른 부서에 비해 상대적으로 중요시되었으며, 김정은 체제가 공고해지면서 부서 규모가 더욱 확대되었다고 추정해 볼 수 있다.

조국통일부는 1~5시기 기간에 39명, 25명, 19명, 13명, 18명으로 변화하였다. '1시기→2시기'에서 감소한 점, '4시기→5시기' 구간에서 증가한 점은 전체적 감소 추세와 다른 양상이지만, '2시기→3시기' 구간과 '3시기→4시기' 구간의 감소 추세는 전체적 감소 추세와 유사한 점이다. 이런 면에서 조국통일부는 김정일 집권기에 위상이 약화되었다가 김정은의 집권 이후 위상이 강화된 것으로 볼 수 있다.

국제부는 1~5시기 기간에 28명, 30명, 23명, 16명, 15명으로 변화하며 전체 인원의 변화 추세와 유사한 경향을 보이고 있다. 국제부는 김정일 집권기에 부서 인원이 증가하고, 김정은 집권기에 부서 인원이 점차 감소하는 추세를 보이고 있다. 김정일의 언론 중시 기조와 김정은의 언론 시스템 개혁 의지가 전체 인원의 변화 추세뿐만 아니라 국제부 기자 인원 변화에 반영되고 있는 것으로 해석할 수 있다.

사진보도부는 1~5시기 기간에 14명, 18명, 15명, 18명, 13명으로 인원의 변화를 보이고 있는데, 4개 구간 중 '3시기→4시기'의 단 1개 구간에서 감소하지 않고 증가한 것 외에는 전체 추세와 유사하다. 4개 구간 중 특파기자부는 1~5기 기간에 10명, 10명, 9명, 10명, 11명으로 역시 수적인 면에서 큰 변화를 보이지 않았다.

2. 기사 리스트로 유추한 시기별 부서 변화

2.1. 기사 리스트로 유추한 시기별 당력사교양부 인원 구성

1시기 당력사교양부 기자 중 2시기 당력사교양부에 남은 기자는 량순, 리성국, 최창격 등 단 3명에 불과하다. 2시기 당력사교양부 기자 중 3시기 당력사교양부에 남은 기자는 강철남, 계성남, 동태관, 량순, 리금분, 림정호, 정순학 7명이다. 3시기 당력사교양부 기자 중 4시기 당력사교양부에 남은 기자는 강철남, 김명훈, 김준혁, 량순, 리금분, 림정호, 백룡, 백영미, 정순학 등 9명이다. 4시기 당력사교양부 중 5시기 당력사교양부에 남은 기자는 강철남, 김준혁, 량순, 리금분, 림정호, 백영미, 한영민 등 7명이다.

1시기 당력사교양부 기자 중 3시기 같은 부에서 다시 나타나는 기자는 김인선, 김준혁, 량순, 백영미, 송미란 등 5명이다. 1시기 당력사교양부 기자 중 4시기 같은 부에 다시 나타나는 기자는 김준혁, 량순, 백영미 등 3명이다. 1시기 당력사교양부 중 5시기 같은 부에 재등장하는 기자는 강경숙, 김성남, 김인선, 김준혁, 량순, 백영미 등 총 6명이다. 2시기 당력사교양부 중 4시기 같은 부에 남은 기자는 강철남, 량순, 리금분, 림정호, 정순학 등 5명, 5시기 같은 부에 남은 기자는 강철남, 김철혁, 량순, 리금분, 림정호 등 5명이다. 3시기 당력사교양부 중 5시기 같은 부에 남은 기자는 강철남, 김인선, 김준혁, 량순, 리금분, 림정호, 백영미 등 7명이다.

〈표 4-13〉 기사 리스트로 유추한 시기별 당력사교양부 인원

당력사	인원	이름
1시기	30	강경숙, 김성남, 김연희, 김온, 김용진, 김인선, 김인철, 김정수, 김준혁, 김철만, 량순, 리성국, 림철호, 백광철, 백영미, 선우진, 송미란, 정학준, 조동익, 조혁철, 최수복, 최영태, 최창격, 한룡호, 허균, 허명숙, 허학수, 홍영삼, 황명희, 림애숙
2시기	34	강인숙, 강철남, 고현주, 계성남, 김동철, 김주만, 김철혁, 김치곤, 동태관, 량순, 렴철호, 로영, 로주봉, 류민성, 리경섭, 리금분, 리동찬, 리성국, 리수근, 림정호, 문영옥, 백영희, 안란경, 안영석, 장철범, 정순학, 정용남, 조혜경, 차수, 최승필, 최정란, 최창격, 최희복, 한영주
3시기	22	강설경, 강철남, 계성남, 김명훈, 김인선, 김준혁, 김철수, 남철수, 동태관, 량순, 리경일, 리금분, 림정호, 문봉혁, 백룡, 백영미, 송미란, 위금순, 정순학, 채철룡, 한보암, 황신률

4시기	20	강철남, 김명훈, 김준혁, 김창극, 량순, 리금분, 리은희, 림정호, 박승길, 백룡, 백영미, 심영학, 전성남, 정순학, 채히성, 최기만, 한영민, 한영희, 한충혁, 함미화
5시기	18	강경숙, 강원남, 강철남, 김기병, 김성남, 김인선, 김일권, 김준혁, 김철혁, 량순, 리금분, 림정호, 박일민, 백영미, 전광남, 최유일, 한영민, 현경철

2.2. 기사 리스트로 유추한 시기별 당생활부 인원 구성

1시기 당생활부 기자들 중에서 2시기 당생활부에 남은 기자들은 김광현, 김승표, 김일권, 김호혁, 리남호, 리정수, 리종석, 박상훈, 박옥경, 박준성, 손영희, 송창윤, 송현수, 어강훈, 전경서, 조현철, 최시홍, 최춘복, 황철웅 등 19명이다. 2시기 당생활부 기자들 중에서 3시기 같은 부에 남은 기자는 김승표, 김일권, 김호혁, 리남호, 리정수, 리종석, 박옥경, 손영희, 오은별, 오철권, 전경서, 조현철, 채인철, 황금철, 황철웅 등 15명이다. 3시기 당생활부 기자들 중 4시기 같은 부에 남은 기자는 강진형, 김영철, 김일권, 김진수, 로주봉, 리남호, 리정수, 리종석, 림현숙, 박옥경, 방성화, 손영희, 오은별, 오철권, 전경서, 조경철, 채인철, 최영길, 허명숙, 현경철 등 20명이다. 4시기 당생활부에서 5시기 당생활부에 남은 기자는 김성일, 김진수, 김진욱, 리경일, 리승철, 리정수, 리종석, 서남일, 손영희, 신현규, 엄명석, 오은별, 장철범, 홍성철 등 14명이다.

1시기 당생활부 기자들 중 3시기 같은 부에 이름을 올린 기자는 강진형, 김승표, 김영철, 김일권, 김호혁, 김향란, 로주봉, 리남호, 리정수, 리종석, 박옥경, 박철, 손영희, 장은영, 전경서, 정성일, 조향선, 조현철, 황철웅 등 19명이다. 1시기 당생활부 기자들 중 4시기 같은 부에 이름을 올린 기자는 강진형, 김영철, 김일권, 김진욱, 로주봉, 리남호, 리정수, 리종석, 박상훈, 박옥경, 손영희, 전경서 등 12명이다. 1시기 당생활부 기자들 중 5시기 같은 부에 남은 기자는 김승표, 김진욱, 김치곤, 리정수, 리종석, 손영희, 장선숙, 조향선, 조현철 등 9명이다.

2시기 당생활부 기자들 중 4시기 같은 부에 남은 기자는 김영철, 김일권, 리남호, 리정수, 리종석, 박상훈, 박준성, 박옥경, 손영희, 오은별, 오철권, 전경서, 채인철, 현경철, 홍성철 등 15명이다. 2시기 당생활부 기자들 중 5시기 같은 부에 남은 기자는 김승표, 김원석, 리정수, 리종석, 손영희, 오은별, 조현철, 홍성철 등 8명이다. 3시기 당생활부 기자들 중 5시기에 남은 기자는 김순영, 김승표, 김진수, 리정수, 리종석, 백성근, 손영희, 오은별, 조향선, 조현철 등 10명이다.

〈표 4-14〉 기사 리스트로 유추한 시기별 당생활부 인원

당생활	인원	이름
1시기	45	강진형, 고재정, 김광현, 김경선, 김승표, 김시현, 김영철, 김일권, 김진욱, 김철수, 김치곤, 김천일, 김춘심, 김향란, 김호혁, 동세웅, 로주봉, 로재화, 리남호, 리수정, 리연재, 리정수, 리종석, 리증근, 리철옥, 박상훈, 박옥경, 박준, 박준성, 박철, 손영희, 송창윤, 송현수, 어강훈, 장선숙, 장은영, 전경서, 정성일, 정형남, 조향선, 조현철, 최시홍, 최춘복, 최현호, 황철웅
2시기	47	김광수, 김광현, 김승표, 김영일, 김영철, 김원석, 김일권, 김정복, 김호혁, 리남호, 리정수, 리종석, 리철룡, 림규찬, 박상훈, 박수철, 박옥경, 박준성, 손영희, 송영철, 송창윤, 송현수, 오은별, 오철권, 오철룡, 오현, 오히백, 유병남, 어강훈, 전경서, 전순철, 조현철, 조혁철, 지선춘, 채인철, 최시훈, 최일호, 최춘복, 한송이, 한영식, 한학문, 현경철, 홍성범, 홍성준, 홍성철, 황금철, 황철웅
3시기	34	강진형, 김순영, 김승표, 김영철, 김일권, 김정호, 김진수, 김호혁, 김향란, 량혜옥, 로주봉, 리남호, 리정수, 리종석, 림현숙, 박옥경, 박철, 방성화, 백성근, 손영희, 오은별, 오철권, 장은영, 전경서, 정성일, 조경철, 조향선, 조현철, 채인철, 최영길, 허명숙, 현경철, 황금철, 황철웅
4시기	44	강진형, 김성일, 김성준, 김영철, 김일권, 김진수, 김진욱, 로주봉, 리강철, 리건일, 리경일, 리남호, 리수철, 리정수, 리종석, 림현숙, 박상훈, 박준성, 박옥경, 방성화, 서남일, 손영희, 송미란, 신현규, 엄명석, 오은별, 오철권, 장철범, 전경서, 정영철, 조경철, 조민, 조영훈, 지원철, 채인철, 최영길, 최종규, 한성일, 한영철, 한원, 허명숙, 현경철, 홍성철, 홍창혁

| 5시기 | 33 | 강철민, 김성일, 김순영, 김순홍, 김승표, 김옥별, 김원석, 김진수, 김진욱, 김치곤, 리경일, 리승철, 리신향, 리정수, 리종석, 백성근, 서남일, 손영희, 승철진, 신철, 신현규, 엄명석, 오은별, 윤명보, 윤명철, 장선숙, 장정철, 장철범, 조향선, 조현철, 주창일, 허일무, 홍성철 |

2.3. 기사 리스트로 유추한 시기별 혁명교양부 인원 구성

1시기 혁명교양부 소속 기자들 중에서 2시기 혁명교양부에 남은 기자들은 김병진, 김순영, 김은주, 김홍근, 박연, 방성화, 백룡, 정광복, 정춘희, 채철룡, 함원식, 홍병우 등 12명이다. 2시기 혁명교양부 기자들 중 3시기 같은 부에 남은 기자는 권창복, 김성룡, 김용진, 김정수, 김철학, 리강철, 리철, 박연, 정춘희, 홍병우, 황명희 등 11명이다. 3시기 혁명교양부 기자들 중 4시기 혁명교양부에 남은 기자는 김성룡, 김정수, 김철학, 리철, 박연, 윤철희, 정선철 등 7명이다. 4시기 혁명교양부 기자들 중 5시기 같은 부에 남은 기자는 김성룡, 김정수, 김철학, 동태관, 오수경, 윤철희, 정선철 등 7명이다.

여기서 1시기 혁명교양부 소속 기자들 중 3시기 같은 부에 남은 기자는 렴철호, 박연, 정선철, 정춘희, 홍병우 등 5명이다. 1시기 혁명교양부 기자 중 4시기 같은 부에 있는 기자는 김병진, 김순영, 김은주, 박연, 오수경, 정광복, 정선철 등 7명이다. 1시기 혁명교양부 기자 중 5시기 같은 부에 소속된 기자는 방성화, 오수경, 정선철, 채철룡, 홍병우 등 5명이다.

2시기 혁명교양부 소속 기자들 중 4시기 같은 부에 소속된 기자는 김병진, 김성룡, 김순영, 김은주, 김철학, 리철, 박연, 정광복 등 8명이다. 2시기 혁명교양부 기자들 중 5시기 같은 부에 소속된 기자는 김성룡, 김정수, 김철학, 리강철, 방성화, 채철룡, 홍병우 등 7명이다. 3시기 혁명교양부 기자들 중 5시기 같은 부에 남은 기자는 김성룡, 김정수, 김철학, 윤철희, 정선철, 홍병우 등 6명이다.

〈표 4-15〉 기사 리스트로 유추한 시기별 혁명교양부 인원

혁명교양	인원	이름
1시기	47	강정희, 김동철, 김문철, 김병대, 김병진, 김순영, 김영일, 김영삼, 김은주, 김은희, 김지문, 김태정, 김홍근, 렴철호, 류기풍, 류성일, 리길웅, 류정근, 리성욱, 리수근, 박경원, 박연, 박영민, 방성화, 백룡, 석화, 오수경, 윤지혜, 임성진, 전성호, 정광복, 정선철, 정춘희, 조영남, 채철룡, 최근섭, 최승필, 최일호, 한경일, 한명신, 한창수, 한철준, 한태삼, 한학문, 함원식, 홍병우, 홍성철
2시기	44	강기호, 강진형, 권창복, 김룡빈, 김명희, 김병진, 김상학, 김성남, 김성룡, 김수란, 김순영, 김연희, 김용진, 김은주, 김인선, 김일룡, 김정수, 김진욱, 김철학, 김춘남, 김홍근, 리강철, 리광훈, 리운찬, 리창혁, 리철, 박연, 방성화, 백룡, 백영미, 백창수, 성길명, 송미란, 송현철, 우정혁, 윤기정, 정광복, 정춘희, 채철룡, 최영길, 한철배, 함원식, 홍병우, 황명희
3시기	22	권창복, 김성룡, 김성희, 김용진, 김정수, 김철학, 렴철호, 리강철, 리동찬, 김혜영, 리철, 박승일, 박연, 박춘택, 안혁진, 양철준, 윤철희, 정선철, 정춘희, 정필, 홍병우, 황명희
4시기	29	강덕서, 김병진, 김성룡, 김성혜, 김순영, 김영정, 김은주, 김정수, 김철학, 김철혁, 김추남, 김희성, 남진우, 동태관, 리영일, 리철, 박경숙, 박명남, 박연, 박영길, 엄경철, 오수경, 오천일, 윤철희, 장은혜, 정광복, 정선철, 조향선, 한경철
5시기	33	김성룡, 김영철, 김용일, 김정수, 김철룡, 김철학, 김호혁, 김혁, 김현철, 김향란, 로주봉, 리강철, 리건, 리남호, 리수정, 리수복, 동태관, 박상훈, 박옥경, 방성화, 오수경, 윤철희, 정선철, 정태봉, 조경철, 조학철, 차수, 채철룡, 채히성, 최유일, 허명숙, 허의명, 홍병우

2.4. 기사 리스트로 유추한 시기별 공업부 인원 구성

1시기 공업부 소속 기자들 중 2시기 공업부에 남은 기자들은 강명천, 리병춘, 명홍숙, 방인철, 신천일, 오철훈, 전성삼, 정순성, 지원철 등 9명이다. 2시기 공업부 기자들 중 3시기 공업부에 남은 기자들은 강명일,

강명천, 류기풍, 류성국, 리병춘, 리철옥, 명흥숙, 오철훈, 전성삼, 정경철, 정순성, 주창선, 지원철 등 13명이다.

3시기 공업부 기자 중 4시기 공업부에 소속된 기자들은 김충성, 류기풍, 류성국, 리병춘, 리철옥, 명흥숙, 정순성, 전성삼 등 8명이다 4시기 공업부 기자 중 5시기 공업부 소속 기자는 리영민, 리철옥 등 2명이다. 1시기 공업부 소속 기자 중 3시기 공업부 소속 기자는 강명천, 리병춘, 명흥숙, 오철훈, 전성삼, 정순성, 지원철 등 7명이다. 1시기 공업부 기자 중 4시기 공업부에 남은 기자는 리병춘, 명흥숙, 방인철, 정순성, 전성삼 등 5명이다. 1시기 공업부 기자 중 5시기 공업부에 남은 기자는 강명천 1명이다. 2시기 공업부 기자 중 4시기 공업부에 소속된 기자는 류기풍, 류성국, 리병춘, 리철옥, 명흥숙, 방인철, 정순성, 전성삼 등 8명이다. 2시기 공업부 기자 중 5시기 공업부 기자로 남은 기자는 강명천, 리철옥 등 2명이다. 3시기 공업부 기자 중 5시기 공업부 기자로 남은 기자는 강명천, 김충성, 리철옥 등 3명이다.

〈표 4-16〉 기사 리스트로 유추한 시기별 공업부 인원

공업	인원	이름
1시기	11	강명천, 리동찬, 리병춘, 명흥숙, 방인철, 신천일, 오철훈, 장영찬, 전성삼, 정순성, 지원철
2시기	24	강명근, 강명일, 강명천, 김주, 김철수, 류기풍, 류성국, 리경일, 리병춘, 리연재, 리철옥, 명흥숙, 방인철, 백산해, 신천일, 오철훈, 전성삼, 정경철, 정순성, 조경철, 주창선, 지원철, 허학수, 황광식
3시기	20	강명일, 강명천, 김정선, 김진욱, 김충성, 류기풍, 류성국, 리병춘, 리철옥, 리향렵, 명흥숙, 박유정, 손소연, 오철훈, 전성삼, 정경철, 정순성, 주창선, 지원철, 최둑영
4시기	16	김충성, 김호혁, 류기풍, 류성국, 리병춘, 리영민, 리철옥, 리혜련, 명흥숙, 박철, 방인철, 안혁진, 장은영, 정순성, 전성삼, 홍철호
5시기	5	강명천, 김충성, 리영민, 리철옥, 심학철

2.5. 기사 리스트로 유추한 시기별 농업부 인원 구성

1시기 농업부 기자들 중에서 2시기 농업부 기자 소속인 기자는 김성일, 김창길, 문길수, 박경철, 서승호, 윤용호, 황연옥 등 7명이다. 2시기 농업부 기자들 중 3시기 농업부에 소속된 기자는 김성일, 김창길, 문길수, 윤용호, 주창일, 태명호, 한성일, 황연옥 등 8명이다. 3시기 농업부 기자 중 4시기 농업부에 소속된 기자는 김성철, 김창길, 윤용호, 주창일, 황연옥 등 5명이다. 4시기 농업부 기자 중 5시기 농업부 소속 기자는 김성철, 김창길, 윤용호 등 3명이다.

1시기 농업부 기자 중 3시기 농업부 소속 기자는 김성일, 김창길, 문길수, 윤용호, 황연옥 등 5명이다. 1시기 농업부 중 4시기 농업부 소속 기자는 김창길, 윤용호, 황연옥 등 3명이다. 1시기 농업부 중 5시기 농업부 소속 기자는 김창길, 윤용호 등 2명이다. 2시기 농업부 기자 중 4시기 농업부 소속 기자는 김창길, 윤용호, 황연옥 등 3명이다. 2시기 농업부 기자 중 5시기 농업부 기자는 김창길, 윤용호 등 2명이다. 3시기 농업부 기자 중 5시기 농업부 소속 기자는 김성철, 김창길, 윤용호, 정영철 등 4명이다.

〈표 4-17〉 기사 리스트로 유추한 시기별 농업부 인원

농업	인원	이름
1시기	18	김성일, 김철남, 김창길, 림춘철, 문길수, 박경철, 박영숙, 서승호, 신길남, 신성창, 엄명석, 오히백, 윤성철, 윤용호, 장철범, 조영걸, 조영길, 황연옥
2시기	21	강수일, 강승길, 김경선, 김성일, 김창길, 김향란, 류철, 리근호, 리성철, 리수정, 문길수, 박경철, 박철, 서승호, 윤용호, 주창일, 탁기령, 태명호, 한성일, 한흥동, 황연옥
3시기	13	강명국, 강명근, 김성일, 김성철, 김창길, 문길수, 윤용호, 정영철, 주창일, 주철규, 태명호, 한성일, 황연옥
4시기	9	김강철, 김성철, 김창길, 윤용호, 정성일, 정주원, 주창일, 황연옥, 황철민
5시기	7	김성철, 김창길, 리영학, 윤용호, 장은영, 전명일, 정영철

2.6. 기사 리스트로 유추한 시기별 과학문화부 인원 구성

1시기 과학문화부 소속 기자들 중에서 2시기 과학문화부에 남은 기자들은 김기철, 려명희, 림현숙, 박명수, 정영화 등 5명이다. 2시기 과학문화부 소속 기자들 중 3시기 같은 부에 소속된 기자는 김경철, 려명희, 리은남, 전철호, 정영화, 한경철 등 6명이다. 3시기 과학문화부 소속 기자들 중 4시기 같은 부에 소속된 기자는 공로혁, 김경철, 김옥별, 려명희, 리수정, 방경찬, 오철룡, 우정혁, 전철호, 차수 등 10명이다. 4시기 과학문화부 기자들 중 5시기 같은 부에 소속된 기자는 공로혁, 김경철, 려명희, 방경찬, 오철룡, 오철훈, 우정혁, 전철호, 조향미, 주령봉 등 10명이다.

1시기 과학문화부 소속 기자들 중 3시기 과학문화부에 소속된 기자들은 려명희, 오철룡, 오현, 우정혁, 정영화, 차수 등 6명이다. 1시기 과학문화부 기자들 중 4시기 과학문화부 소속 기자들은 려명희, 오철룡, 우정혁, 차수 등 4명이다. 1시기 과학문화부 기자 중 5시기 과학문화부 소속 기자들은 려명희, 오철룡, 우정혁, 최영길, 태명호 등 5명이다. 2시기 과학문화부 소속 기자들 중 4시기 과학문화부에 소속된 기자들은 려명희, 오철룡, 우정혁, 차수 등 4명이다. 2시기 과학문화부 소속 기자들 중 5시기 같은 부에 소속된 기자는 려명희, 오철룡, 우정혁, 최영길, 태명호 등 5명이다. 3시기 과학문화부 소속 기자들 중 5시기 과학문화부에 소속된 기자들은 공로혁, 김경철, 려명희, 방경찬, 오철룡, 우정혁, 한경철 등 7명이다.

〈표 4-18〉 기사 리스트로 유추한 시기별 과학문화부 인원

과학문화	인원	이름
1시기	29	강신동, 강응철, 강철, 김광남, 김기철, 김태정, 려명희, 림현숙, 박광길, 박명수, 박순철, 박철남, 백상환, 오용기, 오철룡, 오현, 우정혁, 장명일, 장영철, 장일남, 전학철, 정영화, 조귀섭, 차수, 최영길, 태명호, 한영식, 한정겸, 황용철
2시기	25	김광환, 김경철, 김기철, 김룡, 김성준, 김시현, 김원희, 려명희, 류성일, 류원일, 리광준, 리은남, 리재경, 리현길, 림현숙, 박명수, 안수길, 오명호, 윤지혜, 임성, 장은영, 전룡삼, 전철호, 정영화, 한경철
3시기	23	공로혁, 곽철, 김경철, 김옥별, 김주일, 김태영, 려명희, 리수정, 리은남, 리창원, 박윤삼, 방경찬, 오철룡, 오현, 우정혁, 장성복, 전철호, 정선범, 정영화, 차수, 한경철, 한충혁, 함원식
4시기	23	공로혁, 권선철, 김경철, 김수일, 김승표, 김옥별, 려명희, 리건, 리경섭, 리금옥, 리성호, 리수정, 리영애, 방경찬, 백성근, 안평호, 오철룡, 오철훈, 우정혁, 전철호, 조향미, 주령봉, 차수
5시기	36	강진형, 강철웅, 강효심, 공로혁, 김경철, 김명훈, 김성민, 려명희, 리병춘, 명흥숙, 박영진, 박현, 방경찬, 신윤철, 오철룡, 오철훈, 우정혁, 윤금찬, 전성삼, 전철호, 전혁철, 전혜영, 정경철, 정류철, 정성일, 정순성, 조향미, 주령봉, 지원철, 지혁철, 채인철, 최영길, 태명호, 한경철, 한영철, 황철민

2.7. 기사 리스트로 유추한 시기별 조국통일부 인원 구성

1시기 조국통일부 기자들 중 2시기 조국통일부에 소속된 기자들은 김정옥, 김향미, 라설하, 리효진, 박철준, 복은희, 송영석, 심철영, 은정철, 전종호, 조남수, 최철순, 허영민 등 13명이다. 2시기 조국통일부 기자들 중 3시기 같은 부 소속 기자들은 김정옥, 김향미, 김현철, 라설하, 리효진, 박철준, 복은희, 송영석, 심철영, 은정철, 장윤남, 전종호, 조남수, 최철순, 허영민 등 15명이다. 3시기 조국통일부 기자들 중 4시기 같은 부 소속 기자들은 김현철, 라설하, 리효진, 박철준, 복은희, 은정철, 장윤남, 전종호, 조남수, 최철순, 허영민 등 11명이다. 4시기 조국통일부 기자들 중 5시기 같은 부 소속 기자들은 라설하, 라영국, 리효진, 박철준, 은정철, 장윤남, 전종호, 조남수, 허영민 등 9명이다.

1시기 조국통일부 기자들 중 3시기에도 같은 부 소속인 기자들은 김정옥, 김향미, 라설하, 리효진, 박철준, 복은희, 송영석, 심철영, 은정철, 전종호, 조남수, 최철순, 허영민 등 13명이다. 1시기 조국통일부 기자들 중 4시기 같은 부에 소속된 기자들은 라설하, 리효진, 박철준, 복은희, 은정철, 전종호, 조남수, 최철순, 허영민 등 9명이다.

2시기 조국통일부 소속 기자들 중 4시기 같은 부에 소속된 기자들은 김현철, 라설하, 리효진, 박철준, 복은희, 은정철, 장윤남, 전종호, 조남수, 최철순, 허영민 등 11명이다. 2시기 조국통일부 기자들 중 5시기 같은 부에 소속된 기자들은 김향미, 라설하, 리효진, 박철준, 심철영, 은정철, 장윤남, 전종호, 조남수, 허영민 등 10명이다.

3시기 조국통일부 소속 기자들 중 5시기 같은 부에 소속된 기자들은 김향미, 라설하, 리효진, 박철준, 심철영, 은정철, 전종호, 조남수, 허영민 등 9명이다.

〈표 4-19〉 기사 리스트로 유추한 시기별 조국통일부 인원

조국통일	인원	이름
1시기	39	김광명, 김동일, 김령성, 김명, 김상수, 김은정, 김정옥, 김정화, 김지원, 김향미, 라설하, 로사범, 류광선, 리문환, 리성철, 리정애, 리혜욱, 리효진, 명옥실, 문승혁, 박철준, 복은희, 송영석, 신분진, 심광수, 심철영, 오명호, 은정철, 장룡식, 전종호, 조남수, 조대일, 조순영, 주성철, 최철순, 최희일, 한동찬, 한은숙, 허영민
2시기	25	고혁철, 김선영, 김정옥, 김향미, 김현철, 라설하, 리효진, 박철남, 박철준, 백은향, 복은희, 송영석, 심철영, 엄일규, 은정철, 장윤남, 전종호, 정일복, 조남수, 최문일, 최철순, 한철, 한철준, 허명숙, 허영민
3시기	19	김성호, 김정옥, 김향미, 김현철, 라설하, 리경호, 리성호, 리승섭, 리효진, 박철준, 복은희, 송영석, 심철영, 은정철, 장윤남, 전종호, 조남수, 최철순, 허영민
4시기	13	김현철, 라설하, 라영국, 리효진, 박철준, 복은희, 은정철, 장윤남, 전종호, 조남수, 채일출, 최철순, 허영민

| 5시기 | 18 | 김철남, 김향미, 라설하, 라영국, 리경수, 리성호, 리효진, 박영수, 박철준, 심철영, 은정철, 장윤남, 장임향, 전종호, 조남수, 조택범, 최진향, 허영민 |

2.8. 기사 리스트로 유추한 시기별 국제부 인원 구성

1시기 국제부 소속 기자들 중에서 2시기 국제부에 소속된 기자들은 김종손, 김혜성, 리경수, 리영, 리학남, 리현도, 배금희, 백문규, 신경섭, 전영희, 조성철, 조택범, 채일출, 최성국, 최학철 등 15명이다. 2시기 국제부 기자들 중 3시기 같은 부에 소속된 기자들은 강철수, 김종손, 라명성, 리경수, 리영, 리학남, 리현도, 박송영, 배금희, 신경섭, 전영희, 조성철, 조택범, 채일출, 최학철 등 15명이다. 3시기 국제부 기자들 중 4시기에도 남은 기자들은 강철수, 김지문, 라명성, 리경수, 리학남, 박송영, 배금희, 신경섭, 전영희 등 9명이다. 4시기 국제부 기자들 중 5시기 같은 부 기자들은 강철수, 김수진, 라명성, 리철혁, 리학남, 박송영, 배금희 등 7명이다.

1시기 국제부 소속 기자들 중 3시기에 국제부 소속이 된 기자들은 김종손, 리경수, 리영, 리학남, 리현도, 배금희, 신경섭, 전영희, 조성철, 조택범, 채일출, 최학철 등 12명이다. 1시기 국제부 소속 기자들 중 4시기에 국제부인 기자들은 리경수, 리학남, 배금희, 신경섭, 전영희 등 5명이다. 1시기 국제부 소속 기자들 중 5시기에서 국제부인 기자들은 리학남, 리현도, 배금희, 채일출 등 4명이다. 2시기 국제부 소속 기자들 중 4시기 국제부인 기자들은 강철수, 라명성, 리경수, 리학남, 박송영, 배금희, 신경섭, 전영희 등 8명이다. 2시기 국제부 소속 기자들 중 5시기 같은 부 기자들은 강철수, 라명성, 리학남, 리현도, 박송영, 배금희, 채일출 등 7명이다. 3시기 국제부 소속 기자들 중 5시기 국제부인 기자들은 강철수, 라명성, 리현도, 박송영, 배금희, 채일출 등 6명이다.

〈표 4-20〉 기사 리스트로 유추한 시기별 국제부 인원

국제	인원	이름
1시기	28	강용철, 김만수, 김일룡, 김종손, 김창현, 김학철, 김혜성, 김희숙, 리경수, 리영, 리창일, 리택춘, 리학남, 리현도, 백문규, 배금희, 손태성, 신경섭, 원명욱, 위국현, 전영희, 조성철, 조택범, 주성희, 채일출, 최성국, 최학철, 한영수
2시기	30	강철수, 김경순, 김은심, 김은희, 김종손, 김혜성, 라명성, 리경수, 리영, 리철호, 리학남, 리현도, 문동국, 문영호, 박송영, 박학철, 배금희, 백문규, 서남일, 신경섭, 오혜숙, 전영희, 조성철, 조성현, 조택범, 조철, 채일출, 최성국, 최학철, 허성숙
3시기	23	강철수, 김선우, 김종손, 김지문, 김철운, 라명성, 리경수, 리영, 리학남, 리현도, 민옥희, 박송영, 배금희, 신경섭, 오수경, 전영희, 전철남, 조성철, 조택범, 주세명, 진철, 채일출, 최학철
4시기	16	강철수, 김수진, 김지문, 김철룡, 라명성, 리경수, 리철혁, 리학남, 백산해, 박송영, 박춘식, 배금희, 신경섭, 심철영, 전영희, 채철룡
5시기	15	강철수, 김국철, 김수진, 라명성, 리철혁, 리학남, 리현도, 림원, 박송영, 박예경, 배금희, 안철권, 정원준, 채일출, 최숙현

2.9. 기사 리스트로 유추한 시기별 사진보도부 인원 구성

사진보도부는 1~5시기 시기별로 대부분 인원을 비슷하게 유지하면서 큰 변화를 보이지 않고 있다. 누가 남았느냐보다 누가 빠졌느냐를 따지는 게 더 효율적일 정도다. 1시기 사진보도부인 강정민, 김광혁, 김상남, 김종훈, 리명남, 리명일, 리원국, 림학락, 박재경, 오정인, 장성복, 장청일, 전성남, 정순애 등 14명 중에서 2시기 사진보도부에서 빠진 기자는 김상남, 박재경 등 2명이다. 그 외 12명의 기자들은 그대로 남고 여기에 김용남, 리영남, 박승남, 장명호, 정성일, 최충성 등 6명이 추가돼 2시기는 총 18명이 된다.

2시기 사진보도부 18명 중에서는 김용남, 김종훈, 리영남, 리원국, 박

승남, 오정인, 장명호, 장성복, 정성일 등 절반 수준인 9명이 3시기 명단에서 빠진다. 여기에 다시 김진명, 김철우, 리진명, 리충성, 신충혁, 장정일, 한광명 등 7명이 새로 이름을 올려 3시기의 16명을 구성하게 된다. 3시기 사진보도부 소속인 강정민, 김광혁, 김진명, 김철우, 리명남, 리명일, 리진명, 리충성, 림학락, 신충혁, 장청일, 전성남, 정순애, 최충성, 한광명 등 15명 중에서 4시기에서는 리명일, 장청일, 전성남, 최충성 등 4명이 빠지고 그 자리에 김성남, 김종손, 김종훈, 리명진, 리영호, 장성복, 전광남 등 7명이 포함돼 18명을 구성하였다. 4시기 사진보도부 18명 중에서 김성남, 김종손, 김철우, 리명진, 리영호, 장성복, 전광남, 정순애 등 8명이 빠지고 김광림, 리동규, 리명일 등 3명이 새로 포함돼 5시기의 13명을 이루게 된다.

　1시기 사진보도부 소속 기자들 중 3시기 같은 부에 남은 기자들은 강정민, 김광혁, 리명남, 리명일, 림학락, 장청일, 전성남, 정순애 등 8명이다. 1시기 사진보도부 중 4시기 같은 부에 남은 기자들은 강정민, 김광혁, 김종훈, 리명남, 림학락, 장성복, 정순애 등 7명이다. 1시기 사진보도부 중 5시기 같은 부에 남은 기자들은 강정민, 김광혁, 김종훈, 리명남, 리명일, 림학락 등 6명이다. 2시기 사진보도부 기자들 중 4시기 같은 부에 소속된 기자들은 강정민, 김광혁, 김종훈, 리명남, 림학락, 장성복, 정순애 등 7명이다. 2시기 사진보도부 기자들 중 5시기 같은 부에 소속된 기자들은 강정민, 김광혁, 김종훈, 리명남, 리명일, 림학락 등 6명이다. 3시기 사진보도부 소속 기자들 중 5시기 같은 부에 소속된 기자들은 강정민, 김광혁, 김진명, 리명남, 리진명, 리충성, 리명일, 림학락, 신충혁, 한광명 등 10명이다.

〈표 4-21〉 기사 리스트로 유추한 시기별 사진보도부 인원

사진	인원	이름
1시기	14	강정민, 김광혁, 김상남, 김종훈, 리명남, 리명일, 리원국, 림학락, 박재경, 오정인, 장성복, 장청일, 전성남, 정순애
2시기	18	강정민, 김광혁, 김용남, 김종훈, 리명남, 리명일, 리영남, 리원국, 림학락, 박승남, 오정인, 장명호, 장성복, 장청일, 전성남, 정순애, 정성일, 최충성
3시기	15	강정민, 김광혁, 김진명, 김철우, 리명남, 리명일, 리진명, 리충성, 림학락, 신충혁, 장청일, 전성남, 정순애, 최충성, 한광명
4시기	18	강정민, 김광혁, 김상남, 김종손, 김종훈, 김진명, 김철우, 리명남, 리명진, 리영호, 리진명, 리충성, 림학락, 신충혁, 장성복, 전광남, 정순애, 한광명
5시기	13	강정민, 김광림, 김광혁, 김종훈, 김진명, 리동규, 리명남, 리진명, 리충성, 리명일, 림학락, 신충혁, 한광명

2.10. 기사 리스트로 유추한 시기별 특파기자부 인원 구성

특파기자부는 10개 부서 중에서 가장 변화의 폭이 좁은 부서다. 인원은 10~11명으로 고정되어 있으며, 인원 변동도 빈번하지 않은 것으로 나타났다. 1시기 특파기자부와 2시기 특파기자부는 1시기의 김진수가 김천일로 교체된 것 외에는 변화가 없었다. 2시기 특파기자부와 3시기 특파기자부는 '1시기 → 2시기'에 비해 큰 변화가 나타났는데 2시기 특파기자부 소속 기자 중 3시기에 남은 기자는 김천일, 리승철, 리혁철, 박동석, 전철주 등 5명이었다. 3시기 특파기자부 기자 중 4시기 특파기자부에 남은 기자는 김천일, 동세웅, 리혁철, 박동석, 송창윤, 신천일, 전철주, 최수복 등 8명이었다. 4시기 특파기자부 중 5시기 같은 부에 소속된 기자는 김천일, 동세웅, 리은남, 리혁철, 박동석, 송창윤, 신천일, 전철주, 주창선, 최수복 등 10명이었다.

즉, 김정일 집권기에 해당되는 1~2시기 사이에 인원 변동은 미미하게 나타났지만, 김정은 집권기인 3시기로 넘어가면서 특파기자부 조직

구성에 비교적 큰 변화가 나타났다. 또한 이후 김정은 체제가 안정화 됨에 따라 특파기자부 조직 또한 안정되어 가는 경향을 보인다. 김정은 시기 나타나는 특파기자부의 내용적 특징은 1~2시기에 비해 3시기 구성원의 인적 변화가 크게 나타난 가운데 3시기에서 함경북도 담당 기자가 포착되지 않았다는 점, 4시기에서는 함경북도 담당 기자가 나타난 대신 황해남도 담당 기자가 사라졌다는 점과 남포직할시 담당 기자가 신설됐다는 점이다.

5시기에서는 특파기자부 기자들이 모든 지역에 배치되는 특징을 보인다. 김정은 시기를 전후해 3시기 함경북도 담당 기자, 4시기 황해남도 담당 기자가 공석이었으나, 5시기에 들어 비로소 전체적으로 공석을 없애며 조직의 안정을 찾은 것으로 보인다.

1시기의 공로혁 기자는 2008년 4월 23일자 로동신문에 작성한 '대중을 새로운 혁신에로 힘 있게 고무추동-자강도안의 각급 당조직들에서' 제하의 기사, 2008년 5월 22일자 '현지말씀을 철저히 관철할 각오안고-강계시안의 공장, 기업소 로동계급', 2008년 7월 18일자 '감자밭 가꾸기에 큰 힘을 넣어-랑림군안의 협동농장들에서', 2008년 8월 16일자 '보답의 한마음으로 들끓는 연구기지-자강도산림과학연구소를 찾아서' 등의 기사에서 자강도 소식을 전담해서 전하고 있다. 이런 식으로 특파기자부 소속 각 기자들의 기사를 분석하는 방식으로, 해당 기자의 전담 지역을 파악할 수 있었다.

〈표 4-22〉 기사 리스트로 유추한 시기별 특파기자부 인원

특파	인원(명)	이름
1시기	10	공로혁(자강도), 김기두(평안북도), 김순홍(강원도), 김진수(황해북도), 리성호(함경북도), 리승철(황해남도), 리혁철(평안남도), 박동석(함경남도), 전철주(량강도), 최재남(평양)
2시기	10	공로혁(자강도), 김기두(평안북도), 김순홍(강원도), 김천일(황해북도), 리성호(함경북도), 리승철(황해남도), 리혁철(평안남도), 박동석(함경남도), 전철주(량강도), 최재남(평양)
3시기	9	김천일(황해북도), 동세웅(자강도), 리승철(황해남도), 리혁철(평안남도), 박동석(함경남도), 송창윤(평안북도), 신천일(강원도), 전철주(량강도), 최수복(평양)/*함경북도 없음.
4시기	10	김천일(황해북도), 동세웅(자강도), 리은남(함경북도), 리혁철(평안남도), 박동석(함경남도), 송창윤(평안북도), 신천일(강원도), 전철주(량강도), 주창선(남포), 최수복(평양)/*황해남도 없음, 남포 신설
5시기	11	김천일(황해북도), 동세웅(자강도), 리은남(함경북도), 리혁철(평안남도), 박동석(함경남도), 박철(황해남도), 송창윤(평안북도), 신천일(강원도), 전철주(량강도), 주창선(남포), 최수복(평양)

제3절
시기별 기자의 부서 공헌도 분석 결과

로동신문 편집국 기자들의 기사 수를 분석한 결과 활동량에 있어 기자들 간에 상당한 편차가 나타났다. 해당 기간에 수십 건의 기사를 작성한 기자가 있는가 하면, 단 1건의 기사만 작성한 기자도 많았다. 이들 각각의 기사 수와 해당 내용을 살펴보면 당시 로동신문 편집국 수뇌부 측이 어떤 사안에 주력하고 있었는지 짐작할 수 있다. 이는 또한 북한 정권 수뇌부가 어떤 사안에 주력하는지도 보여준다.

먼저 기자들의 기사 수 분석을 효율적으로 진행하기 위하여 5개 시기별로 편집국 10개 부서인 당력사교양부, 당생활부, 혁명교양부(또는 사회주의교양부), 공업부, 농업부, 과학문화부, 조국통일부, 국제부, 사진보도부, 특파기자부의 구성원들을 기사 수에 따라 배열해보았다. 그 결과를 놓고 다시 기사 작성 건수가 많은 기자 순으로 배열하여 5개 시기별 각 부서에서 상대적으로 활동량이 많은 기자들 명단을 도출해보았다. 그 결과를 종합하면 다음과 같다.

1. 김정일 건강 이상 이전 시기(2008.03~2008.08)

1시기 기간 중 로동신문 편집국 기자들을 기사 수에 따라 분류한 결과 기자 작성량 순위가 도출되었다. 당력사교양부에서는 김성남(42개), 김인선(34개), 황명희(34개), 백영미(32개), 리성국(29개), 김용진(26개), 김준혁(23개), 량순(10개) 등 8명의 활약이 두드러졌다. 당생활부에서는 리종석(48개), 손영희(47개), 정성일(42개), 박철(41개), 전경서(36개), 김호혁(32개), 박옥경(32개), 최시홍(31개), 김승표(30개), 송창윤(30개), 황철웅(29개), 최춘복(27개), 김치곤(26개), 리남호(26개), 로주봉(25개), 리정수(25개), 리철옥(25개), 김향란(24개), 김진욱(23개), 조향선(21개), 강진형(16개), 김경선(15개), 김시현(12개), 리연재(12개) 등 무려 24명이 해당 기간 두 자릿수의 기사를 썼다.

혁명교양부에서는 김동철(35개), 렴철호(32개), 윤지혜(24개), 백룡(23개), 최승필(22개) 등 5명이 해당 기간 가장 많은 기사를 작성했다. 공업부에서는 리병춘(32개), 전성삼(31개), 정순성(26개), 강명천(24개), 리동찬(22개), 명홍숙(21개), 신천일(21개), 지원철(20개), 오철훈(10개) 등 9명이 두 자릿수 이상의 기사를 작성했다. 농업부에서는 김창길(32개), 서승호(32개), 문길수(25개), 윤용호(24개), 황연옥(17개) 등 5명, 과학문화부에서는 림현숙(29개), 오철룡(28개), 정영화(28개), 김기철(27개), 려명희(23개), 오현(22개) 등 6명의 기사량이 많았다. 조국통일부에서는 심철영(59개), 은정철(43개), 허영민(43개), 박철준(41개), 리효진(37개), 최철순(37개), 복은희(30개), 송영석(24개), 김정옥(16개), 김향미(16개), 라설하(16개) 등 11명의 활동이 두드러졌다.

국제부에서는 조성철(44개), 리현도(41개), 김종손(36개), 조택범(35개),

김혜성(33개), 배금희(33개), 채일출(30개), 리학남(27개), 백문규(27개), 신경섭(26개), 전영희(25개), 리경수(12개) 등 12명의 활동량이 많았다. 사진보도부에서는 강정민(80개), 김광혁(64개), 김종훈(64개), 리명남(64개), 장청일(50개), 리원국(45개), 전성남(34개), 리명일(16개), 장성복(12개) 등 9명의 기사량이 많았다. 특파기자부에서는 최재남(50개), 리승철(34개), 김기두(31개), 공로혁(28개), 전철주(28개), 리성호(27개), 리혁철(25개), 박동석(23개), 김순홍(18개), 김진수(18개) 등 부서원 10명 전원이 두 자릿수 이상의 기사를 작성하였다.

〈표 4-23〉 1시기 기사 작성량에 따른 분류(1)

1시기	당력사	기사수	당생활	기사수	혁명교양	기사수	공업	기사수	농업	기사수
1	김성남	42	리종석	48	김동철	35	리병춘	32	김창길	32
2	김인선	34	손영희	47	렴철호	32	전성삼	31	서승호	32
3	황명희	34	정성일	42	윤지혜	24	정순성	26	문길수	25
4	백영미	32	박 철	41	백 롱	23	강명천	24	윤용호	24
5	리성국	29	전경서	36	최승필	22	리동찬	22	황연옥	17
6	김용진	26	김호혁	32	김병진	8	명홍숙	21	김성일	8
7	김준혁	23	박옥경	32	정선철	7	신천일	21	김철남	1
8	량 순	10	최시홍	31	채철룡	7	지원철	20	림춘철	1
9	김정수	5	김승표	30	리수근	4	오철훈	10	박경철	1
10	송미란	5	송창윤	30	홍병우	4	방인철	5	박영숙	1
11	강경숙	2	황철웅	29	김순영	3	장영찬	1	신길남	1
12	김연희	2	최춘복	27	김은주	3			신성창	1
13	최창격	2	김치곤	26	방성화	3			엄명석	1
14	허명숙	2	리남호	26	한명신	3			오히백	1
15	김 온	1	로주봉	25	홍성철	3			윤성철	1
16	김인철	1	리정수	25	김은희	2			장철범	1
17	김철만	1	리철옥	25	박 연	2			조영걸	1
18	림철호	1	김향란	24	박영민	2			조영길	1
19	백광철	1	김진욱	23	최일호	2				
20	선우진	1	조향선	21	함원식	2				
21	정학준	1	강진형	16	강정희	1				
22	조동익	1	김경선	15	김문철	1				

23	조혁철	1	김시현	12	김병대	1				
24	최수복	1	리연재	12	김영일	1				
25	최영태	1	리수정	9	김영삼	1				
26	한룡호	1	김영철	5	김지문	1				
27	허 균	1	김일권	5	김태정	1				
28	허학수	1	정형남	4	김홍근	1				
29	홍영삼	1	장은영	3	류기풍	1				
30	림애숙	1	고재정	2	류성일	1				
31			김광현	1	리길웅	1				
32			김철수	1	류정근	1				
33			김천일	1	리성욱	1				
34			김춘심	1	박경원	1				
35			동세웅	1	석 화	1				
36			로재화	1	오수경	1				
37			리증근	1	임성진	1				
38			박상훈	1	전성호	1				
39			박 준	1	정광복	1				
40			박준성	1	정춘희	1				
41			송현수	1	조영남	1				
42			어강훈	1	최근섭	1				
43			장선숙	1	한경일	1				
44			조현철	1	한창수	1				
45			최현호	1	한철준	1				
46				718	한태삼	1				
47					한학문	1				
계		264		718		218		213		150

〈표 4-24〉 1시기 기사 작성량에 따른 분류(2)

1시기	과학문화	기사수	조국통일	기사수	국제	기사수	사진	기사수	특파	기사수
1	림현숙	29	심철영	59	조성철	44	강정민	80	최재남	50
2	오철룡	28	은정철	43	리현도	41	김광혁	64	리승철	34
3	정영화	28	허영민	43	김종손	36	김종훈	64	김기두	31
4	김기철	27	박철준	41	조택범	35	리명남	64	공로혁	28
5	려명희	23	리효진	37	김혜성	33	장청일	50	전철주	28
6	오 현	22	최철순	37	배금희	33	리원국	45	리성호	27
7	최영길	9	복은희	30	채일출	30	전성남	34	리혁철	25
8	차 수	6	송영석	24	리학남	27	리명일	16	박동석	23
9	태명호	3	김정옥	16	백문규	27	장성복	12	김순홍	18
10	우정혁	2	김향미	16	신경섭	26	오정인	8	김진수	18

11	장일남	2	라설하	16	전영희	25	림학락	3	
12	강신동	1	류광선	4	리경수	12	박재경	2	
13	강응철	1	조남수	4	리 영	5	정순애	2	
14	강 철	1	리성철	2	최학철	5	김상남	1	
15	김광남	1	조대일	2	김창현	2			
16	김태정	1	주성철	2	최성국	2			
17	박광길	1	김광명	1	강용철	1			
18	박명수	1	김동일	1	김만수	1			
19	박순철	1	김령성	1	김일룡	1			
20	박철남	1	김 명	1	김학철	1			
21	백상환	1	김상수	1	김희숙	1			
22	오용기	1	김은정	1	리창일	1			
23	장명일	1	김정화	1	리택춘	1			
24	장영철	1	김지원	1	손태성	1			
25	전학철	1	로사범	1	원명욱	1			
26	조귀섭	1	리문환	1	위국현	1			
27	한영식	1	리정애	1	주성희	1			
28	한정겸	1	리혜욱	1	한영수	1			
29	황용철	1	명옥실	1					
30			문승혁	1					
31			신분진	1					
32			심광수	1					
33			오명호	1					
34			장룡식	1					
35			전종호	1					
36			조순영	1					
37			최희일	1					
38			한동찬	1					
39			한은숙	1					
40									
계		197		399		395		445	282

당생활부는 두 자릿수 이상 기사를 쓴 기자들의 수가 24명으로 10개 부서 중 가장 많았다. 그 다음으로 12명인 국제부가 2위, 11명인 조국통일부가 3위였고, 10명인 특파기자부가 4위, 9명인 사진보도부, 공업부가 공동 5위였다. 이어 당력사교양부(8명, 7위), 과학문화부(6명, 8위), 농업부와 혁명교양부(5명, 공동 9위) 순이었다.

두 자릿수 이상 기사를 쓴 기자들의 기사 수를 합산한 결과, 당생활부가 675개로 역시 1위, 사진부가 429개로 2위, 국제부가 369개로 3위를 차지했다. 이어 조국통일부가 362개로 4위, 특파기자부가 282개로 5위에 올랐다. 이어 당력사교양부(230개, 6위), 공업부(207개, 7위), 과학문화부(157개, 8위), 혁명교양부(136개, 9위), 농업부(130, 10위) 순이었다. 이 순위는 부서별 총 기사 수 순위와 부분적으로 차이를 보였지만, 전체적으로 비슷한 경향을 보였다. 부서별 총 기사 수 순위는 당생활부(718개, 1위), 사진보도부(445개, 2위), 조국통일부(399개, 3위), 국제부(395개, 4위), 특파기자부(282개, 5위), 당력사교양부(264개, 6위), 혁명교양부(218개, 7위), 공업부(213개, 8위), 과학문화부(197개, 9위), 농업부(150개, 10위) 순이었다.

1, 2위는 각각 당생활부(675개), 사진보도부(429개)로 부서별 총 기사 수 순위 1, 2위와 동일했지만, 3위(국제부, 369개)와 4위(조국통일부, 362개)는 총 기사 순위와 다르게 나타났다. 이어 특파기자부(282개, 5위)와 당력사부(230개, 6위)의 순위는 총 기사 수 순위와 같았으며, 총 기사 수 순위에서 7위였던 혁명교양부(218개)가 9위(136)로 떨어지면서 8, 9위였던 공업부와 과학문화부가 각각 7, 8위로 올라왔다.

순위가 낮아진 국제부와 혁명교양부는 소수의 기자들이 집중적으로 기사를 작성하지 않고, 다수의 기자들이 1건에서 수 건에 이를 정도로 적은 분량의 기사를 고르게 작성하는 특징이 나타났다.

혁명교양부는 기사를 1건 작성한 기자가 27명에 달했고, 국제부에는 이런 기자가 총 12명이 있었다. 당생활부에서 두 자릿수의 기사를 쓴 기자 24명은 총 675개의 기사를 작성해 1인당 평균 기사 개수가 28.13개에 달했다.

총 9명의 기자가 429건의 보도물을 작성해 1인당 평균 47.7개의 보도물을 게재한 사진기자부, 11명의 기자가 362개의 기사를 작성해 1인당 평균 32.9개의 기사를 작성한 조국통일부의 활동이 두드러졌다.

〈표 4-25〉 1시기 기사량에 따른 부서 분류

순위	부서	기사수	부서	평균 기사수	부서	10개 이상 기사 작성 기자 수	부서	10개 이상 기사 작성 기자의 기사 수	부서	10개 이상 기사 작성 기자 평균 기사 수
1	당생	718	사진	31.7	당생	24	당생	675	사진	47.8
2	사진	445	특파	28.2	국제	12	사진	429	조통	32.9
3	조통	399	공업	19.3	조통	11	국제	369	국제	30.7
4	국제	395	당생	15.9	특파	10	조통	362	특파	28.2
5	특파	282	국제	13.6	공업	9	특파	282	당생	28.1
6	당력	264	조통	10.2	사진	9	당력	230	혁교	27.2
7	혁교	218	당력	8.8	당력	8	공업	207	과문	26.1
8	공업	213	농업	8.3	과문	6	과문	157	농업	26
9	과문	197	과문	6.7	혁교	5	혁교	136	당력	25.5
10	농업	150	혁교	4.6	농업	5	농업	130	공업	23

총 기사 수 측면에서는 기사 수가 718개인 당생활부의 편집국 공헌도가 가장 높은 것으로 나타났다. 사진보도부가 445개로 2위, 조국통일부가 399개로 3위, 국제부가 395개로 4위, 특파기자부가 282개로 5위였다. 당력사교양부(264개, 6위), 혁명교양부(218개, 7위), 공업부(213개, 8위), 과학문화부(197개, 9위), 농업부(150개, 10위) 순이었다. 부서별 1인당 평균 기사 수 순위로는 사진부가 31.8개로 1위, 특파기자부가 28.2개로 2위, 공업부가 19.36으로 3위였다. 당생활부가 15.96개로 4위, 국제부가 13.62개로 5위였다. 이어 조국통일부(10.23개, 6위), 당력사교양부(8.8개, 7위), 농업부(8.33개, 8위), 과학문화부(6.79개, 9위), 혁명교양부(4.64개,

10위) 순이었다.

부서별 총 기사 수는 718개인 당생활부가 1위, 1인당 평균 기사 수에서는 사진부가 31.8개로 1위, 특파기자부가 28.2개로 2위였으며, 1인당 두 자릿수 기사를 쓴 기자들의 1인당 평균 기사 수는 47.67개인 사진부가 1위, 32.91개인 조국통일부가 2위로 나타났다.

2. 김정일 건강 이상과 후계체제 구축시기(2008.10~2009.03)

2시기 편집국 소속 10개 부서별 기사 수 순위를 산정한 결과, 2시기 당력사교양부에서는 김치곤(30개), 김동철(25개), 리성국(23개), 로주봉(22개), 렴철호(21개), 리금분(20개), 강철남(16개), 림정호(15개), 정순학(12개), 김철혁(11개) 등의 순이었다.

당생활부는 리종석(40개), 손영희(38개), 최시홍(37개), 김호혁(35개), 최일호(35개), 박옥경(32개), 송창윤(29개), 황철웅(29개), 리정수(28개), 리남호(27개), 오현(25개), 전경서(25개), 오철룡(19개), 김승표(12개) 등이 활발히 활동했다. 혁명교양부는 백영미(31개), 황명희(27개), 김용진(26개), 김인선(24개), 김성남(21개), 김진욱(21개), 백룡(19개), 강진형(14개), 우정혁(10개) 등의 순으로 많은 기사를 작성했다.

공업부는 리철옥(27개), 전성삼(22개), 강명천(21개), 명홍숙(21개), 리병춘(17개), 오철훈(14개), 류기풍(13개), 지원철(13개), 신천일(11개), 정순성(10개), 조경철(10개) 등이, 농업부는 박철(43개), 김창길(33개), 서승호(33개), 김향란(25개), 윤용호(19개), 문길수(16개), 황연옥(13개) 등이 두 자릿수 기사를 썼다.

과학문화부는 리은남(26개), 김기철(25개), 윤지혜(25개), 정영화(24

개), 려명희(22개), 림현숙(22개), 김시현(15개), 장은영(15개) 등의 역할이 돋보였고 조국통일부는 심철영(51개), 엄일규(46개), 송영석(44개), 박철준(36개), 라설하(33개), 리효진(33개), 복은희(32개), 김정옥(30개), 최철순(29개), 허영민(29개), 김향미(24개), 허명숙(24개), 장윤남(19개), 김현철(13개), 은정철(11개) 등의 순이었다.

국제부는 리현도(35개), 조택범(33개), 조성철(30개), 김종손(28개), 리경수(28개), 배금희(28개), 채일출(28개), 김혜성(26개), 리학남(26개), 백문규(25개), 서남일(24개), 신경섭(24개), 전영희(24개), 라명성(16개), 조철(12개), 박송영(10개) 등의 순이었고, 사진보도부는 강정민(80개), 김종훈(67개), 장청일(64개), 리명남(58개), 정성일(56개), 리명일(55개), 김광혁(44개), 리원국(39개), 전성남(29개), 림학락(13개) 등 10명이, 특파기자부는 최재남(54개), 리성호(41개), 박동석(23개), 김천일(22개), 리승철(18개), 전철주(17개), 공로혁(14개), 김기두(14개) 등 8명의 기여도가 높았다.

〈표 4-26〉 2시기 기사 작성량에 따른 분류(1)

2시기	당력사	기사수	당생활	기사수	혁교	기사수	공업	기사수	농업	기사수
1	김치곤	30	리종석	40	백영미	31	리철옥	27	박 철	43
2	김동철	25	손영희	38	황명희	27	전성삼	22	김창길	33
3	리성국	23	최시홍	37	김용진	26	강명천	21	서승호	33
4	로주봉	22	김호혁	35	김인선	24	명흥숙	21	김향란	25
5	렴철호	21	최일호	35	김성남	21	리병춘	17	윤용호	19
6	리금분	20	박옥경	32	김진욱	21	오철훈	14	문길수	16
7	강철남	16	송창윤	29	백 룡	19	류기풍	13	황연옥	13
8	림정호	15	황철웅	29	강진형	14	지원철	13	태명호	8
9	정순학	12	리정수	28	우정혁	10	신천일	11	리수정	7
10	김철혁	11	리남호	27	김병진	9	정순성	10	주창일	5
11	차 수	9	오 현	25	최영길	9	조경철	10	한성일	5
12	최승필	6	전경서	25	송미란	8	리경일	9	박경철	4

13	리동찬	5	오철룡	19	김은주	6	백산해	7	김경선	2
14	량 순	4	김승표	12	김홍근	5	리연재	5	김성일	2
15	계성남	3	오은별	8	방성화	5	정경철	5	강수일	1
16	로 영	3	김일권	7	김순영	4	강명근	3	강승길	1
17	동태관	2	홍성철	7	김정수	4	강명일	3	류 철	1
18	장철범	2	김영일	5	함원식	4	김 주	2	리근호	1
19	정용남	2	오철권	5	김일룡	2	류성국	2	리성철	1
20	최희복	2	한송이	5	김춘남	2	주창선	2	탁기령	1
21	강인숙	1	박준성	4	리강철	2	허학수	2	한흥동	1
22	고현주	1	김광현	3	리 철	2	김철수	1		
23	김주만	1	김영철	3	정광복	2	방인철	1		
24	류민성	1	리철룡	3	채철룡	2	황광식	1		
25	리경섭	1	송현수	3	강기호	1				
26	리수근	1	오히백	3	권창복	1				
27	문영옥	1	현경철	3	김룡빈	1				
28	백영희	1	조현철	2	김명희	1				
29	안란경	1	채인철	2	김상학	1				
30	안영주	1	한영식	2	김성룡	1				
31	조혜경	1	황금철	2	김수란	1				
32	최정란	1	김광수	1	김연희	1				
33	최창격	1	김원석	1	김철학	1				
34	한영주	1	김정복	1	리광훈	1				
35			림규찬	1	리운찬	1				
36			박상훈	1	리창혁	1				
37			박수철	1	박 연	1				
38			송영철	1	백창수	1				
39			유병남	1	성길명	1				
40			어강훈	1	송현철	1				
41			전순철	1	윤기정	1				
42			조혁철	1	정춘희	1				
43			지선춘	1	한철배	1				
44			최춘복	1	홍병우	1				
45			한학문	1						
46			홍성범	1						
47			홍성준	1						
계		247		494		279		222		222

〈표 4-27〉 2시기 기사 작성량에 따른 분류(2)

2시기	과학문화	기사수	조국통일	기사수	국제	기사수	사진	기사수	특파	기사수
1	리은남	26	심철영	51	리현도	35	강정민	80	최재남	54
2	김기철	25	엄일규	46	조택범	33	김종훈	67	리성호	41
3	윤지혜	25	송영석	44	조성철	30	장청일	64	박동석	23
4	정영화	24	박철준	36	김종손	28	리명남	58	김천일	22
5	려명희	22	라설하	33	리경수	28	정성일	56	리승철	18
6	림현숙	22	리효진	33	배금희	28	리명일	55	전철주	17
7	김시현	15	복은희	32	채일출	28	김광혁	44	공로혁	14
8	장은영	15	김정옥	30	김혜성	26	리원국	39	김기두	14
9	한경철	9	최철순	29	리학남	26	전성남	29	리혁철	9
10	류원일	8	허영민	29	백문규	25	림학락	13	김순홍	3
11	김경철	4	김향미	24	서남일	24	오정인	5		
12	전철호	3	허명숙	24	신경섭	24	장성복	5		
13	김광환	1	장윤남	19	전영희	24	정순애	4		
14	김 룡	1	김현철	13	라명성	16	김용남	1		
15	김성준	1	은정철	11	조 철	12	리영남	1		
16	김원희	1	고혁철	8	박송영	10	박승남	1		
17	류성일	1	조남수	8	리 영	8	장명호	1		
18	리광준	1	한철준	2	최학철	4	최충성	1		
19	리재경	1	김선영	1	강철수	2				
20	리현길	1	박철남	1	김경순	1				
21	박명수	1	백은향	1	김은심	1				
22	안수길	1	전종호	1	김은희	1				
23	오명호	1	정일복	1	리철호	1				
24	임 성	1	최문일	1	문동국	1				
25	전룡삼	1	한 철	1	문영호	1				
26					박학철	1				
27					오혜숙	1				
28					조성현	1				
29					최성국	1				
30					허성숙	1				
계		211		479		422		524		215

　2시기에서 두 자릿수 이상의 기사를 쓴 기자들 수가 가장 많은 부서는 국제부(16명), 조국통일부(15명), 당생활부(14명) 순으로 나타났다. 1시기에서는 두 자릿수 이상 기사를 쓴 기자들 수 측면에서 당생활부가

24명으로 압도적 우위를 보였지만 2시기에서는 양상이 조금 달라졌다. 1시기에서도 국제부와 조국통일부는 두 자릿수 이상 기사를 쓴 기자 수가 각각 12명과 11명으로 당생활부 뒤를 이어 2, 3위를 차지했으며, 2시기에 들어서는 당생활부까지 추월해 1, 2위로 올라섰다.

그 뒤를 이어 공업부가 11명으로 4위, 당력사교양부와 사진부가 10명으로 공동 5위에 올랐다. 이어 혁명교양부(9명, 7위), 과학문화부와 특파기자부(8명, 공동 8위), 농업부(7명, 10위) 순이었다.

두 자릿수 이상 기사를 쓴 기자들의 기사 수를 합산한 결과, 기사 수가 가장 많은 부서는 사진부(505개), 조국통일부(454개), 당생활부(411개) 순이었다. 이어 국제부가 397개로 4위, 특파기자부가 203개로 5위에 올랐고, 당력사교양부가 195개로 6위, 혁명교양부가 193개로 7위였다. 농업부는 182개, 공업부는 179개로 각각 8, 9위였고, 과학문화부가 174개로 10위였다.

이 순위는 총 기사 수 순위와 상당히 달라진 것이다. 총 기사 수 순위에서 1위, 4위, 6위, 8위, 10위는 각각 사진부, 국제부, 당력사교양부, 농업부, 과학문화부로 같지만 2위였던 당생활부는 3위가 되고, 3위였던 조국통일부는 2위가 된다. 5위였던 혁명교양부는 9위가 되고, 7위였던 공업부는 9위가 되며 9위였던 특파기자부는 5위로 올라선다.

순위가 유지되거나 오른 부서는 두 자릿수 이상의 기사를 쓰는 특정 기자군에 대한 의존도가 상대적으로 높은 특징을 보인다. 순위가 내린 부서는 한 자리 수 기사를 쓰는 기자들이 상대적으로 많다는 특징이 나타났다.

1위인 사진부에서 두 자릿수의 기사를 쓴 기자 16명은 총 505건의 보도물을 작성해 1인당 평균 보도물 개수가 50.5개에 달했다.

두 자릿수 기사 작성 기자들의 1인당 평균 기사 개수 순위 2위는 15명의 기자가 454건의 보도물을 작성한 조국통일부로 1인당 평균 30.3개를 썼고, 3위는 14명이 411개를 작성한 당생활부로 1인당 평균 29.4개를 썼다. 4위는 1인당 평균 기사 수 26개인 농업부, 5위는 25.4개인 특파기자부였다. 6위는 국제부(24.8개), 7위는 과학문화부(21.8개), 8위는 혁명교양부(21.4개)였고, 9위와 10위는 각각 당력사교양부(19.5개)와 공업부(16.3개)로 나타났다.

〈표 4-28〉 2시기 기사량에 따른 부서 분류

순위	부서	기사수	부서	평균 기사수	부서	10개 이상 기사 작성 기자 수	부서	10개 이상 기사 작성 기자 기사 수	부서	10개 이상 기사 작성 기자 평균 기사 수
1	사진	524	사진	23.5	국제	16	사진	505	사진	50.5
2	당생	494	특파	21.5	조통	15	조통	454	조통	30.2
3	조통	479	조통	19.1	당생	14	당생	411	당생	29.3
4	국제	422	국제	14	공업	11	국제	397	농업	26
5	혁교	279	농업	10.5	당력	10	특파	203	특파	25.3
6	당력	247	당생	10.5	사진	10	당력	195	국제	24.8
7	공업	222	공업	9.2	혁교	9	혁교	193	과문	21.7
8	농업	222	과문	8.4	과문	8	농업	182	혁교	21.4
9	특파	215	당력	7.2	특파	8	공업	179	당력	19.5
10	과문	211	혁교	6.3	농업	7	과문	174	공업	16.2

2시기에서는 총 기사 수 측면에서 기사 수가 524개인 사진부의 편집국 공헌도가 가장 높게 나타났다. 1시기와 비교하면 494개인 당생활부가 2위로 내려앉았고, 조국통일부와 국제부가 각각 479개, 422개로 3, 4위를 유지하였다. 5위는 279개의 혁명교양부로 1시기의 7위에서 두 계단 뛰어올랐고, 당력사교양부가 247개로 1시기에 이어 6위를 유지했으며, 공업부(222개)가 8위에서 7위로 한 계단, 과학문화부(197개)가 9위

에서 8위로 한 계단, 농업부(222개)가 10위에서 공동 7위로 세 계단을 뛰어올랐다.

1시기에서 5위였던 특파기자부는 2시기에서 9위(215개)로 내려앉았고, 9위였던 과학문화부는 2시기에서 211개로 10위로 떨어졌다. 2시기 편집국에서 부서별 1인당 평균 기사 수 순위로는 사진부가 23.5개로 1위, 특파기자부가 21.5개로 2위, 조국통일부가 19.1개로 3위, 국제부가 14개로 4위, 농업부가 10개로 5위였다. 이어 당생활부가 10개로 6위, 공업부가 9.2개로 7위, 과학문화부가 8.4개로 8위, 당력사교양부가 7.2개로 9위, 혁명교양부가 6.3개로 10위로 나타났다.

3. 김정일 사망 전후시기(2011.10~2012.03)

3시기 편집국 소속 10개 부서별 기자들의 기사 수 순위를 보면, 당력사교양부에서는 리금분(48개), 김명훈(43개), 백영미(33개), 정순학(31개), 강철남(25개), 리경일(25개), 량순(20개), 김준혁(19개), 계성남(18개), 김인선(18개) 등 10명이 두 자릿수 이상의 기사를 작성하였다. 당생활부는 박옥경(50개), 백성근(36개), 림현숙(35개), 리종석(34개), 손영희(32개), 황철웅(31개), 전경서(26개), 김호혁(23개), 장은영(23개), 리정수(22개), 방성화(21개), 박철(20개), 정성일(20개), 채인철(20개), 허명숙(20개), 김향란(19개), 오철권(19개), 로주봉(18개), 황금철(18개), 조경철(17개), 리남호(14개), 김승표(13개), 조향선(12개), 최영길(10개) 등 24명이 두 자릿수 이상의 기사를 작성했다.

사회주의교양부2는 황명희(18개), 김용진(15개) 등 단 2명만이 두 자릿수 이상의 기사를 썼으며, 공업부는 강명천(25개), 김진욱(23개), 정순성(23개), 리병춘(21개), 명홍숙(21개), 정경철(20개), 리철옥(18개), 전성삼(18개), 주창선(14개), 강명일(13개), 류성국(12개), 지원철(12개) 등 12명이, 농업부는 윤용호(27개), 황연옥(26개), 정영철(25개), 김창길(21개), 김성철(17개), 김성일(11개), 한성일(11개) 등 7명이 두 자릿수 이상의 기사를 작성했다.

과학문화부는 정영화(32개), 리은남(31개), 려명희(30개), 방경찬(24개), 차수(22개), 공로혁(20개), 한경철(20개), 김옥별(18개), 전철호(18개), 오철룡(14개), 우정혁(12개), 리수정(11개), 한충혁(10개), 함원식(10개) 등 14명이 두 자릿수 이상의 기사를 작성했다. 조국통일부는 허영민(47개), 심철영(42개), 복은희(41개), 리성호(40개), 은정철(38개), 송영석(35개), 최철순(34개), 장윤남(33개), 김현철(28개), 박철준(27개), 리효진(23개), 라설하(22개), 김향미(21개), 김정옥(18개), 조남수(11개) 등 15명이 활발하게 활동하였고, 국제부는 조성철(39개), 김종손(38개), 조택범(38개), 리경수(35개), 전영희(34개), 채일출(34개), 배금희(32개), 리학남(29개), 진철(27개), 박송영(26개), 오수경(26개), 신경섭(23개) 12명의 활동이 두드러졌다.

사진보도부는 김진명(55개), 리명남(46개), 장청일(34개), 김광혁(33개), 리진명(32개), 신충혁(25개), 전성남(23개), 림학락(18개), 최충성(12개), 김철우(10개) 등 10명, 특파기자부는 동세웅(36개), 송창윤(34개), 전철주(32개), 최수복(29개), 신천일(25개), 리승철(23개), 박동석(22개), 김천일(20개) 등 8명이 두 자릿수 기사를 작성했다.

---

2 로동신문 각 부서의 명칭 중 혁명교양부는 2009년 6월 26일자부터 사회주의교양부로 명칭이 변경되었다. 이에 따라 본 연구에서 3시기 이후 혁명교양부는 사회주의교양부로 표기된다.

〈표 4-29〉 3시기 기사 작성량에 따른 분류(1)

3시기	당력사	기사수	당생활	기사수	사회교양	기사수	공업	기사수	농업	기사수
1	리금분	48	박옥경	50	황명희	18	강명천	25	윤용호	27
2	김명훈	43	백성근	36	김용진	15	김진욱	23	황연옥	26
3	백영미	33	림현숙	35	김철학	6	정순성	23	정영철	25
4	정순학	31	리종석	34	리 철	6	리병춘	21	김창길	21
5	강철남	25	손영희	32	리동찬	4	명흥숙	21	김성철	17
6	리경일	25	황철웅	31	정선철	4	정경철	20	김성일	11
7	량 순	20	전경서	26	렴철호	3	리철옥	18	한성일	11
8	김준혁	19	김호혁	23	박 연	3	전성삼	18	문길수	6
9	계성남	18	장은영	23	윤철희	3	주창선	14	강명근	5
10	김인선	18	리정수	22	김성룡	2	강명일	13	주창일	4
11	백 룡	8	방성화	21	김정수	2	류성국	12	태명호	3
12	림정호	7	박 철	20	리강철	2	지원철	12	강명국	1
13	송미란	4	정성일	20	권창복	1	김충성	8	주철규	1
14	동태관	2	채인철	20	김성희	1	박유정	5		
15	강설경	1	허명숙	20	김혜영	1	손소연	4		
16	김철수	1	김향란	19	박승일	1	류기풍	3		
17	남철수	1	오철권	19	박춘택	1	오철훈	3		
18	문봉혁	1	로주봉	18	안혁진	1	김정선	1		
19	위금순	1	황금철	18	양철준	1	리향렵	1		
20	채철룡	1	조경철	17	정춘희	1	최둑영	1		
21	한보암	1	리남호	14	정 필	1				
22	황신률	1	김승표	13	홍병우	1				
23			조향선	12						
24			최영길	10						
25			오은별	7						
26			김영철	6						
27			김순영	4						
28			강진형	2						
29			김일권	2						
30			김진수	2						
31			김정호	1						
32			량혜옥	1						
33			조현철	1						
34			현경철	1						
계		309		580		78		246		158

〈표 4-30〉 3시기 기사 작성량에 따른 분류(2)

3시기	과문	기사수	조국통일	기사수	국제	기사수	사진	기사수	특파	기사수
1	정영화	32	허영민	47	조성철	39	김진명	55	동세웅	37
2	리은남	31	심철영	42	김종손	38	리명남	46	송창윤	34
3	려명희	30	복은희	41	조택범	38	장청일	34	전철주	32
4	방경찬	24	리성호	40	리경수	35	김광혁	33	최수복	29
5	차 수	22	은정철	38	전영희	34	리진명	32	신천일	25
6	공로혁	20	송영석	35	채일출	34	신충혁	25	리승철	23
7	한경철	20	최철순	34	배금희	32	전성남	23	박동석	22
8	김옥별	18	장윤남	33	리학남	29	림학락	18	김천일	20
9	전철호	18	김현철	28	진 철	27	최충성	12	리혁철	8
10	오철룡	14	박철준	27	박송영	26	김철우	10		
11	우정혁	12	리효진	23	오수경	26	한광명	7		
12	리수정	11	라설하	22	신경섭	23	정순애	4		
13	한충혁	10	김향미	21	리 영	8	리충성	3		
14	함원식	10	김정옥	18	리현도	7	강정민	2		
15	오 현	8	조남수	11	최학철	7	리명일	2		
16	김경철	3	전종호	2	강철수	3				
17	곽 철	1	김성호	1	라명성	2				
18	김주일	1	리경철	1	김선우	1				
19	김택영	1	리승섭	1	김지문	1				
20	리창원	1			김철운	1				
21	박윤삼	1			민옥희	1				
22	장성복	1			전철남	1				
23	정선범	1			주세명	1				
계		290		465		414		306		230

3시기에서 두 자릿수 이상의 기사를 쓴 기자들 수가 가장 많은 부서는 당생활부(24명), 조국통일부(15명), 과학문화부(14명) 순으로 나타났다. 이어 공업부(12명)와 국제부(12명)가 공동 4위, 당력사교양부(10명)와 사진부(10명)가 공동 6위였으며, 특파기자부(8명)가 8위, 농업부(7명)가 9위, 사회주의교양부(2명)가 10위에 올랐다.

1시기에서 두 자릿수 이상 작성한 기자 수 1위로 조사되었던 당생활부는 3시기에 다시 1위로 올라섰고, 2위는 2시기의 조국통일부가 그대로 유지하였다. 그런데 1시기와 2시기에서 8위였던 과학문화부는 3기 들어 3위로 순위가 급상승하였는데 이 부분은 주목할 만한 점이다. 과학문화부는 전례 없는 방식으로 3시기 들어 두 자릿수 이상 기사를 작성한 기자의 수를 두 배 가까이 늘렸는데, 이 시기는 김정은 체제가 막 시작되는 시기라는 점에서 북한 수뇌부의 변화와 로동신문 편집국의 변화를 연관 지을 수 있는 주요 지점이 될 수 있다.

공업부는 2시기에 이어 4위의 자리를 지켰고, 국제부는 1시기와 2시기에 각각 2위와 1위에 올랐지만 3시기에 들어서서는 5위로 떨어졌다. 6위인 당력사교양부는 1시기(7위), 2시기(5위)와 비슷한 수준에 머물렀고 사진부 역시 1시기와 2시기에 각각 6위에 오른 데 이어 3시기에는 7위 자리를 지켰다. 특파기자부는 1시기(10명) 4위, 2시기(8명) 9위로 요동을 친 뒤 3시기 들어 8위(8명) 자리에 머물렀다. 1, 2시기 모두 10위였던 농업부는 3시기에 9위로 올라섰고, 10위는 사회주의교양부가 차지하였다. 사회주의교양부는 1, 2시기 당시에 혁명교양부로서 각각 9위(5명)와 7위(9명)에 올랐다.

〈표 4-31〉 3시기 기사량에 따른 부서 분류

순위	부서	기사수	부서	평균 기사수	부서	10개 이상 기사 작성 기자 수	부서	10개 이상 기사 작성 기자 기사 수	부서	10개 이상 기사 작성 기자 평균 기사 수
1	당생	580	조통	24.4	당생	24	당생	553	국제	31.7
2	조통	465	특파	20.9	조통	15	조통	460	조통	30.6
3	국제	414	사진	20.4	과문	14	국제	381	사진	28.8
4	당력	309	국제	18	공업	12	사진	288	당력	28
5	사진	306	당생	17	국제	12	당력	280	특파	27.6
6	과문	290	당력	14	당력	10	과문	272	당생	24
7	공업	246	과문	12.6	사진	10	특파	221	농업	19.7
8	특파	230	공업	12.3	특파	8	공업	220	과문	19.4
9	농업	158	농업	12.1	농업	7	농업	138	공업	18.3
10	사교	78	사교	3.5	사교	2	사교	33	사교	16.5

두 자릿수 이상 기사를 쓴 기자들의 기사 수를 합산한 결과, 기사 수가 가장 많은 부서는 당생활부(553개), 조국통일부(460개), 국제부(381개) 순이었다. 이어 사진부가 288개로 4위, 당력사교양부가 280개로 5위, 과학문화부가 272개로 6위에 올랐다. 특파기자부는 221개로 7위, 공업부와 농업부는 각각 220개, 138개로 8, 9위를 차지했고 사회주의교양부가 33개로 10위를 하였다.

이 순위는 대체적으로 총 기사 수 순위와 비슷한 경향을 보인다. 1~3위가 당생활부, 조국통일부, 국제부로 같고 6위, 9위, 10위 역시 과학문화부, 농업부, 사회주의교양부가 같다. 다만, 총 기사 수 순위에서 4위와 5위였던 당력사교양부와 사진부, 7위와 8위였던 공업부와 특파기자부가 서로 자리를 바꿨다.

1위인 당생활부에서 두 자릿수의 기사를 쓴 기자 24명은 총 553개의 기사를 작성해 1인당 평균 기사 수가 24개에 달했다. 두 자릿수 기사 작성 기자들의 1인당 평균 기사 개수 순위 1위(31.7개)는 국제부로, 12명이 381개의 기사를 작성했다. 2위(30.6개)는 15명이 460건을 작성한 조국통일부, 3위(28.8개)는 10명이 288건의 보도물을 촬영한 사진부였다. 4위(28개)는 당력사교양부, 5위(27.6개)는 특파기자부, 6위(24개)는 당생활부로 조사되었다. 이어 7위(19.7개)는 농업부, 8위(19.4개)는 과학문화부, 9위(18.3개)는 공업부로 나타났고, 10위(16.5개)는 사회주의교양부였다.

한편, 3시기에서 기사를 가장 많이 작성한 부서는 당생활부로 580개를 작성해 1위에 올랐다. 조국통일부가 465개로 2위, 국제부가 414개로 3위였으며 당력사교양부가 309개로 4위, 사진부가 306개로 5위였다. 이어 과학문화부(290개), 공업부(246개), 특파기자부(230개), 농업부(158

개), 사회주의교양부(78개)가 6~10위였다.

3시기 당생활부가 1시기 때와 같이 다시 1위가 되었으며, 1~2시기에 3위였던 조국통일부는 2위로, 4위였던 국제부는 3위로 올라섰다. 조국통일부와 국제부는 대남 및 해외 관련 이슈를 다루는 부서로서 노동신문이 김정은 집권기가 시작된 3시기부터 대외 이슈에 더욱 관심을 기울였음을 시사한다.

1~2시기에 6위였던 당력사교양부가 3시기 들어 두 계단을 뛰어넘어 4위로 올라선 것은 김정은 집권 시작과 함께 노동신문이 김정은 체제 공고화를 위해 활용된 것으로 풀이된다. 1시기에 9위, 2시기에 10위였던 과학문화부가 3시기에 6위로 올라선 것 또한 김정은 집권기 들어 과학기술의 중요성을 강조하는 풍조가 중시된 것으로 볼 수 있다.

반면, 1시기에 7위, 2시기에 5위로 상승세를 보이던 혁명교양부가 3시기에 10위로 떨어진 것은 기존에 주로 해왔던 정치 및 사상 관련 내용 보도가 이 시기 들어 다른 이슈에 상대적으로 위축되었음을 보여준다.

부서별 1인당 평균 기사 수 순위에서는 조국통일부가 24.47개로 1위로 올라섰다. 1시기에 6위, 2시기에 3위였던 조국통일부의 상승세가 이어지고 있다. 특파기자부는 20.9개로 2위를 유지했고, 1~2시기 1위였던 사진부가 20.4개로 3위로 떨어졌다. 국제부는 18개로 4위, 당생활부는 17.06개로 5위였으며, 당력사교양부가 14.5개로 6위, 과학문화부가 12.61개로 7위를 차지했다. 공업부는 12.3개로 8위, 농업부는 12.15개로 9위, 사회주의교양부는 3.55개로 10위였다.

평균 기사 수 순위에서 1시기에 7위, 2시기에 6위였던 당생활부가 3시기에 5위로 올라선 것, 1시기에 7위, 2시기에 9위였던 당력사교양부와 1시기에 9위, 2시기에 8위였던 과학문화부가 각각 3시기에 6위와 7위로 올라선 것도 주목할 점이다.

4. 장성택 숙청 전후시기(2013.10~2014.03)

　4시기 부서별 기자들의 기사 수 순위에 따르면, 당력사교양부에서는 김명훈(40개), 리금분(36개), 백영미(34개), 림정호(33개), 정순학(27개), 한영민(23개), 채히성(20개), 전성남(17개), 김준혁(15개), 량순(14개), 강철남(10개) 등 11명이 두 자릿수 이상의 기사를 작성하였고, 당생활부는 손영희(37개), 리종석(32개), 홍성철(31개), 리남호(30개), 채인철(30개), 박옥경(27개), 오철권(27개), 장철범(27개), 리경일(26개), 오은별(25개), 리승철(23개), 허명숙(23개), 리건일(21개), 전경서(21개), 최영길(20개), 로주봉(19개), 조경철(19개), 리정수(18개), 지원철(18개), 신현규(17개), 정영철(16개), 김성일(13개), 리강철(10개) 등 23명, 사회주의교양부는 0명이 두 자릿수 이상의 기사를 작성하였다.

　당력사교양부의 경우 1~3시기 기사 수 순위 상위권 기자들은 순위를 꾸준히 유지하고 있으나, 3~4시기에서는 리금분, 김명훈, 백영미, 정순학, 김준혁, 량순 등의 기자들이 상위권과 하위권을 골고루 오가는 특징을 보이고 있다.

　당생활부는 1~2시기 리종석, 손영희 등이 1, 2위를 다투며 선두그룹을 형성하다가 3시기에서는 4, 5위권으로 밀려났으며 4시기에 다시 1, 2위권으로 복귀하는 특징을 나타낸다. 당력사교양부와 당생활부 모두 3시기를 기점으로 상당한 변화를 겪은 정황이 드러난다. 3시기는 김정은 체제가 본격적으로 시작되는 시점이어서 그 의미가 가볍지 않아 보인다.

〈표 4-32〉 4시기 기사 작성량에 따른 분류(1)

4시기	당력	기사수	당생	기사수	사교	기사수	공업	기사수	농업	기사수
1	김명훈	40	손영희	37	김성룡	8	류성국	26	황연옥	25
2	리금분	36	리종석	32	리 철	8	리철옥	24	김성철	23
3	백영미	34	홍성철	31	김철학	7	전성삼	21	김창길	20
4	림정호	33	리남호	30	김순영	5	김충성	20	정성일	19
5	정순학	27	채인철	30	윤철희	5	명홍숙	17	윤용호	16
6	한영민	23	박옥경	27	정선철	5	박 철	17	정주원	11
7	채히성	20	오철권	27	조향선	4	장은영	17	김강철	6
8	전성남	17	장철범	27	김은주	3	정순성	17	주창일	3
9	김준혁	15	리경일	26	김정수	3	리병춘	15	황철민	3
10	량 순	14	오은별	25	오수경	3	류기풍	7		
11	강철남	10	리승철	23	동태관	2	리영민	9		
12	한충혁	3	허명숙	23	박 연	2	홍철호	9		
13	김창극	1	리건일	21	오천일	2	방인철	3		
14	리은희	1	전경서	21	장은혜	2	김호혁	2		
15	박승길	1	최영길	20	한경철	2	리혜련	1		
16	백 룡	1	로주봉	19	강덕서	1	안혁진	1		
17	심영학	1	조경철	19	김병진	1				
18	최기만	1	리정수	18	김성혜	1				
19	한영희	1	지원철	18	김영정	1				
20	함미화	1	신현규	17	김철혁	1				
21			정영철	16	김추남	1				
22			김성일	13	김희성	1				
23			리강철	10	남진우	1				
24			방성화	9	리영일	1				
25			한영철	8	박경숙	1				
26			림현숙	7	박명남	1				
27			현경철	6	박영길	1				
28			조 민	4	엄경철	1				
29			한성일	4	정광복	1				
30			홍창혁	3						
31			김성준	2						
32			김영철	2						
33			김진욱	2						
34			박준성	2						
35			송미란	2						
36			최종규	2						
37			강진형	1						
38			김일권	1						

39			김진수	1					
40			박상훈	1					
41			서남일	1					
42			엄명석	1					
43			조영훈	1					
44			한 원	1					
계		280		591		75		211	126

〈표 4-33〉 4시기 기사 작성량에 따른 분류(2)

4기	과학문화	기사수	조국통일	기사수	국제	기사수	사진	기사수	특파	기사수
1	백성근	31	장윤남	36	김철룡	42	리진명	61	전철주	44
2	리성호	28	박철준	35	심철영	38	김종훈	59	동세웅	38
3	김옥별	25	김현철	32	라명성	35	김진명	56	송창윤	38
4	조향미	21	최철순	32	김수진	32	림학락	50	리은남	36
5	공로혁	20	은정철	29	리학남	32	신충혁	40	박동석	31
6	려명희	15	라설하	28	리철혁	31	한광명	34	김천일	26
7	리 건	14	리효진	28	신경섭	24	김철우	30	신천일	23
8	김경철	12	허영민	26	전영희	23	전광남	28	리혁철	22
9	방경찬	12	라영국	25	리경수	21	리충성	24	최수복	13
10	오철룡	11	복은희	7	박송영	19	리명남	18	주창선	9
11	주령봉	11	조남수	6	배금희	18	김광혁	17		
12	리수정	10	채일출	4	강철수	4	김성남	5		
13	전철호	10	전종호	2	박춘식	4	강정민	2		
14	오철훈	9			백산해	2	장성복	2		
15	김승표	8			김지문	1	김종손	1		
16	차 수	7			채철룡	1	리명진	1		
17	안평호	2					리영호	1		
18	권선철	1					정순애	1		
19	김수일	1								
20	리경섭	1								
21	리금옥	1								
22	리영애	1								
23	우정혁	1								
계		252		290		327		430		280

공업부는 류성국(26개), 리철옥(24개), 전성삼(21개), 김충성(20개), 명흥숙(17개), 박철(17개), 장은영(17개), 정순성(17개), 리병춘(15개), 류

기풍(12개) 등 10명, 농업부는 황연옥(25명), 김성철(23개), 김창길(20개), 정성일(19개), 윤용호(16개), 정주원(11개) 등 6명, 과학문화부는 백성근(31개), 리성호(28개), 김옥별(25개), 조향미(21개), 공로혁(20개), 려명희(15개), 리건(14개), 김경철(12개), 방경찬(12개), 오철룡(11개), 주령봉(11개), 리수정(10개), 전철호(10개) 등 13명이 많은 기사를 썼다.

공업부의 경우, 1~2기에 걸쳐 인원이 상당수 바뀌고 있지만, 2~3시기와 3~4시기에는 다수의 인원이 유지되고 있다. 2~3시기에는 강명천, 명흥숙, 리병춘, 지원철, 정순성이 겹쳐서 나타나고 있고, 3~4시기에서는 류성국, 리철옥, 전성삼, 명흥숙, 정순성 등이 겹쳐서 나타나고 있다.

2시기 당시 인원을 바탕으로 3시기와 4시기에서 조금씩 변화하는 양상이 나타나고 있는 가운데 1~4시기 기사량 상위권 기자들 이름은 계속 바뀌고 있어 편집국 내외 사정으로 과도기를 겪고 있는 것으로 보인다.

부서 규모가 상대적으로 크지 않은 농업부는 1~4기에 걸쳐 큰 변화 없이 황연옥, 윤용호, 김창길 등의 기자들이 꾸준히 겹쳐서 나타나고 있다. 반면, 과학문화부는 3기에 접어들면서 두 자릿수 이상의 기사를 작성하는 기자들 수가 크게 늘면서 기사량 상위권 기자들이 시기별로 계속 변화하는 등 과도기적 특징을 보이고 있다.

조국통일부는 장윤남(36개), 박철준(35개), 김현철(32개), 최철순(32개), 은정철(29개), 라설하(28개), 리효진(28개), 허영민(26개), 라영국(25개) 등 9명이 두 자릿수 이상의 기사를 작성하였고, 국제부는 김철룡(42개), 심철영(38개), 라명성(35개), 김수진(32개), 리학남(32개), 리철혁(31개), 신경섭(24개), 전영희(23개), 리경수(21개), 박송영(19개), 배금희(18개) 등 11명, 사진보도부는 리진명(61개), 김종훈(59개), 김진명(56개), 림학락(50개), 신충혁(40개), 한광명(34개), 김철우(30개), 전광남(28개), 리충성(24개), 리명남(18개), 김광혁(17개) 등 11명이 해당 기간 두 자릿수 이상의 기사를 작성하였다.

특파기자부는 전철주(44개), 동세웅(38개), 송창윤(38개), 리은남(36개), 박동석(31개), 김천일(26개), 신천일(23개), 리혁철(22개), 최수복(13개) 등 9명의 활동상이 뚜렷하게 드러난다. 조국통일부의 경우 심철영, 은정철, 박철준, 최철순, 라설하, 김향미 등 1~3시기에 걸쳐 겹쳐서 나타나는 인원들이 유지되고 있고 4시기에도 이 인원들이 일부 이어지고 있으나 인원수가 축소되는 경향을 보인다.

국제부 또한 조성철, 김종손, 조택범 등이 1~3시기에 걸쳐 겹쳐서 활동하였으나 4시기 들어서 1~3시기 기사 수 상위권에 없던 김철룡 등이 등장해 1위를 하는 등 3~4시기 사이에 인원의 변화를 보이고 있다.

사진보도부는 1~4시기 인원 변동은 크지 않으나 3시기로 접어들면서 1~2시기보다 상대적으로 큰 인원 변화를 보이고 있다. 3시기에서는 1~2시기에서 상위권에 없던 김진명이 나타나 1위가 되었고 장청일, 김광혁 등 1~2시기 중하위권이었던 인원이 상위권으로 올라가는 등 상당한 변화를 보인다.

특파기자들 역시 사진보도부와 유사하게 1~4시기에 걸쳐 인원 구성이 겹치면서 1인당 기사 작성 수가 다른 부서에 비해 현격히 높은 특성을 보인다. 또한 특파기자부에서도 역시 1~2시기 겹치는 인원이 나타나다가 3시기에 새로운 인물이 등장해 기사량 상위권에 오르는 등 3시기를 기점으로 인원 구성의 변화를 보이고 있다.

4시기에서 두 자릿수 이상의 기사를 쓴 기자들이 가장 많은 부서는 당생활부(23명), 과학문화부(13명), 당력사교양부(11명) 순으로 나타났다. 국제부(11명)와 사진부(11명)도 당력사교양부와 함께 공동 3위였다. 공업부(10명)가 6위, 조국통일부(9명)와 특파기자부(9명)가 공동 7위, 농업부(6명)가 9위, 사회주의교양부(0명)가 10위였다.

당생활부는 1시기, 3시기에 이어 4시기에서도 1위에 올랐고, 2위는 2시기에 8위였다가 3시기에 3위로 급상승한 과학문화부였다. 과학문화부는 4기에도 높은 순위를 유지해 김정은 집권 이후 북한이 과학기술을 중시하고 있음을 보여주고 있다. 3시기에 5위와 6위였던 국제부와 당력사교양부가 4시기 각각 4위와 3위가 된 것은 김정은 집권 이후 대외 이슈가 중시 및 김정은 집권의 정당성 강화에 북한 당국이 초점을 맞춘 것으로 풀이된다.

북한 대내적으로 인민의 혁명사상 고취를 담당하는 혁명교양부는 2시기에서 7위였지만 3시기에서 10위로 떨어졌고, 4시기에도 10위를 유지해 그 역할과 기능이 점차 축소되고 있음을 시사한다. 이런 점을 고려할 때 김정은 집권 이후 북한 당국은 대내적 사상 요소의 강화보다는 대외적 위상 강화와 체제 정당성 공고화에 방점을 찍은 것으로 보인다.

두 자릿수 이상 기사를 쓴 기자들의 기사 수를 합산한 결과, 기사 수 1위 부서는 당생활부(530개)로 드러났다. 2위는 사진부(417개), 3위는 국제부(315개)였고 조국통일부(271개)와 특파기자부(271개)가 공동 4위였다. 6위는 당력사교양부(269개), 7위는 과학문화부(220개), 8위는 공업부(186개)였고, 9위와 10위는 농업부(114개), 사회주의교양부(0개)였다. 두 자릿수 이상 기사 수 순위는 총 기사 수 순위와 1~10위까지 모든 부서가 정확히 일치한다. 1~3시기에서는 이 순위가 총 기사 수 순위와 일치한 적이 없었는데 4시기에서는 정확히 일치하고 있다. 이런 현상은 특정 기자들이 소속 부서의 주요 기사를 대부분 작성하고 있음을 의미한다.

1~3시기에는 주요 기자들 외에도 일부 기자들이 소수의 기사를 작성하여 총 기사 수는 많지만 기사의 특정 기자에 대한 편중도는 떨어진다. 반면, 4시기에는 두 자릿수 이상 기사를 쓴 주요 기자들이 작성한 기사가 전체 기사의 순위와 비슷하게 나타날 정도로 특정 기자에 대한 편중도가 높게 나타난다. 이러한 특성은 4시기에 접어들면서 앞선 시기보다 편집국 각 부서별 기사 작성 업무의 목적성이 뚜렷해진 것으로 풀이할 수 있다.

　한편, 기사 수 1위인 당생활부에서는 총 23명의 기자가 530개의 기사를 작성해 1인당 평균 기사 수 순위에서도 37.9개로 1위로 나타났다. 2위인 조국통일부와 특파기자부는 모두 11명의 기자가 271건의 기사를 작성해 1인당 평균 기사 수는 30.1개로 나타났다. 4위인 국제부는 28.6개, 5위인 당력사교양부는 24.4개였다. 이어 당생활부(23개), 농업부(19개), 공업부(18.6개), 과학문화부(16.9개), 사회주의교양부(0개)가 6~10위였다.

〈표 4-34〉 4시기 기사량에 따른 부서 분류

순위	부서	기사수	부서	평균 기사수	부서	10개 이상 기사 작성 기자 수	부서	10개 이상 기사 작성 기자 수	부서	10개 이상 기사 작성 기자평균 기사 수
1	당생	591	특파	28	당생	23	당생	530	사진	37.9
2	사진	430	사진	23.8	과문	13	사진	417	조통	30.1
3	국제	327	조통	22.3	당력	11	국제	315	특파	30.1
4	조통	290	국제	20.4	국제	11	조통	271	국제	28.6
5	특파	280	당력	14	사진	11	특파	271	당력	24.4
6	당력	280	농업	14	공업	10	당력	269	당생	23
7	과문	252	당생	13.4	조통	9	과문	220	농업	19
8	공업	211	공업	13.1	특파	9	공업	186	공업	18.6
9	농업	126	과문	10.9	농업	6	농업	114	과문	16.9
10	사교	75	사교	2.5	사교	0	사교	0	사교	0

4시기에서 총 기사 수 순위 1위 부서는 당생활부로 기사 수는 591개였으며, 사진부가 430개로 2위, 국제부가 327개로 3위, 조국통일부(290개) 4위, 특파기자부와 당력사교양부 공동 5위(280개)였다. 7위는 과학문화부(252개), 그 뒤로 공업부(211개), 농업부(126개), 사회주의교양부(75개)가 8~10위였다.

당생활부는 4시기에 총 기사 수 면에서 1, 3시기에 이어 또 1위에 올랐고, 사진부는 1시기에 이어 4시기에 다시 한 번 2위에 올랐다. 1시기와 2시기 4위, 3시기에는 3위였던 국제부가 4시기에도 3위를 유지하였고, 1시기와 2시기 3위, 3시기에 2위였던 조국통일부는 4시기에 4위로 내려갔다. 1, 2시기 6위였던 당력사교양부는 3시기에 4위까지 올랐다가 4시기에 다시 6위로 내려갔다. 1시기와 2시기 9위, 10위였던 과학문화부는 3시기 6위까지 올랐다가 4시기 7위로 떨어졌다. 4시기에 8위인 공업부는 1시기 8위, 2시기와 3시기 7위였다. 농업부는 1, 2시기 10위와 8위에서 3시기와 4시기 9위였고, 혁명교양부는 1시기와 2시기 7위와 5위였으나, 3시기와 4시기 10위로 떨어졌다.

4시기의 부서별 1인당 평균 기사 수 순위에서는 특파기자부가 28개로 1위, 사진부가 23.8개로 2위였다. 조국통일부가 22.3개, 국제부가 20개, 당력사교양부가 14개로 3~5위에 자리했다. 농업부가 14개로 6위, 당생활부가 13.4개로 7위, 공업부가 13.1개로 8위였고 과학문화부가 10.9개로 9위, 사회주의교양부가 2.5개로 10위였다.

5. 김정은식 권력구조 개편시기(2016.03~2016.08)

5시기에서 부서별 기사 수 순위로 볼 때 당력사교양부에서는 김철혁(25개), 강철남(24개), 리금분(23개), 김일권(22개), 전광남(22개), 한영민(20개), 김성남(19개), 강원남(18개), 김준혁(18개), 백영미(17개), 현경철(16개), 림정호(15개), 량순(12개), 김인선(11개) 등 14명이 두 자릿수 이상 기사를 작성하였다. 당생활부는 손영희(31개), 신철(25개), 오은별(24개), 홍성철(23개), 김치곤(21개), 주창일(21개), 김승표(20개), 장철범(20개), 장정철(19개), 리신향(18개), 리정수(18개), 윤명철(18개), 김순영(17개), 김옥별(16개), 승철진(15개), 리경일(14개), 김성일(12개), 신현규(11개), 조향선(11개), 허일무(10개) 등 20명, 사회주의교양부는 김향란(26개), 조경철(24개), 김성룡(19개), 채희성(17개), 허명숙(17개), 리남호(10개), 조학철(10개) 등 7명에 달했다. 공업부는 강명천(25개), 리영민(23개), 리철옥(19개), 김충성(13개) 등 4명, 농업부는 김창길(30개), 윤용호(20개), 김성철(16개), 장은영(16개), 전명일(14개) 등 5명이었다.

과학문화부는 김명훈(26개), 김성민(26개), 지혁철(25개), 정성일(23개), 한경철(22개), 강효심(21개), 전성삼(21개), 려명희(19개), 방경찬(19개), 한영철(19개), 강철웅(18개), 공로혁(18개), 황철민(17개), 조향미(16개), 최영길(16개), 박현(15개), 정경철(15개), 주령봉(15개), 채인철(15), 김경철(13개), 박영진(13개), 오철룡(13개), 윤금찬(10개) 등 23명, 조국통일부는 심철영(60개), 은정철(45개), 허영민(42개), 리성호(31개), 라설하(30개), 리경수(24개), 장윤남(22개), 김철남(20개), 장임향(19개), 박철준(17개), 김향미(12개), 리효진(11개) 등 12명이었다. 국제부는 리학남(26개), 안철권(26개), 배금희(25개), 라명성(24개), 리현도(23개), 김수진(22개),

리철혁(21개), 림원(19개), 김국철(16개), 박송영(12개), 박예경(10개) 등 11명이었고 사진보도부는 김종훈(49개), 리동규(48개), 김진명(43개), 김광혁(40개), 리진명(39개), 한광명(35개), 신충혁(34개), 리명남(27개), 림학락(24개) 등 9명이었다. 송창윤(38개), 전철주(28개), 리은남(25개), 동세웅(24개), 신천일(19개), 주창선(18개), 김천일(14개), 박동석(14개), 박철(13개), 최수복(12개), 리혁철(10개) 등 총 11명의 특파기자부는 10개 부서 중 유일하게 부서원 전원이 두 자릿수 이상 기사를 작성하였다.

〈표 4-35〉 5시기 기사 작성량에 따른 분류(1)

5시기	당력	기사수	당생	기사수	사교	기사수	공업	기사수	농업	기사수
1	김철혁	25	손영희	31	김향란	26	강명천	25	김창길	30
2	강철남	24	신 철	25	조경철	24	리영민	23	윤용호	20
3	리금분	23	오은별	24	김성룡	19	리철옥	19	김성철	16
4	김일권	22	홍성철	23	채희성	17	김충성	13	장은영	16
5	전광남	22	김치곤	21	허명숙	17	심학철	2	전명일	14
6	한영민	20	주창일	21	리남호	10			정영철	5
7	김성남	19	김승표	20	조학철	10			리영학	2
8	강원남	18	장철범	20	리수정	9				
9	김준혁	18	장정철	19	리 건	8				
10	백영미	17	리신향	18	차 수	7				
11	현경철	16	리정수	18	박옥경	6				
12	림정호	15	윤명철	18	방성화	6				
13	량 순	12	김순영	17	윤철희	6				
14	김인선	11	김옥별	16	김영철	5				
15	최유일	2	승철진	15	김철학	5				
16	강경숙	1	리경일	14	오수경	5				
17	김기병	1	김성일	12	김용일	4				
18	박일민	1	신현규	11	박상훈	4				
19			조향선	11	김철룡	3				
20			허일무	10	정선철	3				
21			리종석	8	채철룡	3				
22			김순홍	3	최유일	2				
23			백성근	3	김정수	1				
24			리승철	2	김호혁	1				

25		장선숙	2	김 혁	1			
26		강철민	1	김현철	1			
27		김원석	1	로주봉	1			
28		김진수	1	리강철	1			
29		김진욱	1	리수복	1			
30		서남일	1	동태관	1			
31		엄명석	1	정태봉	1			
32		윤명보	1	허의명	1			
33		조현철	1	홍병우	1			
계		267		390		210	82	103

〈표 4-36〉 5시기 기사 작성량에 따른 분류(2)

5시기	과문	기사수	조통	기사수	국제	기사수	사진	기사수	특파	기사수
1	김명훈	26	심철영	60	리학남	26	김종훈	49	송창윤	38
2	김성민	26	은정철	45	안철권	26	리동규	48	전철주	28
3	지혁철	25	허영민	42	배금희	25	김진명	43	리은남	25
4	정성일	23	리성호	31	라명성	24	김광혁	40	동세웅	24
5	한경철	22	라설하	30	리현도	23	리진명	39	신천일	19
6	강효심	21	리경수	24	김수진	22	한광명	35	주창선	18
7	전성삼	21	장윤남	22	리철혁	21	신충혁	34	김천일	14
8	려명희	19	김철남	20	림 원	19	리명남	27	박동석	14
9	방경찬	19	장임향	19	김국철	16	림학락	24	박 철	13
10	한영철	19	박철준	17	박송영	12	리충성	7	최수복	12
11	강철웅	18	김향미	12	박예경	10	리명일	3	리혁철	10
12	공로혁	18	리효진	11	채일출	5	강정민	2		
13	황철민	17	라영국	7	최숙현	3	김광림	1		
14	조향미	16	최진향	7	강철수	1				
15	최영길	16	조택범	6	정원준	1				
16	박 현	15	조남수	5						
17	정경철	15	전종호	2						
18	주령봉	15	박영수	1						
19	채인철	15								
20	김경철	13								
21	박영진	13								
22	오철룡	13								
23	윤금찬	10								
24	정순성	9								
25	오철훈	8								
26	전철호	8								
27	전혁철	8								

28	지원철	8							
29	전혜영	7							
30	태명호	6							
31	명흥숙	5							
32	리병춘	3							
33	강진형	2							
34	우정혁	2							
35	신윤철	1							
36	정류철	1							
계		483		361		234		352	215

〈표 4-37〉 1~5시기 당력사교양부 기사 비교

순위	1시기	기사수	2시기	기사수	3시기	기사수	4시기	기사수	5시기	기사수
1	김성남	42	김치곤	30	리금분	48	김명훈	40	김철혁	25
2	김인선	34	김동철	25	김명훈	43	리금분	36	강철남	24
3	황명희	34	리성국	23	백영미	33	백영미	34	리금분	23
4	백영미	32	로주봉	22	정순학	31	림정호	33	김일권	22
5	리성국	29	렴철호	21	강철남	25	정순학	27	전광남	22
6	김용진	26	리금분	20	리경일	25	한영민	23	한영민	20
7	김준혁	23	강철남	16	량 순	20	채히성	20	김성남	19
8	량 순	10	림정호	15	김준혁	19	전성남	17	강원남	18
9			정순학	12	계성남	18	김준혁	15	김준혁	18
10			김철혁	11	김인선	18	량 순	14	백영미	17
11							강철남	10	현경철	16
12									림정호	15
13									량 순	12
14									김인선	11

각 부서에서는 1~5시기를 거치며 인원 구성의 변화가 상당한 수준으로 나타난다. 김정은 체제가 시작된 3시기를 기점으로 나타나는 특성에 주목할 필요가 있다. 당력사교양부의 경우 1시기에서 2시기로 넘어갈 때 남은 구성원은 리성국이 유일하다. 다시 2시기에서 3시기로 넘어갈 때 3시기에 남은 인원은 리금분, 강철남, 정순학 등 단 3명이다. 그러나 3시기에서 4시기로 넘어갈 때는 리금분, 김명훈, 백영미, 정순학,

강철남, 량순, 김준혁 등 7명의 인원이 유지된다. 또 4시기에서 5시기로 넘어갈 때도 리금분, 백영미, 림정호, 한영민, 김준혁, 량순, 강철남 등 7명이 남아 있다. 이로 볼 때 3시기에 형성된 인적 인프라가 5시기까지 견고하게 유지되는 경향이 나타난다.

〈표 4-38〉 1~5시기 당생활부 기사 비교

순위	1시기	기사수	2시기	기사수	3시기	기사수	4시기	기사수	5시기	기사수
1	리종석	48	리종석	40	박옥경	50	손영희	37	손영희	31
2	손영희	47	손영희	38	백성근	36	리종석	32	신 철	25
3	정성일	42	최시홍	37	림현숙	35	홍성철	31	오은별	24
4	박 철	41	김호혁	35	리종석	34	리남호	30	홍성철	23
5	전경서	36	최일호	35	손영희	32	채인철	30	김치곤	21
6	김호혁	32	박옥경	32	황철웅	31	박옥경	27	주창일	21
7	박옥경	32	송창윤	29	전경서	26	오철권	27	김승표	20
8	최시홍	31	황철웅	29	김호혁	23	장철범	27	장철범	20
9	김승표	30	리정수	28	장은영	23	리경일	26	장정철	19
10	송창윤	30	리남호	27	리정수	22	오은별	25	리신향	18
11	황철웅	29	오 현	25	방성화	21	리승철	23	리정수	18
12	최춘복	27	전경서	25	박 철	20	허명숙	23	윤명철	18
13	김치곤	26	오철룡	19	정성일	20	리건일	21	김순영	17
14	리남호	26	김승표	12	채인철	20	전경서	21	김옥별	16
15	로주봉	25			허명숙	20	최영길	20	승철진	15
16	리정수	25			김향란	19	로주봉	19	리경일	14
17	리철옥	25			오철권	19	조경철	19	김성일	12
18	김향란	24			로주봉	18	리정수	18	신현규	11
19	김진욱	23			황금철	18	지원철	18	조향선	11
20	조향선	21			조경철	17	신현규	17	허일무	10
21	강진형	16			리남호	14	정영철	16		
22	김경선	15			김승표	13	김성일	13		
23	김시현	12			조향선	12	리강철	10		
24	리연재	12			최영길	10				

당생활부에서는 1시기에서 2시기로 넘어갈 때 리종석, 손영희, 전경서, 김호혁, 박옥경, 최시홍, 김승표, 송창윤, 황철웅, 리남호, 리정수 등 총 24명 중에서 11명이 남았다. 2시기에서 3시기로 갈 때는 리종석, 손

영희, 김호혁, 박옥경, 황철웅, 리정수, 리남호, 전경서, 김승표 등 14명 중 9명이 남았다. 3시기에서 4시기로 넘어갈 때는 박옥경, 리종석, 손영희, 전경서, 리정수, 채인철, 허명숙, 오철권, 로주봉, 조경철, 리남호, 최영길 등 총 24명 중 12명이 남았다.

4시기에서 5시기로 갈 때에는 손영희, 홍성철, 장철범, 리경일, 오은별, 리정수, 신현규, 김성일 등 총 23명 중 8명이 남았다. 당생활부의 경우 타 부서에 비해 인원이 많아 남은 인원도 많고 떠난 인원도 많았지만 3시기에서 4시기로 갈 때 남은 인원이 가장 많았다는 점에서는 당력사교양부와 유사한 특징을 보이고 있다.

〈표 4-39〉 1~5시기 혁명교양부 기사 비교

순위	1시기	기사수	2시기	기사수	3시기	기사수	4시기	기사수	5시기	기사수
1	김동철	35	백영미	31	황명희	18		0	김향란	26
2	렴철호	32	황명희	27	김용진	15			조경철	24
3	윤지혜	24	김용진	26					김성룡	19
4	백 룡	23	김인선	24					채히성	17
5	최승필	22	김성남	21					허명숙	17
6			김진욱	21					리남호	10
7			백 룡	19					조학철	10
8			강진형	14						
9			우정혁	10						

혁명교양부에서는 1시기에서 2시기로 넘어갈 때 남은 인원은 백룡, 단 1명이다. 2시기에서 3시기로 갈 때에는 황명희, 김용진 등 2명이 남았고, 4시기에서 5시기로 갈 때는 4시기의 비교 대상이 없어 따로 명시하지 않았다.

〈표 4-40〉 1~5시기 공업부 기사 비교

순위	1시기	기사수	2시기	기사수	3시기	기사수	4시기	기사수	5시기	기사수
1	김동철	35	리철옥	27	강명천	25	류성국	26	강명천	25
2	렴철호	32	전성삼	22	김진욱	23	리철옥	24	리영민	23
3	윤지혜	24	강명천	21	정순성	23	전성삼	21	리철옥	19
4	백 룡	23	명흥숙	21	리병춘	21	김충성	20	김충성	13
5	최승필	22	리병춘	17	명흥숙	21	명흥숙	17		
6			오철훈	14	정경철	20	박 철	17		
7			류기풍	13	리철옥	18	장은영	17		
8			지원철	13	전성삼	18	정순성	17		
9			신천일	11	주창선	14	리병춘	15		
10			정순성	10	강명일	13	류기풍	12		
11			조경철	10	류성국	12				
12					지원철	12				

공업부에서는 1시기에서 2시기로 넘어갈 때 0명, 2시기에서 3시기로 넘어갈 때 리철옥, 전성삼, 강명천, 명흥숙, 리병춘, 지원철, 정순성 등 11명 중에서 7명이 남았고 3시기에서 4시기로 넘어갈 때 정순성, 리병춘, 명흥숙, 리철옥, 전성삼, 류성국 등 총 12명 중 6명이 남았다. 4시기에서 5시기로 갈 때에는 리철옥, 김충성 등 2명만 남았다.

공업부의 경우 총 기사 수 순위 면에서 1~5시기 내내 하위권에 머물렀다. 다른 부서와 마찬가지로 3시기 인원 다수가 4시기에 남으며 '김정은 체제' 출범을 이끌고 있다.

〈표 4-41〉 1~5시기 농업부 기사 비교

순위	1시기	기사수	2시기	기사수	3시기	기사수	4시기	기사수	5시기	기사수
1	김창길	32	박 철	43	윤용호	27	황연옥	25	김창길	30
2	서승호	32	김창길	33	황연옥	26	김성철	23	윤용호	20
3	문길수	25	서승호	33	정영철	25	김창길	20	김성철	16
4	윤용호	24	김향란	25	김창길	21	정성일	19	장은영	16
5	황연옥	17	윤용호	19	김성철	17	윤용호	16	전명일	14
6			문길수	16	김성일	11	정주원	11		
7			황연옥	13	한성일	11				

농업부는 1시기가 2시기로 넘어갈 때 김창길, 서승호, 문길수, 윤용호, 황연옥 등 5명 전원이 남았다. 2시기에서 3시기로 갈 때는 김창길, 윤용호, 황연옥 등 7명 중 3명이 남았고 3시기에서 4시기로 갈 때는 윤용호, 황연옥, 김창길, 김성철 등 4명이 남았다. 4시기에서 5시기로 갈 때는 김성철, 김창길, 윤용호 등 6명 중 3명이 남았다. 역시 3시기를 기점으로 4시기로 넘어갈 때 남은 인원(4명)이 가장 많아 김정은 체제 출범과 함께 하는 양상을 보인다.

〈표 4-42〉 1~5시기 과학문화부 기사 비교

순위	1시기	기사수	2시기	기사수	3시기	기사수	4시기	기사수	5시기	기사수
1	림현숙	29	리은남	26	정영화	32	백성근	31	김명훈	26
2	오철룡	28	김기철	25	리은남	31	리성호	28	김성민	26
3	정영화	28	윤지혜	25	려명희	30	김옥별	25	지혁철	25
4	김기철	27	정영화	24	방경찬	24	조향미	21	정성일	23
5	려명희	23	려명희	22	차 수	22	공로혁	20	한경철	22
6	오 현	22	림현숙	22	공로혁	20	려명희	15	강효심	21
7			김시현	15	한경철	20	리 건	14	전성삼	21
8			장은영	15	김옥별	18	김경철	12	려명희	19
9					전철호	18	방경찬	12	방경찬	19
10					오철룡	14	오철룡	11	한영철	19
11					우정혁	12	주령봉	11	강철웅	18
12					리수정	11	리수정	10	공로혁	18
13					한충혁	10	전철호	10	황철민	17
14					함원식	10			조향미	16
15									최영길	16
16									박 현	15
17									정경철	15
18									주령봉	15
19									채인철	15
20									김경철	13
21									박영진	13
22									오철룡	13
23									윤금찬	10

과학문화부는 1시기에서 2시기로 넘어갈 때 림현숙, 정영화, 김기철 등 6명 중 3명이 남았고 2시기에서 3시기로 갈 때는 리은남, 정영화, 려명희 등 8명 중 3명이 남았다. 3시기에서 4시기로 갈 때 려명희, 방경찬, 공로혁, 김옥별, 전철호, 오철룡, 리수정 등 총 14명 중 7명이 남았다. 4시기에서 5시기로 갈 때는 조향미, 공로혁, 려명희, 김경철, 방경찬, 오철룡, 주령봉 등 총 23명 중 7명이 남았다. 과학문화부는 4시기에 접어들면서 인원이 급증하는 특성이 나타났고, 3시기에서 4시기로 넘어가면서 역시 많은 인원이 남아 김정은 체제의 출범을 대비하는 양상을 보였다.

〈표 4-43〉 1~5시기 조국통일부 기사 비교

순위	1시기	기사수	2시기	기사수	3시기	기사수	4시기	기사수	5시기	기사수
1	심철영	59	심철영	51	허영민	47	장윤남	36	심철영	60
2	은정철	43	엄일규	46	심철영	42	박철준	35	은정철	45
3	허영민	43	송영석	44	복은희	41	김현철	32	허영민	42
4	박철준	41	박철준	36	리성호	40	최철순	32	리성호	31
5	리효진	37	라설하	33	은정철	38	은정철	29	라설하	30
6	최철순	37	리효진	33	송영석	35	라설하	28	리경수	24
7	복은희	30	복은희	32	최철순	34	리효진	28	장윤남	22
8	송영석	24	김정옥	30	장윤남	33	허영민	26	김철남	20
9	김정옥	16	최철순	29	김현철	28	라영국	25	장임향	19
10	김향미	16	허영민	29	박철준	27			박철준	17
11	라설하	16	김향미	24	리효진	23			김향미	12
12			허명숙	24	라설하	22			리효진	11
13			장윤남	19	김향미	21				
14			김현철	13	김정옥	18				
15			은정철	11	조남수	11				

조국통일부에서는 1시기에서 2시기로 넘어갈 때 심철영, 은정철, 허영민, 박철준, 리효진, 최철순, 복은희, 송영석, 김정옥, 김향미, 라설하 등 11명 전원이 2시기에 남았다. 2시기에서 3시기로 갈 때는 심철영,

송영석, 박철준, 라설하, 리효진, 복은희, 김정옥, 최철순, 허영민, 장윤남, 김현철, 은정철 등 총 15명 중 12명이 남았다. 3시기에서 4시기로 갈 때는 허영민, 은정철, 최철순, 장윤남, 김현철, 박철준, 리효진, 라설하 등 9명 중 8명이 남았다. 4시기에서 5시기로 갈 때는 장윤남, 박철준, 은정철, 라설하, 리효진, 허영민 등 5시기 12명 중에서 6명이 4시기 출신이었다.

〈표 4-44〉 1~5시기 국제부 기사 비교

순위	1시기	기사수	2시기	기사수	3시기	기사수	4시기	기사수	5시기	기사수
1	조성철	44	리현도	35	조성철	39	김철룡	42	리학남	26
2	리현도	41	조택범	33	김종손	38	심철영	38	안철권	26
3	김종손	36	조성철	30	조택범	38	라명성	35	배금희	25
4	조택범	35	김종손	28	리경수	35	김수진	32	라명성	24
5	김혜성	33	리경수	28	전영희	34	리학남	32	리현도	23
6	배금희	33	배금희	28	채일출	34	리철혁	31	김수진	22
7	채일출	30	채일출	28	배금희	32	신경섭	24	리철혁	21
8	리학남	27	김혜성	26	리학남	29	전영희	23	림 원	19
9	백문규	27	리학남	26	진 철	27	리경수	21	김국철	16
10	신경섭	26	백문규	25	박송영	26	박송영	19	박송영	12
11	전영희	25	서남일	24	오수경	26	배금희	18	박예경	10
12	리경수	12	신경섭	24	신경섭	23				
13			전영희	24						
14			라명성	16						
15			조 철	12						
16			박송영	10						

국제부에서는 1→2시기 때 조성철, 리현도, 김종손, 조택범, 김혜성, 배금희, 채일출, 리학남, 백문규, 신경섭, 전영희, 리경수 등 12명 전원이 2시기에 남았다. 2→3시기에서는 조택범, 조성철, 김종손, 리경수, 배금희, 채일출, 리학남, 신경섭, 전영희, 박송영 등 2시기 총 16명 중 10명이 3시기에 남았다. 3→4시기에서는 리경수, 전영희, 배금희, 리

학남, 박송영, 신경섭 등 3시기 총 12명 중 절반인 6명이 4시기에 남았다. 4→5시기에서는 라명성, 김수진, 리학남, 리철혁, 박송영, 배금희 등 4시기 총 11명 중에서 6명이 남았다.

이 부서는 특이하게도 1시기에서 2시기로 넘어갈 때, 2시기에서 3시기로 넘어갈 때 남는 인원이 상대적으로 많았다. 그러나 3시기에서 4시기로 넘어갈 때 남는 인원은 상대적으로 크게 줄어든다. 3시기에서 4시기로 넘어가는 시기가 부서 인원 변화를 극적으로 가르는 전환점이 된다는 사실만은 분명해 보인다.

〈표 4-45〉 1~5시기 사진보도부 기사 비교

순위	1시기	기사수	2시기	기사수	3시기	기사수	4시기	기사수	5시기	기사수
1	강정민	80	강정민	80	김진명	55	리진명	61	김종훈	49
2	김광혁	64	김종훈	67	리명남	46	김종훈	59	리동규	48
3	김종훈	64	장청일	64	장청일	34	김진명	56	김진명	43
4	리명남	64	리명남	58	김광혁	33	림학락	50	김광혁	40
5	장청일	50	정성일	56	리진명	32	신충혁	40	리진명	39
6	리원국	45	리명일	55	신충혁	25	한광명	34	한광명	35
7	전성남	34	김광혁	44	전성남	23	김철우	30	신충혁	34
8	리명일	16	리원국	39	림학락	18	전광남	28	리명남	27
9	장성복	12	전성남	29	최충성	12	리충성	24	림학락	24
10			림학락	13	김철우	10	리명남	18		
11							김광혁	17		

사진부는 1→2시기에서 강정민, 김광혁, 김종훈, 리명남, 장청일, 리원국, 전성남, 리명일 등 1시기 9명 중 8명이 2시기에 남았다. 2→3시기에서는 장청일, 리명남, 김광혁, 전성남, 림학락 등 2시기 10명 중 5명이 3시기에 남았다. 3→4시기에서는 김진명, 리명남, 김광혁, 리진명, 신충혁, 림학락, 김철우 등 3시기 10명 중 7명이 4시기에 남았고 4→5시기에서는 리진명, 김종훈, 김진명, 림학락, 신충혁, 한광명, 리명남, 김광혁

등 4시기 11명 중 8명이 5시기에 남았다. 사진부는 부서 특성상 시기가 변화하더라도 남는 인원수가 많은 편이다. 그러나 전 시기에 걸쳐 인원이 계속 유지되는 건 아니다. 2시기에서 3시기로 넘어갈 때 절반가량이 교체되었으나, 이후 다시 비교적 많은 인원이 해당 부서에 남는 양상을 보인다.

〈표 4-46〉 1~5시기 특파기자부 기사 비교

순위	1시기	기사수	2시기	기사수	3시기	기사수	4시기	기사수	5시기	기사수
1	최재남	50	최재남	54	동세웅	36	전철주	44	송창윤	38
2	리승철	34	리성호	41	송창윤	34	동세웅	38	전철주	28
3	김기두	31	박동석	23	전철주	32	송창윤	38	리은남	25
4	공로혁	28	김천일	22	최수복	29	리은남	36	동세웅	24
5	전철주	28	리승철	18	신천일	25	박동석	31	신천일	19
6	리성호	27	전철주	17	리승철	23	김천일	26	주창선	18
7	리혁철	25	공로혁	14	박동석	22	신천일	23	김천일	14
8	박동석	23	김기두	14	김천일	20	리혁철	22	박동석	14
9	김순홍	18					최수복	13	박 철	13
10	김진수	18							최수복	12

특파기자부에서는 1→2시기에서 최재남, 리승철, 김기두, 공로혁, 전철주, 리성호, 박동석 등 1시기 총 10명 중에서 7명이 남았다. 2→3시기에서는 박동석, 김천일, 리승철, 전철주 등 2시기 총 8명 중에서 4명이 남았다. 3→4시기에서는 동세웅, 송창윤, 전철주, 최수복, 신천일, 박동석, 김천일 등 3시기 총 8명에서 7명이 남아 높은 잔존률을 보였다. 4→5시기에서도 전철주, 동세웅, 송창윤, 리은남, 박동석, 김천일, 신천일, 리혁철, 최수복 등 4시기 9명 전원이 5시기에 남아 잔존률 100%를 보였다.

특파기자부 역시 다른 부서와 마찬가지로 3시기를 기점으로 잔존률이 크게 높아진 것이다. 이런 추세를 볼 때 김정은 체제가 본격적으로 시작된 3시기가 로동신문 편집국 전 조직 구성에 있어 중요한 분기점이 된 것으로 분석된다.

5시기에서 두 자릿수 이상의 기사를 쓴 기자들 수가 가장 많은 부서는 과학문화부(23명), 당생활부(20명), 당력사교양부(14명) 순이었다. 4위는 조국통일부(12명), 5위는 국제부(11명), 6위는 특파기자부(11명)였다. 이어 사진보도부(9명), 사회주의교양부(7명), 농업부(5명), 공업부(4명) 등이 7~10위를 이루고 있다.

2시기 8위에서 3시기 3위로 순위가 급상승하며 3시기를 전환점으로 삼은 과학문화부는 4시기에 2위였다가 5시기에 1위에 올랐다. 김정은 체제가 시작되는 3시기 들어 과학문화부는 각광받는 부서로 떠오른 것으로 보인다.

또한 3시기에서 6위였던 당력사교양부는 4시기 3위로 급상승하더니 5시기 들어서도 3위를 유지했다. 당력사교양부는 주로 김일성과 김정일 관련 일화를 전하며 선대의 업적을 재조명하는 기사를 주로 작성하는 부서로서 김정은 체제 시작과 함께 김정은의 정통성 강화를 위해 중용된 것으로 보인다.

3시기에 2위였다가 4시기에 7위로 떨어진 조국통일부는 5시기에 다시 4위를 회복했다. 3시기에 5위, 4시기에 4위였던 국제부는 5시기에 5위로 나타났다. 남한 비판을 주로 담당하는 조국통일부와 미국 등 서방 세계를 비판하는 국제부가 선전했다는 점에서 김정은 체제가 대남 및 대외 정책에 큰 비중을 둔 것으로 보인다.

3시기와 4시기 10위를 했던 사회주의교양부가 5시기에 8위로 올라선 점도 눈에 띈다. 3시기와 4시기에 상대적으로 중요도가 낮아졌던 사회주의교양부가 5시기 들어 점차 순위가 상승한 것은 안정화 단계에 도달한 김정은 정권이 다시 사회주의 혁명화 업무에 눈을 돌린 방증으로 볼 수 있다.

두 자릿수 이상 기사를 쓴 기자들의 기사 수를 합산한 결과, 기사 수 1위 부서는 역시 과학문화부(415개)로 드러났다. 2위는 당생활부(364개), 3위는 사진부(339개)였고 4위는 조국통일부(333개), 5위는 당력사교양부(262개)였다. 6위는 국제부(224개), 7위는 특파기자부(215개), 8위는 사회주의교양부(123개)였고, 9위와 10위는 각각 농업부(96개), 공업부(80개)였다.

두 자릿수 이상 기사 수 순위는 총 기사 수 순위와 대체로 비례하는 양상을 보인다. 총 기사 수 순위에서 3, 4위였던 조국통일부와 사진부가 이 순위에서 4위와 3위로 자리를 바꾼 것 외에는 순위가 같다. 이는 4시기 이후 특정 기자들이 해당 부서의 주요 기사를 대부분 작성하는 경향성이 4시기 이후에도 지속되고 있음을 보여준다.

이는 로동신문이 김정은 집권기로 옮겨가면서 과거에 비해 보다 뚜렷한 목적성을 가지고 기사 아이템을 선정하게 되었으며, 이를 현실적으로 구현하기 위해 부서별로 특정 기자를 선호하고 중용한 것으로 해석할 수 있다.

한편, 총 기사 수와 기자 수 측면에서 1위인 과학문화부에서 두 자릿수의 기사를 쓴 기자 23명은 총 415개의 기사를 작성해 1인당 평균 기사 수가 23개에 달했다. 두 자릿수 기사 작성 기자들의 1인당 평균 기사 수 순위 1위(37.6개)는 사진부로 9명이 339개의 보도물을 작성했다. 2위(27.7개)는 12명이 333개의 기사를 쓴 조국통일부, 3위(20.3개)는 11명이 224개의 기사를 쓴 국제부였고 4위(20개)는 4명이 80개를 쓴 공업부, 5위(19.5개)는 11명이 215개를 쓴 특파기자부였다. 그 외 6~10위는 농업부, 당력사교양부, 당생활부, 과학문화부, 사회주의교양부 순이었다.

〈표 4-47〉 5개 시기별 부서 기사량 비교

순위	부서	기사수	부서	평균 기사수	부서	10개 이상 기사 작성 기자 수	부서	10개 이상 기사 작성 기자의 기사 수	부서	10개 이상 기사 작성 기자의 평균 기사 수
1	과문	483	사진	27	과문	23	과문	415	사진	37.6
2	당생	390	조통	20	당생	20	당생	364	조통	27.7
3	조통	361	특파	19.5	당력	14	사진	339	국제	20.3
4	사진	352	공업	16.4	조통	12	조통	333	공업	20
5	당력	267	국제	15.6	국제	11	당력	262	특파	19.5
6	국제	234	당력	14.8	특파	11	국제	224	농업	19.2
7	특파	215	농업	14.7	사진	9	특파	215	당력	18.7
8	사교	210	과문	13.4	사교	7	사교	123	당생	18.2
9	농업	103	당생	11.8	농업	5	농업	96	과문	18
10	공업	82	사교	6.3	공업	4	공업	80	사교	17.5

5시기에서 총 기사 수 순위 1위 부서는 과학문화부로 483개로 1위에 올랐다. 이어 당생활부(390), 조국통일부가(361개), 사진부(352개), 당력사교양부(267개)가 2~5위였다. 6~10위는 국제부(234개), 특파기자부(215개), 사회주의교양부(210개), 농업부(103개), 공업부(82개) 순이었다.

1시기와 2시기 9위, 10위였던 과학문화부는 3시기에 4위가 되더니 4시기 7위, 5시기 1위로 널뛰기를 뛰었다. 2위인 당생활부는 1, 3시기와 4시기 1위에 이어 5시기에도 2위로 높은 순위에 올랐다. 3위 조국통일부는 1~4시기 3위, 3위, 2위, 4위였다가 다시 3위가 되었다. 4시기에 2위였던 사진부는 5시기 4위를 했고, 1시기와 2시기 6위였다가 3시기에 4위, 4시기에 다시 6위가 된 당력사교양부는 5시기에 5위로 한 계단 올랐다. 사회주의교양부는 1시기와 2시기 각각 7위와 5위에서 3시기와 4시기 10위였다가 5시기 8위로 올라섰다.

5시기의 부서별 1인당 평균 기사 수 순위에서는 사진부가 27개로 1위,

조국통일부가 20개로 2위였다. 특파기자부(19.5개)가 3위, 공업부(16.4개) 4위, 국제부(15.6개)가 5위였다. 6위~10위는 당력사교양부(14.8개), 농업부(14.7개), 과학문화부(13.4개), 당생활부(11.8개), 사회주의교양부(6.3개) 순이었다.

제4절
시기별 부서 이동 분석 결과

 기자별 활동 및 편집국 부서 공헌도를 분석하면서 포착할 수 있는 특징은 로동신문 기자들의 부서 이동이 활발하게 일어나고 있다는 것이다. 로동신문 지면만 보면 수십 년간 뚜렷한 변화 없이 단조로운 편집체제를 고수해왔다. 하지만 편집국 내부에서는 복잡하고 역동적인 변화가 일어나고 있는 것이다. 이에 따라 본 절에서는 로동신문 기자들 개개의 소속 부서 변화 실태를 추적해 기자들의 부서 변화 양상을 분석해 보았다. 1~5기의 시기적 변화에 따른 기자의 소속 부서 변화 추적에 중점을 두었다.

1. 김정일 건강 이상 이전 시기

 본 연구를 통해 1시기 로동신문 편집국 기자들은 총 271명으로 조사되었다. 1시기 271명의 기자들이 각각 어느 부서로 옮기면서 어떤 이력을 갖게 되는지에 관해 5시기까지 추적, 조사해 보았다. 1시기 기자들 271명은 당력사교양부 30명, 당생활부 45명, 혁명교양부 47명, 공업부

11명, 농업부 18명, 과학문화부 29명, 조국통일부 39명, 국제부 28명, 사진보도부 14명, 특파기자부 10명이다.

1.1. 당력사교양부 30명

1시기 당력사교양부 30명 중에서 강경숙은 1시기에서 보였다가 2, 3, 4, 5시기에서는 나타나지 않는다. 김성남은 2시기에서 혁명교양부, 3시기에는 없고, 4시기에는 사진보도부에서 나타난다. 5시기에서는 다시 당력사교양부로 확인된다. 김연희는 2시기에서 혁명교양부, 3, 4, 5시기에서는 나타나지 않는다.

김온은 2~5시기에서 나오지 않고, 김용진은 2, 3시기에서 혁명교양부, 4시기에서 안 보이고 5시기에서 다시 당력사교양부로 돌아온다. 김인선은 2시기 혁명교양부, 3시기 당력사교양부, 4시기에 없고, 5시기에 당력사교양부가 된다. 김인철은 2~5시기에 없고, 김정수는 2~4시기 혁명교양부이며 5시기에는 포착되지 않는다.

김준혁은 2시기에 없고, 3~5시기 당력사교양부다. 김철만은 2~5시기에 나타나지 않고 량순은 2~5시기 당력사교양부, 리성국은 2시기 당력사교양부, 3~4시기는 없고 5시기 다시 당력사교양부다. 림애숙은 2~5시기에 나타나지 않았다. 림철호와 백광철은 2~5시기에 없고, 백영미는 2시기 혁명교양부, 3~5시기 당력사교양부, 선우진은 2~5시기 나타나지 않았다. 송미란은 2시기 혁명교양부, 3시기 당력사교양부, 4시기 당생활부, 5시기에는 나타나지 않았다.

정학준, 조동익은 2~5시기 나타나지 않았고, 조혁철은 2시기 당생활부, 3~5시기에는 나타나지 않는다. 최수복은 2시기엔 없고, 3~5시기 특파기자부에 있었으며, 최영태는 2~5시기에 없었다. 최창격은 2시기 당력사교양부, 3~5시기에 없었으며, 한룡호와 허균은 2~5시기에 없었고, 허명숙은 2시기 혁명교양부, 3~4시기 당생활부, 5시기 혁명교양부로 나타났다.

허학수는 2시기에 공업부, 3~5시기에 없었으며, 홍영삼은 2~5시기에 없었고, 황명희는 2~3시기에 혁명교양부, 4~5시기에는 없었다. 이와 같은 내용을 표로 정리하면 다음과 같다.

〈표 4-48〉 1시기 당력사교양부 구성원의 5개 시기 부서이동

번호	이름	1시기	2시기	3시기	4시기	5시기
1	강경숙	당력사				
2	김성남	당력사	혁명교양		사진	당력사
3	김연희	당력사	혁명교양			
4	김 온	당력사				
5	김용진	당력사	혁명교양	혁명교양		당력사
6	김인선	당력사	혁명교양	당력사		당력사
7	김인철	당력사				
8	김정수	당력사	혁명교양	혁명교양	혁명교양	
9	김준혁	당력사		당력사	당력사	당력사
10	김철만	당력사				
11	량 순	당력사	당력사	당력사	당력사	당력사
12	리성국	당력사	당력사			당력사
13	림애숙	당력사				
14	림철호	당력사				
15	백광철	당력사				
16	백영미	당력사	혁명교양	당력사	당력사	당력사
17	선우진	당력사				
18	송미란	당력사	혁명교양	당력사	당생활	
19	정학준	당력사				
20	조동익	당력사				
21	조혁철	당력사	당생활			
22	최수복	당력사		특파	특파	특파
23	최영태	당력사				
24	최창격	당력사	당력사			
25	한룡호	당력사				
26	허 균	당력사				

27	허명숙	당력사	혁명교양	당생활	당생활	혁명교양
28	허학수	당력사	공업			
29	홍영삼	당력사				
30	황명희	당력사	혁명교양	혁명교양		

　　1시기 당력사교양부 30명 중 김정은 집권기인 4시기와 5시기에서 당력사교양부로 남은 기자가 4시기는 3명, 5시기는 7명에 불과하다. 그밖에도 1시기에서 30명에 달했던 당력사교양부 기자들이 시간이 갈수록 뿔뿔이 흩어졌음이 확연히 드러난다. 특히 혁명교양부나 당생활부 등 당의 사상과 이념 선전, 모범 당원들의 선전 등 당력사교양부와 유사한 성격을 띄는 부서로 옮긴 경우가 많은 것으로 나타났다. 일부 당력사교양부 소속 기자들 중에는 사진보도부나 특파기자부로 옮긴 경우도 있었다. 부서 간 성격이 확연히 다르더라도 편집국 10개 부서 간에는 비교적 자유로운 이동이 일어났음을 알 수 있다.

　　사진보도부나 특파기자부는 기자 사회에서 통상 별개의 조직으로 인식된다. 사진보도부는 카메라 장비를 다룬다는 점에서, 특파기자부는 지역에서 활동한다는 점에서 일반 기자들과는 업무방식에서 차이가 있다. 그러나 로동신문 편집국에서는 편집국 기자들과 사진기자, 특파기자들과의 왕래가 비교적 쉽게 일어나고 있는 것이다.

　　반면, 당력사교양부 기자들 중에서 남한이나 해외 관련 소식을 다루는 조국통일부나 국제부로 옮겨간 사례는 한 건도 없는 것으로 드러났다.

　　아울러 강경숙이나 김온, 림철호, 백광철, 정학준, 조동익, 홍영삼 등 1시기 당력사교양부에서만 모습을 나타내고 이후 2~5시기 기간에 별안간 사라진 기자들의 숫자도 상당한 것으로 드러났다. 량순은 당력사교양부 1시기 인원 중 유일하게 1~5시기에 걸쳐 당력사교양부 소속을 유지하였다.

1.2. 당생활부 45명

1시기 당생활부 소속 기자들도 2~5시기 당력사교양부와 마찬가지로 상당한 변화를 겪었다. 1시기 당생활부 기자 45명 중 김정은 집권 이후인 4, 5시기에 당생활부에 소속된 기자들은 4시기 13명, 5시기 9명에 불과했다. 또한 당생활부 기자들 중에서도 사진보도부나 특파기자부 등 특수한 부서로 이동을 하는 경우도 나타났다.

김천일은 1시기 이후 2~5시기를 특파기자로 활동했고, 동세웅과 송창윤 역시 1시기 이후 3~5시기를 특파기자로 일했다. 다만, 사진보도부로 옮긴 사례는 나타나지 않았다. 그러나 당생활부 기자들 역시 당력사교양부 기자들과 마찬가지로 남한이나 해외 관련 기사를 담당하는 조국통일부, 국제부 등으로 옮겨가는 경우는 한 건도 없었다.

45명에 달하는 1시기 당생활부 소속 기자 중 1~5시기에 걸쳐 당생활부 소속을 꾸준히 유지한 기자는 리정수와 리종석 단 2명에 불과했다. 1시기 당생활부 45명의 5개 시기별 부서 이동 현황을 표로 정리하면 다음과 같다.

〈표 4-49〉 1시기 당생활부 구성원의 5개 시기 부서이동

번호	이름	1시기	2시기	3시기	4시기	5시기
1	강진형	당생활	혁명교양	당생활	당생활	과학문화
2	고재정	당생활				
3	김경선	당생활	농업부			
4	김광현	당생활	당생활			
5	김승표	당생활	당생활	당생활	과학문화	당생활
6	김시현	당생활	과학문화			
7	김영철	당생활	당생활	당생활	당생활	혁명교양
8	김일권	당생활	당생활	당생활	당생활	당력사
9	김진욱	당생활	혁명교양	공업부	당생활	당생활
10	김천일	당생활	특파	특파	특파	특파

11	김철수	당생활	공업부	당력사			
12	김춘심	당생활					
13	김치곤	당생활	당력사			당생활	
14	김향란	당생활	농업부	당생활			혁명교양
15	김호혁	당생활	당생활	당생활	공업부		혁명교양
16	동세웅	당생활		특파	특파		특파
17	로재화	당생활					
18	로주봉	당생활	당력사	당생활	당생활		혁명교양
19	리남호	당생활	당생활	당생활	당생활		혁명교양
20	리수정	당생활	농업부	과학문화	과학문화		혁명교양
21	리연재	당생활	공업부				
22	리정수	당생활	당생활	당생활	당생활	당생활	
23	리종석	당생활	당생활	당생활	당생활	당생활	
24	리중근	당생활					
25	리철옥	당생활	공업부	공업부	공업부	공업부	
26	박상훈	당생활			당생활		혁명교양
27	박옥경	당생활	당생활	당생활	당생활		혁명교양
28	박 준	당생활					
29	박준성	당생활	당생활		당생활		
30	박 철	당생활	농업부	당생활	공업부		특파
31	손영희	당생활	당생활	당생활	당생활	당생활	
32	송창운	당생활	당생활	특파	특파		특파
33	송현수	당생활	당생활				
34	어강훈	당생활	당생활				
35	장선숙	당생활					당생활
36	장은영	당생활	과학문화	당생활	공업부		농업부
37	전경서	당생활	당생활	당생활	당생활		
38	정성일	당생활	사진보도	당생활	농업부		과학문화
39	정형남	당생활					
40	조향선	당생활		당생활	혁명교양		당생활
41	조현철	당생활	당생활	당생활			당생활
42	최시홍	당생활	당생활				
43	최춘복	당생활	당생활				
44	최현호	당생활					
45	황철웅	당생활	당생활	당생활			

1.3. 혁명교양부 47명

1시기 혁명교양부 기자들 역시 김정은 집권기인 4시기와 5시기가 되면 행방이 묘연해진다. 이들은 4, 5시기를 맞아 편집국 외부로 이동한 것으로 보인다. 1시기 혁명교양부 기자들 중 4시기와 5시기에도 각각 혁명교양부 소속을 유지한 기자는 단 7명과 5명에 불과했다.

혁명교양부 소속 기자들 중에서는 김은희가 2시기에서 국제부로 옮긴 사례가 나타났고, 그밖에도 윤지혜가 3시기에 국제부로, 채철룡이 4시기에 국제부로 옮긴 사례가 있었다. 다만 김은희는 2시기에 국제부에 소속됐다가 3~5시기에는 편집국에서 더 이상 나타나지 않았다.

윤지혜와 채철룡은 부서 이동이 쉽지 않은 국제부로 옮겼다가 다음 시기에 다시 혁명교양부로 돌아온 사실이 드러났다.

47명에 달하는 1시기 혁명교양부 소속 기자 중 1~5시기에 걸쳐 꾸준히 혁명교양부 소속을 유지한 기자는 단 1명도 나타나지 않았다.

1시기 혁명교양부 47명의 5개 시기별 부서 이동 현황을 표로 정리하면 다음과 같다.

〈표 4-50〉 1시기 혁명교양부 구성원의 5개 시기 부서이동

번호	이름	1시기	2시기	3시기	4시기	5시기
1	강정희	혁명교양				
2	김동철	혁명교양	당력사			
3	김문철	혁명교양				
4	김병대	혁명교양				
5	김병진	혁명교양	혁명교양		혁명교양	
6	김순영	혁명교양	혁명교양	당생활	혁명교양	당생활
7	김영삼	혁명교양				
8	김영일	혁명교양	당생활			
9	김은주	혁명교양	혁명교양		혁명교양	
10	김은희	혁명교양	국제부			

11	김지문	혁명교양		국제부	국제부		
12	김태정	혁명교양					
13	김홍근	혁명교양	혁명교양				
14	렴철호	혁명교양	당력사	혁명교양			
15	류기풍	혁명교양	공업부	공업부	공업부		
16	류성일	혁명교양	과학문화				
17	류정근	혁명교양					
18	리길웅	혁명교양					
19	리성욱	혁명교양					
20	리수근	혁명교양	당력사				
21	박경원	혁명교양					
22	박 연	혁명교양	혁명교양	혁명교양	혁명교양		
23	박영민	혁명교양					
24	방성화	혁명교양	혁명교양	당생활	당생활	혁명교양	
25	백 룡	혁명교양	혁명교양	당력사	당력사		
26	석 화	혁명교양					
27	오수경	혁명교양					
28	윤지혜	혁명교양		국제부	혁명교양	혁명교양	
29	임성진	혁명교양					
30	전성호	혁명교양					
31	정광복	혁명교양	혁명교양		혁명교양		
32	정선철	혁명교양		혁명교양	혁명교양	혁명교양	
33	정춘희	혁명교양	혁명교양	혁명교양			
34	조영남	혁명교양					
35	채철룡	혁명교양	혁명교양	당력사	국제부	혁명교양	
36	최근섭	혁명교양					
37	최승필	혁명교양	당력사				
38	최일호	혁명교양	당생활				
39	한경일	혁명교양					
40	한명신	혁명교양					
41	한창수	혁명교양					
42	한철준	혁명교양	조국통일				
43	한태삼	혁명교양					
44	한학문	혁명교양	당생활				
45	함원식	혁명교양	혁명교양	과학문화			
46	홍병우	혁명교양	혁명교양	혁명교양		혁명교양	
47	홍성철	혁명교양	당생활		당생활	당생활	

1.4. 공업부 11명

공업부 소속 기자들 역시 1시기에서 5시기로 가면서 여러 부서로 뿔뿔이 흩어지고 있다. 신천일은 3시기부터 특파기자로 소속이 바뀐다. 공업부 기자들 일부는 4시기까지 소속을 공업부로 유지했지만, 5시기가 되자 공업부에 남은 강명천, 특파기자부로 이동한 신천일 등 2명을 제외하면 소재가 확인되는 6명이 모두 과학문화부 소속으로 바뀐다. 이런 식으로 김정은 집권 이후 과학문화부 인원이 증가하는 현상이 일어난다.

1시기 공업부 기자 중 1~5시기에 걸쳐 공업부 소속을 유지한 기자는 1명도 없었다.

1시기 공업부 11명의 5개 시기별 부서 이동 현황을 표로 정리하면 다음과 같다.

〈표 4-51〉 1시기 공업부 구성원의 5개 시기 부서이동

번호	이름	1시기	2시기	3시기	4시기	5시기
1	강명천	공업부	공업부	공업부		공업부
2	리동찬	공업부	당력사	혁명교양		
3	리병춘	공업부	공업부	공업부	공업부	과학문화
4	명홍숙	공업부	공업부	공업부	공업부	과학문화
5	방인철	공업부	공업부		공업부	
6	신천일	공업부	공업부	특파	특파	특파
7	오철훈	공업부	공업부	공업부	과학문화	과학문화
8	장영찬	공업부				
9	전성삼	공업부	공업부	공업부	공업부	과학문화
10	정순성	공업부	공업부	공업부	공업부	과학문화
11	지원철	공업부	공업부	공업부	당생활	과학문화

1.5. 농업부 18명

농업부 기자들 역시 다른 부서 기자들과 마찬가지로 시간이 갈수록 여러 부서로 흩어져 행적을 파악하기 어려운 상태가 된다. 농업부 기자들은 주로 당생활부로 옮기는 경우가 많은 것으로 나타났는데 드물게 당력사교양부(장철범), 조국통일부(김철남)로 옮겨가는 기자들도 있었다.

조국통일부로 옮겨간 김철남은 1시기 농업부에 있다가 2~4시기 동안 발견되지 않는다. 그리고 5시기에 갑자기 조국통일부에서 모습을 드러낸다. 농업부 기자들 중 김창길, 윤용호는 1~5시기에 걸쳐 한 번도 부서를 바꾸지 않고 농업부 기자로 일하고 있다. 두 사람과 같이 5개 시기에 걸쳐 한 부서에서 근무하는 기자는 매우 드문 사례다.

〈표 4-52〉 1시기 농업부 구성원의 5개 시기 부서이동

번호	이름	1시기	2시기	3시기	4시기	5시기
1	김성일	농업부	농업부	농업부	당생활	당생활
2	김창길	농업부	농업부	농업부	농업부	농업부
3	김철남	농업부				조국통일
4	림춘철	농업부				
5	문길수	농업부	농업부	농업부		
6	박경철	농업부	농업부			
7	박영숙	농업부				
8	서승호	농업부	농업부			
9	신길남	농업부				
10	신성창	농업부				
11	엄명석	농업부			당생활	당생활
12	오히백	농업부	당생활			
13	윤성철	농업부				
14	윤용호	농업부	농업부	농업부	농업부	농업부
15	장철범	농업부	당력사		당생활	당생활
16	조영걸	농업부				
17	조영길	농업부				
18	황연옥	농업부	농업부	농업부	농업부	

1.6. 과학문화부 29명

1시기 과학문화부 소속 기자들 역시 다른 부서와 비슷하게 1시기에서 5시기로 가면서 여러 부서로 분산되고 있다. 1시기에서 29명인 과학문화부 소속 기자들 중 5시기에도 과학문화부 기자로 남은 기자는 5명에 불과하다. 5시기 과학문화부 기자 수는 36명으로 크게 늘어났지만 1시기 과학문화부 소속 기자들 다수는 다른 부서로 분산되고, 4~5시기에는 다른 부서에서 과학문화부로 기자들이 대거 충원된 것이다.

1시기 과학문화부 기자들이 옮겨간 부서는 당력사교양부, 당생활부, 혁명교양부, 농업부 등 4개 부서였고 조국통일부나 국제부로 옮겨간 기자는 없었다. 1시기 과학문화부 기자 중 1~5시기에 걸쳐 과학문화부 소속으로 일한 기자는 려명희 1명이었다.

1시기 과학문화부 29명의 5개 시기별 부서 이동 현황을 표로 정리하면 다음과 같다.

〈표 4-53〉 1시기 과학문화부 구성원의 5개 시기 부서이동

번호	이름	1시기	2시기	3시기	4시기	5시기
1	강신동	과학문화				
2	강응철	과학문화				
3	강 철	과학문화				
4	김광남	과학문화				
5	김기철	과학문화	과학문화			
6	김태정	과학문화				
7	려명희	과학문화	과학문화	과학문화	과학문화	과학문화
8	림현숙	과학문화	과학문화	당생활	당생활	
9	박광길	과학문화				
10	박명수	과학문화	과학문화			
11	박순철	과학문화				
12	박철남	과학문화	조국통일			
13	백상환	과학문화				
14	오용기	과학문화				

15	오철룡	과학문화	당생활	과학문화	과학문화	과학문화
16	오 현	과학문화	당생활	과학문화		
17	우정혁	과학문화	혁명교양	과학문화	과학문화	과학문화
18	장명일	과학문화				
19	장영철	과학문화				
20	장일남	과학문화				
21	전학철	과학문화				
22	정영화	과학문화	과학문화	과학문화		
23	조귀섭	과학문화				
24	차 수	과학문화	당력사	과학문화	과학문화	혁명교양
25	최영길	과학문화	혁명교양	당생활	당생활	과학문화
26	태명호	과학문화	농업부	농업부		과학문화
27	한영식	과학문화	당생활			
28	한정겸	과학문화				
29	황용철	과학문화				

1.7. 조국통일부 39명

1시기 조국통일부 기자들의 부서 이동 추이를 보면 다른 부서와는 확연한 차이를 보인다. 1시기에서 5시기로 옮겨가면서 조국통일부 기자가 옮겨간 부서는 단 한 곳(리성철: 농업부)에 그친다. 1시기 조국통일부 소속 리성철은 2시기에 농업부로 옮긴 뒤 3~5시기에서는 아예 자취를 감춰 행적을 파악하기 어렵다.

조국통일부 소속 기자들 대부분이 부서를 바꾸지 않는 것은 가장 민감한 분야인 남한 관련 기사를 다루는 부서이기 때문으로 보인다. 로동신문 기자들은 편집국 내 10개 부서를 자유롭게 오가지만, 그들이 모두 조국통일부에 배속될 수 있는 건 아니다.

1~5시기에 걸쳐 조국통일부 소속을 유지한 기자는 라설하, 리효진, 박철준, 은정철, 전정호, 조남수, 허영민 등 7명이었다. 다른 부서에서 1~5시기에 걸쳐 한 부서 소속을 유지한 기자는 한두 명에 불과했지만, 조국통일부에서는 그런 기자들이 상대적으로 훨씬 많은 것으로 파악

되었다.

1시기 조국통일부 기자 39명의 5개 시기별 부서 이동 현황을 표로 정리하면 다음과 같다.

⟨표 4-54⟩ 1시기 조국통일부 구성원의 5개 시기 부서이동

번호	이름	1시기	2시기	3시기	4시기	5시기
1	김광명	조국통일				
2	김동일	조국통일				
3	김령성	조국통일				
4	김 명	조국통일				
5	김상수	조국통일				
6	김은정	조국통일				
7	김정옥	조국통일	조국통일	조국통일		
8	김정화	조국통일				
9	김지원	조국통일				
10	김향미	조국통일	조국통일	조국통일		조국통일
11	라설하	조국통일	조국통일	조국통일	조국통일	조국통일
12	로사범	조국통일				
13	류광선	조국통일				
14	리문환	조국통일				
15	리성철	조국통일	농업부			
16	리정애	조국통일				
17	리혜욱	조국통일				
18	리효진	조국통일	조국통일	조국통일	조국통일	조국통일
19	명옥실	조국통일				
20	문승혁	조국통일				
21	박철준	조국통일	조국통일	조국통일	조국통일	조국통일
22	복은희	조국통일	조국통일	조국통일	조국통일	
23	송영석	조국통일	조국통일	조국통일		
24	신분진	조국통일				
25	심광수	조국통일				
26	심철영	조국통일	조국통일	조국통일		조국통일
27	오명호	조국통일				
28	은정철	조국통일	조국통일	조국통일	조국통일	조국통일
29	장룡식	조국통일				
30	전종호	조국통일	조국통일	조국통일	조국통일	조국통일
31	조남수	조국통일	조국통일	조국통일	조국통일	조국통일
32	조대일	조국통일				

33	조순영	조국통일			
34	주성철	조국통일			
35	최철순	조국통일	조국통일	조국통일	조국통일
36	최희일	조국통일			
37	한동찬	조국통일			
38	한은숙	조국통일			
39	허영민	조국통일	조국통일	조국통일	조국통일	조국통일

1.8. 국제부 28명

1시기 국제부 기자들 역시 부서 이동 과정에서 조국통일부와 마찬가지의 양상을 보인다. 국제부 기자들은 1시기에서 5시기에 걸쳐 대부분 국제부 소속을 유지하고 있다. 극소수의 예외만이 사진부, 혁명교양부 등으로 부서를 이동하고 있다.

김일룡은 2시기에서 혁명교양부로 옮긴 뒤 3~5시기 편집국에서 자취를 감춘다. 김종손은 1~3시기 국제부 소속으로 있다가 4시기가 되자, 성격이 전혀 다른 사진부로 이동한다. 5시기에는 편집국에서 앞서 언급된 김일룡, 김종손 등 2명을 제외한 1시기 국제부 기자들은 2시기에 갑자기 편집국에서 자취를 감추거나 5시기까지 국제부에 남는 조국통일부와 비슷한 양상을 보인다.

조국통일부나 국제부가 아닌 부서 소속 기자들이 조국통일부나 국제부로 이동하는 경우는 찾아보기 힘들다. 반면, 조국통일부와 국제부 양 부서 간에는 비교적 자유로운 이동이 포착된다.

리경수는 1~3시기 국제부 소속이었으나, 4시기 조국통일부로 이동했다. 조택범 역시 1~3시기 국제부였으나, 4시기 편집국에서 사라졌다가 5시기에 조국통일부에서 나타난다. 채일출은 1~3시기 국제부 소속에서 4시기 조국통일부, 5시기 다시 국제부로 이동하는 수순을 밟았다. 1시기 국제부 기자 중 1~5시기에 걸쳐 국제부 소속을 유지한 기자는 리학남, 배금희 등 2명에 불과했다.

1시기 국제부 기자 28명의 5개 시기별 부서 이동 현황을 표로 정리하면 다음과 같다.

〈표 4-55〉 1시기 국제부 구성원의 5개 시기 부서이동

번호	이름	1시기	2시기	3시기	4시기	5시기
1	강용철	국제부				
2	김만수	국제부				
3	김일룡	국제부	혁명교양			
4	김종손	국제부	국제부	국제부	사진부	
5	김창현	국제부				
6	김학철	국제부				
7	김혜성	국제부	국제부			
8	김희숙	국제부				
9	리경수	국제부	국제부	국제부	국제부	조국통일
10	리 영	국제부	국제부	국제부		
11	리창일	국제부				
12	리택춘	국제부				
13	리학남	국제부	국제부	국제부	국제부	국제부
14	리현도	국제부	국제부	국제부		국제부
15	배금희	국제부	국제부	국제부	국제부	국제부
16	백문규	국제부	국제부			
17	손태성	국제부				
18	신경섭	국제부	국제부	국제부	국제부	
19	원명욱	국제부				
20	위국현	국제부				
21	전영희	국제부	국제부	국제부	국제부	
22	조성철	국제부	국제부	국제부		
23	조택범	국제부	국제부	국제부		조국통일
24	주성희	국제부				
25	채일출	국제부	국제부	국제부	조국통일	국제부
26	최성국	국제부	국제부			
27	최학철	국제부	국제부	국제부		
28	한영수	국제부				

1.9. 사진보도부 14명

1시기 사진보도부 기자들의 부서 이동은 활발하지 않다. 다만, 다른 부서에서 사진보도부로 전입하는 경우, 사진보도부에서 다른 부서로 이동하는 경우가 극히 드물게 나타난다.

사진보도부의 가장 큰 특징은 업무 특성상 같은 부서를 유지하는 기자들 수가 다른 부서에 비해 많았다는 점이다. 1시기 사진보도부 기자 14명 중 1~5시기에 걸쳐 계속 사진보도부 소속인 기자는 강정민, 김광혁, 리명남, 림학락 등 4명이었다.

1시기 사진보도부 14명의 5개 시기별 부서 이동 현황을 표로 정리하면 다음과 같다.

〈표 4-56〉 1시기 사진보도부 구성원의 5개 시기 부서이동

번호	이름	1시기	2시기	3시기	4시기	5시기
1	강정민	사진부	사진부	사진부	사진부	사진부
2	김광혁	사진부	사진부	사진부	사진부	사진부
3	김상남	사진부				
4	김종훈	사진부	사진부		사진부	사진부
5	리명남	사진부	사진부	사진부	사진부	사진부
6	리명일	사진부	사진부	사진부		사진부
7	리원국	사진부	사진부			
8	림학락	사진부	사진부	사진부	사진부	사진부
9	박재경	사진부				
10	오정인	사진부	사진부			
11	장성복	사진부	사진부	과학문화	사진부	
12	장청일	사진부	사진부	사진부		
13	전성남	사진부	사진부	사진부	당력사	
14	정순애	사진부	사진부	사진부	사진부	

1.10. 특파기자부 10명

　1시기 특파기자부 기자들도 사진보도부와 마찬가지로 부서 이동이 많이 나타나지 않았다. 이 부서에서 다른 부서로 이동하거나, 다른 부서에서 이 부서로 이동하는 경우는 드물게 나타났다.

　국내 언론에서 지방주재 기자가 본사 편집국 기자와 대등한 입장에서 인사이동을 하는 경우는 드물다. 북한에서는 특파기자부가 로동신문 편집국의 일반 부서들과 비슷한 범주에서 상호 교류의 대상으로 인식되고 있는 것으로 보인다.

　1~2시기 특파기자부 소속 공로혁은 3~5시기 과학문화부로 옮겨갔고, 1~2시기 특파기자부 소속 김기두는 3~5시기 편집국에서 사라진다. 1~2시기 특파기자부 김순홍은 3~4시기 편집국에서 없어졌다가 5시기에 당생활부로 복귀하고 있다.

　1시기 특파기자부 김진수는 2시기에 사라졌다가 3~5시기에 당생활부 소속으로 다시 모습을 드러낸다. 리성호는 1~2시기 특파기자부로 일한 뒤 3시기 조국통일부, 4시기 과학문화부, 5시기 조국통일부 등으로 계속 옮겨가는 양상을 보였다. 리성호는 또한 편집국 부서 중에서도 상대적으로 진입 장벽이 높을 것으로 추정되는 조국통일부와 국제부를 쉽게 넘나드는 면모를 보이기도 한다.

　1시기 특파기자부 중 1~5시기에 걸쳐 꾸준히 특파기자부 소속을 유지한 기자는 리혁철, 박동석, 전철주 등 3명이었다.

　1시기 특파기자부 10명의 5개 시기별 부서 이동 현황을 표로 정리하면 다음과 같다.

〈표 4-57〉 1시기 특파기자부 구성원의 5개 시기 부서이동

번호	이름	1시기	2시기	3시기	4시기	5시기
1	공로혁	특파	특파	과학문화	과학문화	과학문화
2	김기두	특파	특파			
3	김순홍	특파	특파			당생활
4	김진수	특파		당생활	당생활	당생활
5	리성호	특파	특파	조국통일	과학문화	조국통일
6	리승철	특파	특파	특파	당생활	당생활
7	리혁철	특파	특파	특파	특파	특파
8	박동석	특파	특파	특파	특파	특파
9	전철주	특파	특파	특파	특파	특파
10	최재남	특파	특파			

2. 김정일 건강 이상과 후계체제 구축시기

2시기 로동신문 편집국 소속 기자들은 총 278명으로 추정되었다. 278명의 기자들은 1~5시기에 걸쳐 어느 부서로 소속을 옮기는지 알아보았다. 2시기 기자들은 당력사교양부 34명, 당생활부 47명, 혁명교양부 44명, 공업부 24명, 농업부 21명, 과학문화부 25명, 조국통일부 25명, 국제부 30명, 사진보도부 18명, 특파기자부 10명으로 이뤄졌다.

2.1. 당력사교양부 34명

2시기 당력사교양부 기자들은 1시기와 연관성이 적은 것으로 나타난다. 또한 3~5시기에서도 2시기 당력사교양부 기자들 대부분이 지속되지 않고 있다.

1시기와 무관하게 2시기 나타난 기자들이 대다수이고, 이들 또한 3~5시기로 연결되지 않고 대부분 2시기에 국한되고 있는 것이다.

2시기 당력사교양부 기자들은 3~5시기에서 당생활부, 혁명교양부,

과학문화부 등 3개 부서로 이동하는 경향을 보였다. 그 밖의 부서로 이동하지는 않았으며 조국통일부나 국제부 등으로의 이동 또한 없었다. 2시기 당력사교양부 기자들 중 3~5시기에도 당력사교양부에 남은 기자는 강철남, 량순, 리금분, 림정호 등 4명이었다.

 2시기 당력사교양부 34명의 5개 시기별 부서 이동 현황을 표로 정리하면 다음과 같다.

〈표 4-58〉 2시기 당력사교양부 구성원의 5개 시기 부서이동

번호	이름	1시기	2시기	3시기	4시기	5시기
1	강인숙		당력사			
2	강철남		당력사	당력사	당력사	당력사
3	계성남		당력사	당력사		
4	고현주		당력사			
5	김동철	혁명교양	당력사			
6	김주만		당력사			
7	김철혁		당력사		혁명교양	당력사
8	김치곤	당생활	당력사			당생활
9	동태관		당력사	당력사	혁명교양	혁명교양
10	량 순	당력사	당력사	당력사	당력사	당력사
11	렴철호	혁명교양	당력사	혁명교양		
12	로 영		당력사			
13	로주봉	당생활	당력사	당생활	당생활	혁명교양
14	류민성		당력사			
15	리경섭		당력사		과학문화	
16	리금분		당력사	당력사	당력사	당력사
17	리동찬	공업부	당력사	혁명교양		
18	리성국	당력사	당력사			
19	리수근	혁명교양	당력사			
20	림정호		당력사	당력사	당력사	당력사
21	문영옥		당력사			
22	백영희		당력사			
23	안란경		당력사			
24	안영주		당력사			
25	장철범	농업부	당력사		당생활	당생활
26	정순학		당력사	당력사	당력사	

27	정용남		당력사			
28	조혜경		당력사			
29	차 수	과학문화	당력사	과학문화	과학문화	혁명교양
30	최승필	혁명교양	당력사			
31	최정란		당력사			
32	최창격	당력사	당력사			
33	최희복		당력사			
34	한영주		당력사			

2.2. 당생활부 47명

2시기 당생활부 기자들 역시 2시기 당력사교양부 기자들과 마찬가지로 3~5시기와의 연결성이 뚜렷하지 않다. 3~5시기로 넘어가면서 소수가 당생활부에 남긴 했지만, 대다수는 당력사교양부, 과학문화부, 혁명교양부로 옮기거나 지면에서 아예 자취를 감췄다. 극히 제한적으로 특파기자부로 이동하는 경우(송창윤)도 나타났다. 조국통일부나 국제부 등 이동이 제한된 것으로 추정되는 부서로 이동하는 경우는 나타나지 않았다.

1시기 기자들 중 2시기에 당생활부로 옮긴 기자들 대부분은 1시기에서 과학문화부, 혁명교양부, 당력사교양부, 농업부 소속이었던 것으로 드러났다.

1시기 당생활부 소속이었으면서 2시기에도 당생활부에 남은 기자들은 2시기 47명 중 19명에 달할 정도로 1시기와 2시기는 긴밀한 연관성을 보였다. 1시기와 2시기 모두 당생활부 소속인 기자들은 김광현, 김승표, 김영철, 김일권, 김호혁, 리남호, 리정수, 리종석, 박상훈, 박옥경, 박준성, 손영희, 송창윤, 어강훈, 전경서, 조현철, 최시홍, 최춘복, 황철웅 등 19명이다.

송창윤은 1~2시기 당생활부 소속이었으나, 3~5시기 특파기자부 소속의 지방 주재(평안북도) 기자로 일했다. 오히백은 1시기 농업부 소속 기자였다가 2시기에는 당생활부로 활동했고, 3~5시기에는 신문지상에서 종적을 감췄다.

1~5시기 전 기간에 걸쳐 당생활부 소속이었던 기자는 리정수, 리종석, 손영희 등 3명이었다. 오은별은 1시기에는 없었으나, 2시기에 당생활부에 합류해 5시기까지 계속 당생활부로 있었다. 2~5시기 당생활부 소속 기자는 리정수, 리종석, 손영희 외에 오은별이 추가돼 총 4명이다.

2시기 당생활부 기자들 수는 총 47명으로, 역시 47명인 1시기 혁명교양부와 함께 1~5시기 전 기간에 걸쳐 한 부서 인원으로는 가장 많은 인원이 소속되어 있다.

이들의 5개 시기별 부서 이동 현황을 표로 정리하면 다음과 같다.

〈표 4-59〉 2시기 당생활부 구성원의 5개 시기 부서이동

번호	이름	1시기	2시기	3시기	4시기	5시기
1	김광수		당생활			
2	김광현	당생활	당생활			
3	김승표	당생활	당생활	당생활	과학문화	당생활
4	김영일	혁명교양	당생활			
5	김영철	당생활	당생활	당생활	당생활	혁명교양
6	김원석		당생활			당생활
7	김일권	당생활	당생활	당생활	당생활	당력사
8	김정복		당생활			
9	김호혁	당생활	당생활	당생활	공업부	혁명교양
10	리남호	당생활	당생활	당생활	당생활	혁명교양
11	리정수	당생활	당생활	당생활	당생활	당생활
12	리종석	당생활	당생활	당생활	당생활	당생활
13	리철롱		당생활			
14	림규찬		당생활			
15	박상훈	당생활	당생활		당생활	혁명교양
16	박수철		당생활			
17	박옥경	당생활	당생활	당생활	당생활	혁명교양
18	박준성	당생활	당생활		당생활	

19	손영희	당생활	당생활	당생활	당생활	당생활
20	송영철		당생활			
21	송창윤	당생활	당생활	특파	특파	특파
22	송현수		당생활			
23	어강훈	당생활	당생활			
24	오은별		당생활	당생활	당생활	당생활
25	오철권		당생활	당생활	당생활	
26	오철룡	과학문화	당생활	과학문화	과학문화	과학문화
27	오 현	과학문화	당생활	과학문화		
28	오히백	농업부	당생활			
29	유병남		당생활			
30	전경서	당생활	당생활	당생활	당생활	
31	전순철		당생활			
32	조혁철	당력사	당생활			
33	조현철	당생활	당생활	당생활	당생활	
34	지선춘		당생활			
35	채인철		당생활	당생활	당생활	과학문화
36	최시홍	당생활	당생활			
37	최일호	혁명교양	당생활			
38	최춘복	당생활	당생활			
39	한송이		당생활			
40	한영식	과학문화	당생활			
41	한학문	혁명교양	당생활			
42	현경철		당생활	당생활	당생활	당력사
43	홍성범		당생활			
44	홍성준		당생활			
45	홍성철	혁명교양	당생활		당생활	당생활
46	황금철		당생활	당생활		
47	황철웅	당생활	당생활	당생활		

2.3. 혁명교양부 44명

2시기 혁명교양부 기자들은 3~5시기에 걸쳐 당생활부, 당력사교양부, 과학문화부, 공업부, 사진부로 옮겨갔다. 채철룡은 보기 드물게 4시기에서 국제부로 옮겼다가 5시기에 다시 혁명교양부로 옮긴 사례였다. 1시기 혁명교양부 기자들이 2시기 혁명기자부에 잔류한 경우는 김병진, 김순영, 김은주, 김홍근, 박연, 방성화, 백룡, 정광복, 정춘희, 채철룡, 함원식, 홍병우 등 2시기 44명 중 12명이다. 2시기 혁명교양부 기자들이 3~5시기에 걸쳐 혁명교양부 소속을 유지한 경우는 김성동, 김정수, 김철학 등 3명에 불과했다. 이 경우 1~5시기에 걸쳐 혁명교양부 부서를 지킨 기자는 1명도 없었다.

2시기 혁명교양부 기자 44명의 5개 시기별 부서 이동 현황을 표로 정리하면 다음과 같다.

〈표 4-60〉 2시기 혁명교양부 구성원의 5개 시기 부서이동

번호	이름	1시기	2시기	3시기	4시기	5시기
1	강기호		혁명교양			
2	강진형	당생활	혁명교양	당생활	당생활	과학문화
3	권창복		혁명교양	혁명교양		
4	김룡빈		혁명교양			
5	김명희		혁명교양			
6	김병진	혁명교양	혁명교양		혁명교양	
7	김상학		혁명교양			
8	김성남	당력사	혁명교양		사진부	당력사
9	김성룡		혁명교양	혁명교양	혁명교양	혁명교양
10	김수란		혁명교양			
11	김순영	혁명교양	혁명교양	당생활	혁명교양	당생활
12	김연희	당력사	혁명교양			
13	김용진	당력사	혁명교양	혁명교양		
14	김은주	혁명교양	혁명교양		혁명교양	
15	김인선	당력사	혁명교양	당력사		당력사
16	김일룡	국제부	혁명교양			
17	김정수	당력사	혁명교양	혁명교양	혁명교양	혁명교양
18	김진욱	당생활	혁명교양	공업부	당생활	당생활
19	김철학		혁명교양	혁명교양	혁명교양	혁명교양
20	김춘남		혁명교양			
21	김홍근	혁명교양	혁명교양			
22	리강철		혁명교양	혁명교양	당생활	혁명교양
23	리광훈		혁명교양			
24	리운찬		혁명교양			
25	리창혁		혁명교양			
26	리 철		혁명교양	혁명교양	혁명교양	

27	박 연	혁명교양	혁명교양	혁명교양	혁명교양	
28	방성화	혁명교양	혁명교양	당생활	당생활	혁명교양
29	백 룡	혁명교양	혁명교양	당력사	당력사	
30	백영미	당력사	혁명교양	당력사	당력사	당력사
31	백창수		혁명교양			
32	성길명		혁명교양			
33	송미란	당력사	혁명교양	당력사	당생활	
34	송현철		혁명교양			
35	우정혁	과학문화	혁명교양	과학문화	과학문화	과학문화
36	윤기정		혁명교양			
37	정광복	혁명교양	혁명교양		혁명교양	
38	정춘희	혁명교양	혁명교양	혁명교양		
39	채철룡	혁명교양	혁명교양	당력사	국제부	혁명교양
40	최영길	과학문화	혁명교양	당생활	당생활	과학문화
41	한철배		혁명교양			
42	함원식	혁명교양	혁명교양	과학문화		
43	홍병우	혁명교양	혁명교양	혁명교양		혁명교양
44	황명희	당력사	혁명교양	혁명교양		

2.4. 공업부 24명

2시기 공업부 기자들은 3~5시기에 걸쳐 농업부와 공업부, 당력사교양부, 당생활부, 과학문화부, 혁명교양부로 옮겨갔으며, 드물게 국제부(백산해), 특파기자부(주창선)로 옮겨간 경우도 있었다. 2~5시기에 걸쳐 공업부에 잔류한 기자는 리철옥 단 1명이었다. 백산해는 2시기 공업부에서 나타났다가 3시기에 사라졌고, 4시기에 국제부로 다시 나타났다가 5시기 다시 사라졌다. 주창선은 2시기와 3시기 공업부에 있다가 4시기와 5시기 특파기자부에 배속됐다.

〈표 4-61〉 2시기 공업부 구성원의 5개 시기 부서이동

번호	이름	1시기	2시기	3시기	4시기	5시기
1	강명근		공업부	농업부		
2	강명일		공업부	공업부		

3	강명천	공업부	공업부	공업부		공업부
4	김 주		공업부			
5	김철수	당생활	공업부	당력사		
6	류기풍	혁명교양	공업부	공업부	공업부	
7	류성국		공업부	공업부	공업부	
8	리경일		공업부	당력사	당생활	당생활
9	리병춘	공업부	공업부	공업부	공업부	과학문화
10	리연재	당생활	공업부			
11	리철옥	당생활	공업부	공업부	공업부	공업부
12	명흥숙	공업부	공업부	공업부	공업부	과학문화
13	방인철	공업부	공업부		공업부	
14	백산해		공업부		국제부	
15	신천일	공업부	공업부	특파	특파	특파
16	오철훈	공업부	공업부	공업부	과학문화	과학문화
17	전성삼	공업부	공업부	공업부	공업부	과학문화
18	정경철		공업부	공업부		과학문화
19	정순성	공업부	공업부	공업부	공업부	과학문화
20	조경철		공업부	당생활	당생활	혁명교양
21	주창선		공업부	공업부	특파	특파
22	지원철	공업부	공업부	공업부	당생활	과학문화
23	허학수	당력사	공업부			
24	황광식		공업부			

2.5. 농업부 21명

2시기 농업부 기자들은 3~5시기에 걸쳐 당생활부, 혁명교양부, 과학문화부, 공업부, 특파기자부로 소속을 옮겼다. 2시기 농업부 기자 중 1시기에서 당생활부, 과학문화부, 농업부였던 기자가 2시기에 농업부 기자가 되는 사례가 있었고, 리성철은 1시기 조국통일부였지만 2시기 농업부로 배속되었다. 리성철은 2시기 농업부 이후 3~5시기에는 편집국에서 사라졌다. 1~5시기 농업부에 소속된 기자는 김창길과 윤용호 2명이었다.

2시기 농업부 21명의 5개 시기별 부서 이동 현황을 표로 정리하면 다음과 같다.

〈표 4-62〉 2시기 농업부 구성원의 5개 시기 부서이동

번호	이름	1시기	2시기	3시기	4시기	5시기
1	강수일		농업부			
2	강승길		농업부			
3	김경선	당생활	농업부			
4	김성일	농업부	농업부	농업부	당생활	당생활
5	김창길	농업부	농업부	농업부	농업부	농업부
6	김향란	당생활	농업부	당생활		혁명교양
7	류 철		농업부			
8	리근호		농업부			
9	리성철	조국통일	농업부			
10	리수정	당생활	농업부	과학문화	과학문화	혁명교양
11	문길수	농업부	농업부	농업부		
12	박경철	농업부	농업부			
13	박 철	당생활	농업부	당생활	공업부	특파
14	서승호	농업부	농업부			
15	윤용호	농업부	농업부	농업부	농업부	농업부
16	주창일		농업부	농업부	농업부	당생활
17	탁기령		농업부			
18	태명호	과학문화	농업부	농업부		과학문화
19	한성일		농업부	농업부	당생활	
20	한홍동		농업부			
21	황연옥	농업부	농업부	농업부	농업부	

2.6. 과학문화부 25명

2시기 과학문화부 기자들 역시 다른 부서와 마찬가지로 3~5시기로 접어들면서 점차 소속이 바뀌는 양상이다. 이들은 당생활부, 공업부, 농업부, 혁명교양부 등으로 소속이 변경되었고, 드물지만 특파기자부가 되는 경우도 있었다. 2시기 과학문화부 기자들은 1시기에 당생활부, 혁명교양부, 과학문화부, 조국통일부 등의 부서에 배속된 적이 있는 기자들이었다.

2시기 과학문화부 기자들 중 특파기자가 된 사례(리은남), 1시기 조

국통일부였다가 2시기 과학문화부가 된 사례(오명호) 등의 특이 사례도 발견되었다. 리은남은 2시기와 3시기 과학문화부 소속에서 4시기와 5시기에는 특파기자부가 되었다. 오명호는 1시기에 조국통일부였다가 2시기 과학문화부로 옮겼고, 3~5시기에는 활동하지 않았다. 1~5시기 전 기간 동안 과학문화부 소속이었던 기자는 려명희 1명이었고, 2~5시기 기간 과학문화부 소속 기자는 려명희를 포함해 김경철, 전철호 등 3명이었다.

2시기 과학문화부 기자들 25명의 5개 시기별 부서 이동 현황을 표로 정리하면 다음과 같다.

〈표 4-63〉 2시기 과학문화부 구성원의 5개 시기 부서이동

번호	이름	1시기	2시기	3시기	4시기	5시기
1	김경철		과학문화	과학문화	과학문화	과학문화
2	김광환		과학문화			
3	김기철	과학문화	과학문화			
4	김 룡		과학문화			
5	김성준		과학문화		당생활	
6	김시현	당생활	과학문화			
7	김원희		과학문화			
8	려명희	과학문화	과학문화	과학문화	과학문화	과학문화
9	류성일	혁명교양	과학문화			
10	류원일		과학문화			
11	리광준		과학문화			
12	리은남		과학문화	과학문화	특파	특파
13	리재경		과학문화			
14	리현길		과학문화			
15	림현숙	과학문화	과학문화	당생활	당생활	
16	박명수	과학문화	과학문화			
17	안수길		과학문화			
18	오명호	조국통일	과학문화			
19	윤지혜	혁명교양	과학문화			
20	임 성		과학문화			
21	장은영	당생활	과학문화	당생활	공업부	농업부

22	전룡삼		과학문화			
23	전철호		과학문화	과학문화	과학문화	과학문화
24	정영화	과학문화	과학문화	과학문화		
25	한경철		과학문화	과학문화	혁명교양	과학문화

2.7. 조국통일부 25명

2시기 조국통일부 기자들은 조국통일부 외에 다른 부서로 옮겨가는 경우가 거의 없었다. 대부분의 조국통일부 기자들이 조국통일부 소속 활동을 이어갔으며, 드물게 다른 부서로 이동하는 경우가 나타나기도 했다. 25명의 2시기 조국통일부 기자 중 조국통일부 외 부서와 관련된 자는 김현철, 박철남, 심철영, 한철준, 허명숙 등 5명에 불과했다. 김현철은 2시기부터 4시기까지 조국통일부였다가 5시기 들어 혁명교양부로 소속을 바꿨고, 박철남은 1시기에 과학문화부였다가 2시기에 조국통일부로 옮겼다.

심철영은 1~3시기 조국통일부였다가 4시기에 국제부, 5시기에 다시 조국통일부로 돌아왔다. 한철준은 1시기에 혁명교양부, 2시기에 조국통일부로 배속된 뒤 3~5시기에는 활동이 포착되지 않았다. 허명숙은 1시기 당력사교양부였다가 2시기 조국통일부가 되었지만, 3시기와 4시기 당생활부, 5시기 혁명교양부로 부서를 이동했다.

1~5시기 조국통일부에 소속된 기자는 라설하, 리효진, 박철준, 은정철, 전종호, 조남수, 허영민 등 7명이었다. 2~5시기 조국통일부 소속 기자는 위 7명에 더해 장윤남 등 총 8명이었다.

2시기 조국통일부 기자 25명의 5개 시기별 부서 이동 현황을 표로 정리하면 다음과 같다.

〈표 4-64〉 2시기 조국통일부 구성원의 5개 시기 부서이동

번호	이름	1시기	2시기	3시기	4시기	5시기
1	고혁철		조국통일			
2	김선영		조국통일			
3	김정옥	조국통일	조국통일	조국통일		
4	김향미	조국통일	조국통일	조국통일		조국통일
5	김현철		조국통일	조국통일	조국통일	혁명교양
6	라설하	조국통일	조국통일	조국통일	조국통일	조국통일
7	리효진	조국통일	조국통일	조국통일	조국통일	조국통일
8	박철남	과학문화	조국통일			
9	박철준	조국통일	조국통일	조국통일	조국통일	조국통일
10	백은향		조국통일			
11	복은희	조국통일	조국통일	조국통일	조국통일	
12	송영석	조국통일	조국통일	조국통일		
13	심철영	조국통일	조국통일	조국통일	국제부	조국통일
14	엄일규		조국통일			
15	은정철	조국통일	조국통일	조국통일	조국통일	조국통일
16	장윤남		조국통일	조국통일	조국통일	조국통일
17	전종호	조국통일	조국통일	조국통일	조국통일	조국통일
18	정일복		조국통일			
19	조남수	조국통일	조국통일	조국통일	조국통일	조국통일
20	최문일		조국통일			
21	최철순	조국통일	조국통일	조국통일	조국통일	
22	한 철		조국통일			
23	한철준	혁명교양	조국통일			
24	허명숙	당력사	조국통일	당생활	당생활	혁명교양
25	허영민	조국통일	조국통일	조국통일	조국통일	조국통일

2.8. 국제부 30명

2시기 국제부 기자들 역시 조국통일부와 마찬가지로 5시기까지 국제부 소속 신분을 이어가는 경우가 많았다. 국제부나 조국통일부 소속 기자들이 다른 부서로 이동하는 사례는 매우 드물었다. 30명의 국제부 기자 중 국제부나 조국통일부 외 부서로 이동한 사례는 김은희, 김종손, 서남일 등 단 3건에 그쳤다. 김은희는 1시기에 혁명교양부였다가 2시기에 국제부로 옮겼으며, 3~5시기 활동은 포착되지 않았다.

김종손은 1~3시기 국제부에서 4시기 사진부로 옮겼고, 5시기 활동은 드러나지 않았다. 서남일은 2시기에 국제부였다가 4시기와 5시기 당생활부로 소속을 바꿨다. 1~5시기 전 기간 국제부 소속이었던 기자는 리학남, 배금희 등 2명이었다. 2~5시기 국제부 소속 기자는 위 2명을 포함해 라명성, 박송영 등 총 4명인 것으로 나타났다.

2시기 국제부 30명의 5개 시기별 부서 이동 현황을 표로 정리하면 다음과 같다.

〈표 4-65〉 2시기 국제부 구성원의 5개 시기 부서이동

번호	이름	1시기	2시기	3시기	4시기	5시기
1	강철수		국제부	국제부	국제부	국제부
2	김경순		국제부			
3	김은심		국제부			
4	김은희	혁명교양	국제부			
5	김종손	국제부	국제부	국제부	사진부	
6	김혜성	국제부	국제부			
7	라명성		국제부	국제부	국제부	국제부
8	리경수	국제부	국제부	국제부	국제부	조국통일
9	리 영	국제부	국제부	국제부		
10	리철호		국제부			
11	리학남	국제부	국제부	국제부	국제부	국제부
12	리현도	국제부	국제부	국제부		국제부
13	문동국		국제부			
14	문영호		국제부			
15	박송영		국제부	국제부	국제부	국제부
16	박학철		국제부			
17	배금희	국제부	국제부	국제부	국제부	국제부
18	백문규	국제부	국제부			
19	서남일		국제부		당생활	당생활
20	신경섭	국제부	국제부	국제부	국제부	
21	오혜숙		국제부			
22	전영희	국제부	국제부	국제부	국제부	
23	조성철	국제부	국제부	국제부		
24	조성현		국제부			

25	조 철		국제부			
26	조택범	국제부	국제부	국제부		조국통일
27	채일출	국제부	국제부	국제부	조국통일	국제부
28	최성국	국제부	국제부			
29	최학철	국제부	국제부	국제부		
30	허성숙		국제부			

2.9. 사진보도부 18명

사진보도부 기자는 그 업무의 특성상 대개 사진보도부 범위 내에서만 움직였다. 아울러 드물지만 사진보도부에 있다가 다른 부서로 옮겨가는 경우도 나타났다. 사진보도부에서 다른 부서로 옮겨간 기자는 장성복, 전성남, 정성일 등 3명이다. 1~5시기 전 기간 사진보도부 소속 기자는 강정민, 김광혁, 리명남, 림학락 등 4명이다.

2시기 사진보도부 18명의 5개 시기별 부서 이동 현황을 표로 정리하면 다음과 같다.

〈표 4-66〉 2시기 사진보도부 구성원의 5개 시기 부서이동

번호	이름	1시기	2시기	3시기	4시기	5시기
1	강정민	사진부	사진부	사진부	사진부	사진부
2	김광혁	사진부	사진부	사진부	사진부	사진부
3	김용남		사진부			
4	김종훈	사진부	사진부		사진부	사진부
5	리명남	사진부	사진부	사진부	사진부	사진부
6	리명일	사진부	사진부	사진부		사진부
7	리영남		사진부			
8	리원국	사진부	사진부			
9	림학락	사진부	사진부	사진부	사진부	사진부
10	박승남		사진부			
11	오정인	사진부	사진부			
12	장명호		사진부			
13	장성복	사진부	사진부	과학문화	사진부	
14	장청일	사진부	사진부	사진부		
15	전성남	사진부	사진부	사진부	당력사	

16	정성일	당생활	사진부	당생활	농업부	과학문화
17	정순애	사진부	사진부	사진부	사진부	
18	최충성		사진부	사진부		

2.10. 특파기자부 10명

2시기 특파기자부 역시 대체로 특파기자부 범위 내에서 움직이는 경향을 보였고, 일부 기자들은 과학문화부, 당생활부, 조국통일부 등으로 옮기기도 했다. 공로혁은 1~2시기 특파기자부였다가 3~5시기 과학문화부로 옮겼고, 김순홍은 1~2시기 특파기자부였다가 3~4시기 활동이 없었고, 5시기엔 당생활부에서 일했다. 김천일은 1시기 당생활부, 2~5시기 특파기자부였고, 리성호는 1~2시기 특파기자부, 3시기 조국통일부, 4시기 과학문화부, 5시기 조국통일부였다. 리승철은 1~3시기 특파기자부, 4~5시기 당생활부였다. 1~5시기 전 기간 특파기자부로 활동한 이는 리혁철, 박동석, 전철주 등 3명이었다.

2시기 특파기자부 10명의 5개 시기별 부서 이동 현황을 표로 정리하면 다음과 같다.

〈표 4-67〉 2시기 특파기자부 구성원의 5개 시기 부서이동

번호	이름	1시기	2시기	3시기	4시기	5시기
1	공로혁	특파	특파	과학문화	과학문화	과학문화
2	김기두	특파	특파			
3	김순홍	특파	특파			당생활
4	김천일	당생활	특파	특파	특파	특파
5	리성호	특파	특파	조국통일	과학문화	조국통일
6	리승철	특파	특파	특파	당생활	당생활
7	리혁철	특파	특파	특파	특파	특파
8	박동석	특파	특파	특파	특파	특파
9	전철주	특파	특파	특파	특파	특파
10	최재남	특파	특파			

3. 김정일 사망 전후시기

3시기 로동신문 편집국 소속 기자들은 총 202명으로 집계되었다. 3시기 편집국 200명의 기자들은 1~5시기에 걸쳐 어느 부서로 소속을 옮겨갔는지 추적해보았다. 3시기 기자들은 당력사교양부 22명, 당생활부 34명, 혁명교양부 22명, 공업부 20명, 농업부 13명, 과학문화부 23명, 조국통일부 19명, 국제부 23명, 사진보도부 15명, 특파기자부 9명이다.

3.1. 당력사교양부 22명

3시기 당력사교양부 기자들은 1~2시기 당력사교양부, 당생활부, 혁명교양부, 공업부 소속 등으로 구성되고, 4~5시기로 가면서도 당력사교양부, 당생활부, 혁명교양부, 과학문화부 등으로 두루두루 활동하는 경향을 보였다. 예외적으로 국제부로 옮겨가는 경우(채철룡)가 드물게 발견된다. 3~5시기 전 기간 당력사교양부 소속 기자는 강철남, 김준혁, 량순, 리금분, 림정호, 백영미 등 6명이었고, 이 중 량순은 1~5시기 전 기간 당력사교양부 소속으로 일한 유일한 기자다.

3시기 당력사교양부 22명의 5개 시기별 부서 이동 현황을 표로 정리하면 다음과 같다.

〈표 4-68〉 3시기 당력사교양부 구성원의 5개 시기 부서이동

번호	이름	1시기	2시기	3시기	4시기	5시기
1	강설경			당력사		
2	강철남		당력사	당력사	당력사	당력사
3	계성남		당력사	당력사		
4	김명훈			당력사	당력사	과학문화

5	김인선	당력사	혁명교양	당력사		당력사
6	김준혁	당력사		당력사	당력사	당력사
7	김철수	당생활	공업부	당력사		
8	남철수			당력사		
9	동태관		당력사	당력사	혁명교양	혁명교양
10	량 순	당력사	당력사	당력사	당력사	당력사
11	리경일		공업부	당력사	당생활	당생활
12	리금분		당력사	당력사	당력사	당력사
13	림정호		당력사	당력사	당력사	당력사
14	문봉혁			당력사		
15	백 룡	혁명교양	혁명교양	당력사	당력사	
16	백영미	당력사	혁명교양	당력사	당력사	당력사
17	송미란		혁명교양	당력사	당생활	
18	위금순			당력사		
19	정순학		당력사	당력사	당력사	
20	채철룡	혁명교양	혁명교양	당력사	국제부	혁명교양
21	한보암			당력사		
22	황신률			당력사		

3.2. 당생활부 34명

3시기 당생활부 기자들은 1~2시기 당력사교양부, 당생활부, 혁명교양부, 과학문화부, 공업부, 농업부 기자로 구성되며 극히 예외적으로 조국통일부(허명숙)와 사진부(정성일) 기자가 옮겨오는 사례도 있었다. 이들은 4~5시기가 되자 다시 당력사교양부, 당생활부, 혁명교양부, 과학문화부, 공업부, 농업부로 옮겨간다.

3~5시기 당생활부 기자는 김진수, 리정수, 리종석, 손영희, 오은별 등 5명이며 이 중 리정수와 리종석은 1~5시기 전 기간에 걸쳐 당생활부로 활동했다.

3시기 당생활부 34명의 5개 시기별 부서 이동 현황을 표로 정리하면 다음과 같다.

〈표 4-69〉 3시기 당생활부 구성원의 5개 시기 부서이동

번호	이름	1시기	2시기	3시기	4시기	5시기
1	강진형	당생활	혁명교양	당생활	당생활	과학문화
2	김순영	혁명교양	혁명교양	당생활	혁명교양	당생활
3	김승표	당생활	당생활	당생활	과학문화	당생활
4	김영철	당생활	당생활	당생활	당생활	혁명교양
5	김일권	당생활	당생활	당생활	당생활	당력사
6	김정호			당생활		
7	김진수	특파		당생활	당생활	당생활
8	김향란	당생활	농업부	당생활		혁명교양
9	김호혁	당생활	당생활	당생활	공업부	혁명교양
10	량혜옥			당생활		
11	로주봉	당생활	당력사	당생활	당생활	혁명교양
12	리남호	당생활	당생활	당생활	당생활	혁명교양
13	리정수	당생활	당생활	당생활	당생활	당생활
14	리종석	당생활	당생활	당생활	당생활	당생활
15	림현숙	과학문화	과학문화	당생활	당생활	
16	박옥경	당생활	당생활	당생활	당생활	혁명교양
17	박 철	당생활	농업부	당생활	공업부	특파
18	방성화	혁명교양	혁명교양	당생활	당생활	혁명교양
19	백성근			당생활	과학문화	당생활
20	손영희	당생활	당생활	당생활	당생활	당생활
21	오은별		당생활	당생활	당생활	당생활
22	오철권		당생활	당생활	당생활	
23	장은영	당생활	과학문화	당생활	공업부	농업부
24	전경서	당생활	당생활	당생활	당생활	
25	정성일	당생활	사진부	당생활	농업부	과학문화
26	조경철		공업부	당생활	당생활	혁명교양
27	조향선	당생활		당생활	혁명교양	당생활
28	조현철	당생활	당생활	당생활		당생활
29	채인철		당생활	당생활	당생활	과학문화
30	최영길	과학문화	혁명교양	당생활	당생활	과학문화
31	허명숙	당력사	조국통일	당생활	당생활	혁명교양
32	현경철		당생활	당생활	당생활	당력사
33	황금철		당생활	당생활		
34	황철웅	당생활	당생활	당생활		

3.3. 혁명교양부 22명

3시기 혁명교양부 기자들은 1~2시기 당력사교양부, 혁명교양부, 공업부 등이 옮겨간 경우가 많았다. 4~5시기에는 대부분의 인원이 혁명교양부로 유지되었고 당생활부나 공업부로 옮겨간 사례도 있었다.

1~2시기와 4~5시기에 혁명교양부 기자인 경우가 많았다. 3~5시기 혁명교양부 소속 기자는 김정수, 김철학, 윤철희, 정선철 등 4명에 달했다.

3시기 혁명교양부 22명의 5개 시기별 부서 이동 현황을 표로 정리하면 다음과 같다.

〈표 4-70〉 3시기 혁명교양부 구성원의 5개 시기 부서이동

번호	이름	1시기	2시기	3시기	4시기	5시기
1	권창복		혁명교양	혁명교양		
2	김성룡		혁명교양	혁명교양		
3	김성희			혁명교양		
4	김용진	당력사	혁명교양	혁명교양		
5	김정수	당력사	혁명교양	혁명교양	혁명교양	혁명교양
6	김철학		혁명교양	혁명교양	혁명교양	혁명교양
7	김혜영			혁명교양		
8	렴철호	혁명교양	당력사	혁명교양		
9	리강철		혁명교양	혁명교양	당생활	혁명교양
10	리동찬	공업부	당력사	혁명교양		
11	리 철		혁명교양	혁명교양	혁명교양	
12	박승일			혁명교양		
13	박 연	혁명교양	혁명교양	혁명교양	혁명교양	
14	박춘택			혁명교양		
15	안혁진			혁명교양	공업부	
16	양철준			혁명교양		
17	윤철희			혁명교양	혁명교양	혁명교양
18	정선철	혁명교양		혁명교양	혁명교양	혁명교양
19	정춘희	혁명교양	혁명교양	혁명교양		
20	정 필			혁명교양		
21	홍병우	혁명교양	혁명교양	혁명교양		혁명교양
22	황명희			혁명교양		

3.4. 공업부 20명

3시기 공업부 기자들 역시 1~2시기와 4~5시기 공업부인 경우가 많았다. 그밖에 혁명교양부, 당생활부, 과학문화부, 특파기자부(주창선) 등으로 옮겨가기도 했다. 3~5시기 내내 공업부 소속을 유지한 기자는 김충성, 리철옥 등 2명이었다.

3시기 공업부 기자 20명의 5개 시기별 부서 이동 현황을 표로 정리하면 다음과 같다.

〈표 4-71〉 3시기 공업부 구성원의 5개 시기 부서이동

번호	이름	1시기	2시기	3시기	4시기	5시기
1	강명일		공업부	공업부		
2	강명천	공업부	공업부	공업부		공업부
3	김정선			공업부		
4	김진욱	당생활	혁명교양	공업부	당생활	당생활
5	김충성			공업부	공업부	공업부
6	류기풍	혁명교양	공업부	공업부	공업부	
7	류성국		공업부	공업부	공업부	
8	리병춘	공업부	공업부	공업부	공업부	과학문화
9	리철옥	당생활	공업부	공업부	공업부	공업부
10	리향렵			공업부		
11	명흥숙	공업부	공업부	공업부	공업부	과학문화
12	박유정			공업부		
13	손소연			공업부		
14	오철훈	공업부	공업부	공업부	과학문화	과학문화
15	전성삼	공업부	공업부	공업부	공업부	과학문화
16	정경철		공업부	공업부		과학문화
17	정순성	공업부	공업부	공업부	공업부	과학문화
18	주창선		공업부	공업부	특파	특파
19	지원철	공업부	공업부	공업부	당생활	과학문화
20	최둑영			공업부		

3.5. 농업부 13명

3시기 농업부는 1~2시기 농업부와 공업부, 과학문화부에서 옮겨온 경우가 많았다. 4~5시기 농업부 소속을 유지하는 이들이 많았고 그밖에 당생활부, 과학문화부로 소속을 옮겼다. 3~5시기 농업부 소속을 유지한 기자는 김성철, 김창길, 윤용호 등 3명이었다. 그 중에서 김창길과 윤용호는 1~5시기 전 기간 농업부 기자로 일했다.

3시기 농업부 13명의 5개 시기별 부서 이동 현황을 표로 정리하면 다음과 같다.

〈표 4-72〉 3시기 농업부 구성원의 5개 시기 부서이동

번호	이름	1시기	2시기	3시기	4시기	5시기
1	강명국			농업부		
2	강명근		공업부	농업부		
3	김성일	농업부	농업부	농업부	당생활	당생활
4	김성철			농업부	농업부	농업부
5	김창길	농업부	농업부	농업부	농업부	농업부
6	문길수	농업부	농업부	농업부		
7	윤용호	농업부	농업부	농업부	농업부	농업부
8	정영철			농업부	당생활	농업부
9	주창일		농업부	농업부	농업부	당생활
10	주철규			농업부		
11	태명호	과학문화	농업부	농업부		과학문화
12	한성일		농업부	농업부	당생활	
13	황연옥	농업부	농업부	농업부	농업부	

3.6. 과학문화부 23명

3시기 과학문화부 기자는 1~2시기 과학문화부, 당생활부, 혁명교양부, 사진부, 특파기자부 등에서 옮겨왔다. 4~5시기에는 과학문화부, 혁명교양부, 당력사교양부, 당생활부, 사진부, 특파기자부 등의 부서로

퍼져나갔다. 3~5시기 과학문화부 소속 기자는 공로혁, 김경철, 려명희, 방경찬, 오철룡, 우정혁, 전철호 등 7명이었다. 이 중 1~5시기 전 기간 과학문화부 소속 기자는 려명희 1명이었다.

3시기 과학문화부 23명의 5개 시기별 부서 이동 현황을 표로 정리하면 다음과 같다.

〈표 4-73〉 3시기 과학문화부 구성원의 5개 시기 부서이동

번호	이름	1시기	2시기	3시기	4시기	5시기
1	공로혁	특파	특파	과학문화	과학문화	과학문화
2	곽 철			과학문화		
3	김경철		과학문화	과학문화	과학문화	과학문화
4	김옥별			과학문화	과학문화	당생활
5	김주일			과학문화		
6	김택영			과학문화		
7	려명희	과학문화	과학문화	과학문화	과학문화	과학문화
8	리수정	당생활	농업부	과학문화	과학문화	혁명교양
9	리은남		과학문화	과학문화	특파	특파
10	리창원			과학문화		
11	박윤삼			과학문화		
12	방경찬			과학문화	과학문화	과학문화
13	오철룡	과학문화	당생활	과학문화	과학문화	과학문화
14	오 현	과학문화	당생활	과학문화		
15	우정혁	과학문화	혁명교양	과학문화	과학문화	과학문화
16	장성복	사진부	사진부	과학문화	사진부	
17	전철호		과학문화	과학문화	과학문화	과학문화
18	정선범			과학문화		
19	정영화	과학문화	과학문화	과학문화		
20	차 수	과학문화	당력사	과학문화	과학문화	혁명교양
21	한경철		과학문화	과학문화	혁명교양	과학문화
22	한충혁			과학문화	당력사	
23	함원식	혁명교양	혁명교양	과학문화		

3.7. 조국통일부 19명

3시기 조국통일부 기자들은 대부분 1~2시기와 4~5시기에도 조국통일부 소속을 유지하는 경향을 보였다. 1~2시기 다른 부서에 있다가 조국통일부로 온 기자는 리성호 1명이 유일했고, 4~5시기 조국통일부 외에 다른 부서로 간 기자는 김현철(혁명교양부), 리성호(과학문화부), 심철영(국제부) 등 3명에 불과했다. 3~5시기에 걸쳐 조국통일부 소속을 유지한 기자는 라설하, 리효진, 박철준, 은정철, 장윤남, 전종호, 조남수, 허영민 등 8명에 달했다. 그 중에서 1~5시기 전 기간 조국통일부 소속 기자는 라설하, 리효진, 박철준, 은정철, 전종호, 조남수, 허영민 등 7명이었다.

3시기 조국통일부 19명의 5개 시기별 부서 이동 현황을 표로 정리하면 다음과 같다.

〈표 4-74〉 3시기 조국통일부 구성원의 5개 시기 부서이동

번호	이름	1시기	2시기	3시기	4시기	5시기
1	김성호			조국통일		
2	김정옥	조국통일	조국통일	조국통일		
3	김향미	조국통일	조국통일	조국통일		조국통일
4	김현철		조국통일	조국통일	조국통일	혁명교양
5	라설하	조국통일	조국통일	조국통일	조국통일	조국통일
6	리경철			조국통일		
7	리성호	특파	특파	조국통일	과학문화	조국통일
8	리승섭			조국통일		
9	리효진	조국통일	조국통일	조국통일	조국통일	조국통일
10	박철준	조국통일	조국통일	조국통일	조국통일	조국통일
11	복은희	조국통일	조국통일	조국통일	조국통일	
12	송영석	조국통일	조국통일	조국통일		
13	심철영	조국통일	조국통일	조국통일	국제부	조국통일
14	은정철	조국통일	조국통일	조국통일	조국통일	조국통일
15	장윤남		조국통일	조국통일	조국통일	조국통일
16	전종호	조국통일	조국통일	조국통일	조국통일	조국통일

17	조남수	조국통일	조국통일	조국통일	조국통일	조국통일
18	최철순	조국통일	조국통일	조국통일	조국통일	
19	허영민	조국통일	조국통일	조국통일	조국통일	조국통일

3.8. 국제부 23명

3시기 국제부 기자들 역시 조국통일부와 마찬가지로 1~5시기 전 기간에 걸쳐 국제부에 주로 남는 경향을 보였다. 3시기 국제부 기자들은 1~2시기 국제부 소속이거나 4~5시기 국제부나 조국통일부 소속인 경우가 많았다.

1~2시기 국제부 또는 조국통일부가 아닌 부서였던 기자는 김지문(혁명교양부), 오수경(혁명교양부) 등 2명에 불과했다. 또 4~5시기 국제부나 조국통일부가 아닌 부서로 이동한 기자는 김종손(사진부), 오수경(혁명교양부) 등 단 2명에 그쳤다. 대남 문제와 해외 문제를 각각 담당하는 조국통일부와 국제부는 인원을 상호 호환하는 특징을 보였다.

3~5시기 국제부 소속 기자는 강철수, 라명성, 리학남, 박송영, 배금희 등 5명이었다. 1~5시기 전 기간 국제부 기자는 리학남, 배금희 등 2명이었다.

3시기 국제부 23명의 5개 시기별 부서 이동 현황을 표로 정리하면 다음과 같다.

〈표 4-75〉 3시기 국제부 구성원의 5개 시기 부서이동

번호	이름	1시기	2시기	3시기	4시기	5시기
1	강철수		국제부	국제부	국제부	국제부
2	김선우			국제부		
3	김종손	국제부	국제부	국제부	사진부	
4	김지문	혁명교양		국제부	국제부	
5	김철운			국제부		

6	라명성		국제부	국제부	국제부	국제부
7	리경수	국제부	국제부	국제부	국제부	조국통일
8	리 영	국제부	국제부	국제부		
9	리학남	국제부	국제부	국제부	국제부	국제부
10	리현도	국제부	국제부	국제부		국제부
11	민옥희			국제부		
12	박송영		국제부	국제부	국제부	국제부
13	배금희	국제부	국제부	국제부	국제부	국제부
14	신경섭	국제부	국제부	국제부	국제부	
15	오수경	혁명교양		국제부	혁명교양	혁명교양
16	전영희		국제부	국제부	국제부	
17	전철남			국제부		
18	조성철	국제부	국제부	국제부		
19	조택범	국제부	국제부	국제부		조국통일
20	주세명			국제부		
21	진 철			국제부		
22	채일출	국제부	국제부	국제부	조국통일	국제부
23	최학철	국제부	국제부	국제부		

3.9. 사진보도부 15명

3시기 사진보도부 기자들은 1~2시기 사진보도부 기자가 대부분 그대로 남았고, 4~5시기로 넘어가서도 이들이 대부분 자리를 유지했다. 1~2시기는 다른 부서에서 온 경우가 발견되지 않았고, 4~5시기도 전성남(당력사교양부) 외에는 과거 사진보도부가 아닌 기자가 사진보도부로 배속된 경우는 없었다. 3~5시기 사진보도부 소속 기자는 강정민, 김광혁, 김진명, 리명남, 리진명, 리충성, 림학락, 신충혁, 한광명 등 9명이었다. 이 중 1~5시기 전 기간 사진보도부 소속 기자는 강정민, 김광혁, 리명남, 림학락 등 4명이었다. 3시기 사진보도부 기자 15명의 5개 시기별 부서 이동 현황을 표로 정리하면 다음과 같다.

⟨표 4-76⟩ 3시기 사진보도부 구성원의 5개 시기 부서이동

번호	이름	1시기	2시기	3시기	4시기	5시기
1	강정민	사진부	사진부	사진부	사진부	사진부
2	김광혁	사진부	사진부	사진부	사진부	사진부
3	김진명			사진부	사진부	사진부
4	김철우			사진부	사진부	
5	리명남	사진부	사진부	사진부	사진부	사진부
6	리명일	사진부	사진부	사진부		사진부
7	리진명			사진부	사진부	사진부
8	리충성			사진부	사진부	사진부
9	림학락	사진부	사진부	사진부	사진부	사진부
10	신충혁			사진부	사진부	사진부
11	장청일	사진부	사진부	사진부		
12	전성남	사진부	사진부	사진부	당력사	
13	정순애	사진부	사진부	사진부	사진부	
14	최충성		사진부	사진부		
15	한광명			사진부	사진부	사진부

3.10. 특파기자부 9명

3시기 특파기자부는 1~2시기 특파기자부 외에 당생활부, 당력사교양부, 공업부에서 옮겨온 경우가 있었다. 이들은 4~5시기가 되면서 리승철이 당생활부(4~5시기)로 옮겨간 것 외에는 전원이 특파기자부 소속을 유지했다. 1~5시기 전 기간 특파기자부에 배속된 기자는 전철주와 박동석 등 2명이었다.

3시기 특파기자부 기자 9명의 5개 시기별 부서 이동 현황을 표로 정리하면 다음과 같다.

⟨표 4-77⟩ 3시기 특파기자부 구성원의 5개 시기 부서이동

번호	이름	1시기	2시기	3시기	4시기	5시기
1	동세웅	당생활		특파	특파	특파
2	송창윤	당생활	당생활	특파	특파	특파
3	전철주	특파	특파	특파	특파	특파
4	최수복	당력사		특파	특파	특파

5	신천일	공업부	공업부	특파	특파	특파
6	리승철	특파	특파	특파	당생활	당생활
7	박동석	특파	특파	특파	특파	특파
8	김천일	당생활	특파	특파	특파	특파
9	리혁철	특파	특파	특파	특파	특파

4. 장성택 숙청 전후시기

4시기 로동신문 편집국 소속 기자들은 총 198명으로 추정 집계되었다. 198명의 기자들은 1~5시기에 걸쳐 어느 부서로 소속이 변화되어 왔는지 추적해보았다. 4시기 기자들은 당력사교양부 20명, 당생활부 44명, 혁명교양부 29명, 공업부 16명, 농업부 9명, 과학문화부 23명, 조국통일부 13명, 국제부 16명, 사진보도부 18명, 특파기자부 10명으로 이뤄졌다.

4.1. 당력사교양부 20명

4시기 당력사교양부 기자들은 1~3시기 당력사교양부 외에 혁명교양부, 과학문화부, 사진보도부 출신 기자들이 옮겨온 것으로 나타났다. 4시기 당력사교양부 기자들 20명 중 5시기에도 당력사교양부 소속을 유지한 기자는 7명이었다. 1~5시기 전 기간에 걸쳐 당력사교양부 소속인 기자는 량순 1명이었다.

4시기 당력사교양부 기자 20명의 5개 시기별 부서 이동 현황을 표로 정리하면 다음과 같다.

⟨표 4-78⟩ 4시기 당력사교양부 구성원의 5개 시기 부서이동

번호	이름	1시기	2시기	3시기	4시기	5시기
1	강철남		당력사	당력사	당력사	당력사
2	김명훈			당력사	당력사	과학문화
3	김준혁	당력사		당력사	당력사	당력사

4	김창극				당력사	
5	량 순	당력사	당력사	당력사	당력사	당력사
6	리금분		당력사	당력사	당력사	당력사
7	리은희				당력사	
8	림정호		당력사	당력사	당력사	당력사
9	박승길				당력사	
10	백 룡	혁명교양	혁명교양	당력사	당력사	
11	백영미	당력사	혁명교양	당력사	당력사	당력사
12	심영학				당력사	
13	전성남	사진부	사진부	사진부	당력사	
14	정순학		당력사	당력사	당력사	
15	채희성				당력사	혁명교양
16	최기만				당력사	
17	한영민				당력사	당력사
18	한영희				당력사	
19	한충혁			과학문화	당력사	
20	함미화				당력사	

4.2. 당생활부 44명

4시기 당생활부 기자 44명 중 5시기에도 당생활부로 남은 기자는 16명이다. 1~3시기 당생활부 외에 당력사교양부, 혁명교양부, 농업부, 공업부, 과학문화부, 특파기자부, 조국통일부 등 다양한 부서에서 당생활부로 옮겨왔다. 이들은 5시기 당생활부 외에 과학문화부, 혁명교양부, 당력사교양부, 농업부 등으로 옮겨가는 경향을 보였다.

허명숙은 특이하게도 타 부서와 인원 교류를 거의 하지 않는 조국통일부(2시기)에서 당생활부(3~4시기)를 거쳐 혁명교양부(5시기)로 옮겨가는 이력을 보였다. 1~5시기 전 기간에 걸쳐 당생활부 소속인 기자는 리정수, 리종석 2명이었다.

4시기 당생활부 기자 44명의 5개 시기별 부서 이동 현황을 표로 정리하면 다음과 같다.

〈표 4-79〉 4시기 당생활부 구성원의 5개 시기 부서이동

번호	이름	1시기	2시기	3시기	4시기	5시기
1	강진형	당생활	혁명교양	당생활	당생활	과학문화
2	김성일	농업부	농업부	농업부	당생활	당생활
3	김성준		과학문화		당생활	
4	김영철	당생활	당생활	당생활	당생활	혁명교양
5	김일권	당생활	당생활	당생활	당생활	당력사
6	김진수	특파		당생활	당생활	당생활
7	김진욱	당생활	혁명교양	공업부	당생활	당생활
8	로주봉	당생활	당력사	당생활	당생활	혁명교양
9	리강철		혁명교양	혁명교양	당생활	혁명교양
10	리건일				당생활	
11	리경일		공업부	당력사	당생활	당생활
12	리남호	당생활	당생활	당생활	당생활	혁명교양
13	리승철	특파	특파	특파	당생활	당생활
14	리정수	당생활	당생활	당생활	당생활	당생활
15	리종석	당생활	당생활	당생활	당생활	당생활
16	림현숙	과학문화	과학문화	당생활	당생활	
17	박상훈	당생활	당생활		당생활	혁명교양
18	박옥경	당생활	당생활	당생활	당생활	혁명교양
19	박준성	당생활	당생활		당생활	
20	방성화	혁명교양	혁명교양	당생활	당생활	혁명교양
21	서남일		국제부		당생활	당생활
22	손영희	당생활	당생활	당생활	당생활	당생활
23	송미란	당력사	혁명교양	당력사	당생활	
24	신현규				당생활	당생활
25	엄명석	농업부			당생활	당생활
26	오은별		당생활	당생활	당생활	당생활
27	오철권		당생활	당생활	당생활	
28	장철범	농업부	당력사		당생활	당생활
29	전경서	당생활	당생활	당생활	당생활	
30	정영철			농업부	당생활	농업부
31	조경철		공업부	당생활	당생활	혁명교양
32	조 민				당생활	
33	조영훈				당생활	
34	지원철	공업부	공업부	공업부	당생활	과학문화
35	채인철		당생활	당생활	당생활	과학문화
36	최영길	과학문화	혁명교양	당생활	당생활	과학문화
37	최종규				당생활	
38	한성일		농업부	농업부	당생활	

39	한영철				당생활	과학문화
40	한 원				당생활	
41	허명숙	당력사	조국통일	당생활	당생활	혁명교양
42	현경철		당생활	당생활	당생활	당력사
43	홍성철	혁명교양	당생활		당생활	당생활
44	홍창혁				당생활	

4.3. 혁명교양부 29명

4시기 혁명교양부 기자들은 1~3시기 혁명교양부 외에 당생활부, 당력사교양부, 과학문화부, 국제부에서 옮겨온 기자들이 다수였다. 5시기로 넘어가면서는 혁명교양부 외에 당력사교양부, 공업부, 당생활부, 과학문화부로 옮겨갔다. 4~5시기에 혁명교양부에 남은 기자는 김성룡, 김정수, 김철학, 동태관, 오수경, 윤철희, 정선철, 한경철 등 8명이었다. 1~5시기 전 기간 혁명교양부에 머물렀던 기자는 1명도 없었다.

4시기 혁명교양부 기자 29명의 5개 시기별 부서 이동 현황을 표로 정리하면 다음과 같다.

〈표 4-80〉 4시기 혁명교양부 구성원의 5개 시기 부서이동

번호	이름	1시기	2시기	3시기	4시기	5시기
1	강덕서				혁명교양	
2	김병진	혁명교양	혁명교양		혁명교양	
3	김성룡		혁명교양	혁명교양	혁명교양	혁명교양
4	김성혜				혁명교양	
5	김순영	혁명교양	혁명교양	당생활	혁명교양	당생활
6	김영정				혁명교양	
7	김은주	혁명교양	혁명교양		혁명교양	
8	김정수	당력사	혁명교양	혁명교양	혁명교양	혁명교양
9	김철학		혁명교양	혁명교양	혁명교양	혁명교양
10	김철혁		당력사	혁명교양	혁명교양	당력사
11	김추남				혁명교양	
12	김희성				혁명교양	

13	남진우				혁명교양	
14	동태관		당력사	당력사	혁명교양	혁명교양
15	리영일				혁명교양	
16	리 철		혁명교양	혁명교양	혁명교양	공업부
17	박경숙				혁명교양	
18	박명남				혁명교양	
19	박 연	혁명교양	혁명교양	혁명교양	혁명교양	
20	박영길				혁명교양	
21	엄경철				혁명교양	
22	오수경	혁명교양		국제부	혁명교양	혁명교양
23	오천일				혁명교양	
24	윤철희			혁명교양	혁명교양	혁명교양
25	장은혜				혁명교양	
26	정광복	혁명교양	혁명교양		혁명교양	
27	정선철	혁명교양		혁명교양	혁명교양	혁명교양
28	조향선	당생활		당생활	혁명교양	당생활
29	한경철		과학문화	과학문화	혁명교양	과학문화

4.4. 공업부 16명

4시기 공업부 기자들은 1~3시기 공업부 외에 당생활부, 과학문화부, 혁명교양부에서 옮겨왔다. 5시기에는 공업부 외에 혁명교양부, 과학문화부, 농업부, 특파기자부로 이동했다. 4~5시기 공업부 소속인 기자는 김충성, 리영민, 리철옥 등 3명이었다. 1~5시기 전 기간 공업부 소속인 기자는 1명도 없었다.

4시기 공업부 16명의 5개 시기별 부서 이동 현황을 표로 정리하면 다음과 같다.

〈표 4-81〉 4시기 공업부 구성원의 5개 시기 부서이동

번호	이름	1시기	2시기	3시기	4시기	5시기
1	김충성			공업부	공업부	공업부
2	김호혁	당생활	당생활	당생활	공업부	혁명교양
3	류기풍	혁명교양	공업부	공업부	공업부	

4	류성국		공업부	공업부	공업부	
5	리병춘	공업부	공업부	공업부	공업부	과학문화
6	리영민				공업부	공업부
7	리철옥	당생활	공업부	공업부	공업부	공업부
8	리혜련				공업부	
9	명흥숙	공업부	공업부	공업부	공업부	과학문화
10	박 철	당생활	농업부	당생활	공업부	특파
11	방인철	공업부	공업부		공업부	
12	안혁진			혁명교양	공업부	
13	장은영	당생활	과학문화	당생활	공업부	농업부
14	전성삼	공업부	공업부	공업부	공업부	과학문화
15	정순성	공업부	공업부	공업부	공업부	과학문화
16	홍철호				공업부	

4.5. 농업부 9명

4시기 농업부 기자들은 1~3시기 정성일(당생활부, 사진보도부) 외에는 농업부에서 왔거나, 1~3시기에는 활동하지 않다가 4시기 들어 갑자기 나타난 인원들이었다. 이들은 5시기로 넘어가면서 농업부 외에 과학문화부, 당생활부로 옮기거나 활동을 중지했다. 4~5시기 농업부 소속을 유지한 기자는 김성철, 김창길, 윤용호 등 3명이었다. 이 중 1~5시기 전 기간 농업부 소속 기자는 김창길, 윤용호 등 2명이었다.

4시기 농업부 9명의 5개 시기별 부서 이동 현황을 표로 정리하면 다음과 같다.

〈표 4-82〉 4시기 농업부 구성원의 5개 시기 부서이동

번호	이름	1시기	2시기	3시기	4시기	5시기
1	김강철				농업부	
2	김성철			농업부	농업부	농업부
3	김창길	농업부	농업부	농업부	농업부	농업부
4	윤용호	농업부	농업부	농업부	농업부	농업부
5	정성일	당생활	사진부	당생활	농업부	과학문화
6	정주원				농업부	
7	주창일		농업부	농업부	농업부	당생활
8	황연옥	농업부	농업부	농업부	농업부	
9	황철민				농업부	과학문화

4.6. 과학문화부 23명

4시기 과학문화부 기자들은 1~3시기 과학문화부 외에 당생활부, 당력사교양부, 농업부, 공업부, 혁명교양부, 특파기자부에서 넘어왔거나 1~3시기 활동하지 않다가 4시기에 나타난 경우였다. 4~5시기 과학문화부 소속 기자들은 공로혁, 김경철, 려명희, 방경찬, 오철룡, 오철훈, 우정혁, 전철호, 조향미, 주령봉 등 10명이었다. 1~5시기 전 기간 과학문화부 기자는 려명희 1명이었다.

4시기 과학문화부 23명의 5개 시기별 부서 이동 현황을 표로 정리하면 다음과 같다.

〈표 4-83〉 4시기 과학문화부 구성원의 5개 시기 부서이동

번호	이름	1시기	2시기	3시기	4시기	5시기
1	공로혁	특파	특파	과학문화	과학문화	과학문화
2	권선철				과학문화	
3	김경철		과학문화	과학문화	과학문화	과학문화
4	김수일				과학문화	
5	김승표	당생활	당생활	당생활	과학문화	당생활
6	김옥별			과학문화	과학문화	당생활
7	려명희	과학문화	과학문화	과학문화	과학문화	과학문화
8	리 건				과학문화	혁명교양
9	리경섭		당력사		과학문화	
10	리금옥				과학문화	
11	리성호	특파	특파	조국통일	과학문화	조국통일
12	리수정	당생활	농업부		과학문화	혁명교양
13	리영애				과학문화	
14	방경찬			과학문화	과학문화	과학문화
15	백성근			당생활	과학문화	당생활
16	안평호				과학문화	
17	오철룡	과학문화	당생활		과학문화	과학문화
18	오철훈	공업부	공업부	공업부	과학문화	과학문화
19	우정혁	과학문화	혁명교양	과학문화	과학문화	과학문화
20	전철호		과학문화	과학문화	과학문화	과학문화
21	조향미				과학문화	과학문화

| 22 | 주령봉 | | | | 과학문화 | 과학문화 |
| 23 | 차 수 | 과학문화 | 당력사 | 과학문화 | 과학문화 | 혁명교양 |

4.7. 조국통일부 13명

4시기 조국통일부 기자들은 김현철, 채일출 등 2명을 제외하면 모두 1~3시기 조국통일부에 있다가 4~5시기에도 조국통일부에 남았다. 김현철은 예외적으로 2~4시기 조국통일부 배속 후 5시기에 혁명교양부로 이동했다. 채일출은 1~3시기 국제부에서 4시기 조국통일부로 갔다가 5시기 다시 국제부로 복귀했다. 1~5시기 전 기간 조국통일부 소속을 유지한 기자는 라설하, 리효진, 박철준, 은정철, 전종호, 조남수, 허영민 등 7명에 달했다.

4시기 조국통일부 13명의 5개 시기별 부서 이동 현황을 표로 정리하면 다음과 같다.

〈표 4-84〉 4시기 조국통일부 구성원의 5개 시기 부서이동

번호	이름	1시기	2시기	3시기	4시기	5시기
1	김현철		조국통일	조국통일	조국통일	혁명교양
2	라설하	조국통일	조국통일	조국통일	조국통일	조국통일
3	라영국			조국통일	조국통일	조국통일
4	리효진	조국통일	조국통일	조국통일	조국통일	조국통일
5	박철준	조국통일	조국통일	조국통일	조국통일	조국통일
6	복은희	조국통일	조국통일	조국통일	조국통일	
7	은정철	조국통일	조국통일	조국통일	조국통일	조국통일
8	장윤남		조국통일	조국통일	조국통일	조국통일
9	전종호	조국통일	조국통일	조국통일	조국통일	조국통일
10	조남수	조국통일	조국통일	조국통일	조국통일	조국통일
11	채일출	국제부	국제부	국제부	조국통일	국제부
12	최철순	조국통일	조국통일	조국통일	조국통일	
13	허영민	조국통일	조국통일	조국통일	조국통일	조국통일

4.8. 국제부 16명

4시기 국제부 기자들은 조국통일부와 마찬가지로 1~5시기에 걸쳐 국제부 내에 그대로 남았다. 1~3시기 혁명교양부, 공업부, 조국통일부에서 국제부로 옮겨간 사례도 있었다. 이들 대부분은 5시기 들어 국제부 외에는 혁명교양부와 조국통일부로 이동했다. 5시기가 되면서 활동을 중단하는 이도 있었다.

4~5시기 국제부 소속 기자는 강철수, 김수진, 라명성, 리철혁, 리학남, 박송영, 배금희 등 7명이었다. 1~5시기 전 기간 국제부 소속 기자는 리학남, 배금희 2명이었다.

4시기 국제부 16명의 5개 시기별 부서 이동 현황을 표로 정리하면 다음과 같다.

〈표 4-85〉 4시기 국제부 구성원의 5개 시기 부서이동

번호	이름	1시기	2시기	3시기	4시기	5시기
1	강철수		국제부	국제부	국제부	국제부
2	김수진				국제부	국제부
3	김지문	혁명교양		국제부	국제부	
4	김철룡				국제부	혁명교양
5	라명성		국제부	국제부	국제부	국제부
6	리경수	국제부	국제부	국제부	국제부	조국통일
7	리철혁				국제부	국제부
8	리학남	국제부	국제부	국제부	국제부	국제부
9	박송영		국제부	국제부	국제부	국제부
10	박춘식				국제부	
11	배금희	국제부	국제부	국제부	국제부	국제부
12	백산해		공업부		국제부	
13	신경섭	국제부	국제부	국제부	국제부	
14	심철영	조국통일	조국통일	조국통일	국제부	조국통일
15	전영희	국제부	국제부	국제부	국제부	
16	채철룡	혁명교양	혁명교양	당력사	국제부	혁명교양

4.9. 사진보도부 18명

4시기 사진보도부 기자들은 앞선 1~3시기에 사진부 외에 국제부(김종손)와 과학문화부(장성복)인 경우가 있었다. 이들 대부분은 5시기에 사진보도부에 남았고, 당력사교양부로 옮겨간 특이한 사례(전광남)도 있었다. 4~5시기 사진보도부 기자는 강정민, 김종훈, 김진명, 리명남, 리진명, 리충성, 림학락, 신충혁, 한광명 등 9명이었다. 1~5시기 전 기간 사진보도부 소속 기자는 강정민, 리명남, 림학락 등 3명이었다.

4시기 사진보도부 18명의 5개 시기별 부서 이동 현황을 표로 정리하면 다음과 같다.

〈표 4-86〉 4시기 사진보도부 구성원의 5개 시기 부서

번호	이름	1시기	2시기	3시기	4시기	5시기
1	강정민	사진부	사진부	사진부	사진부	사진부
2	김광혁				사진부	
3	김성남				사진부	
4	김종손	국제부	국제부	국제부	사진부	
5	김종훈	사진부	사진부		사진부	사진부
6	김진명			사진부	사진부	사진부
7	김철우			사진부	사진부	
8	리명남	사진부	사진부	사진부	사진부	사진부
9	리명진				사진부	
10	리영호				사진부	
11	리진명			사진부	사진부	사진부
12	리충성			사진부	사진부	사진부
13	림학락	사진부	사진부	사진부	사진부	사진부
14	신충혁			사진부	사진부	사진부
15	장성복	사진부	사진부	과학문화	사진부	
16	전광남				사진부	당력사
17	정순애	사진부	사진부	사진부	사진부	
18	한광명			사진부	사진부	사진부

4.10. 특파기자부

4시기 특파기자부 소속 인원들은 1~3시기 특파기자부 외에 당생활부, 과학문화부, 공업부에 있다가 옮겨왔다. 이들 중 리은남을 제외한 9명이 5시기에도 특파기자부에 남았다. 1~5시기 전 기간 특파기자부 소속기자는 리혁철, 박동석, 전철주 등 3명이었다.

4시기 특파기자부 10명의 5개 시기별 부서 이동 현황을 표로 정리하면 다음과 같다.

〈표 4-87〉 4시기 특파기자부 구성원의 5개 시기 부서이동

번호	이름	1시기	2시기	3시기	4시기	5시기
1	김천일	당생활	특파	특파	특파	특파
2	동세웅	당생활		특파	특파	특파
3	리은남		과학문화	과학문화	특파	과학문화
4	리혁철	특파	특파	특파	특파	특파
5	박동석	특파	특파	특파	특파	특파
6	송창윤	당생활	당생활	특파	특파	특파
7	신천일	공업부	공업부	특파	특파	특파
8	전철주	특파	특파	특파	특파	특파
9	주창선		공업부	공업부	특파	특파
10	최수복	당력사		특파	특파	특파

5. 김정은식 권력구조 개편시기

5시기 로동신문 편집국 소속 기자들은 총 189명으로 집계되었다. 5시기 편집국 189명의 기자들은 1~5시기에 걸쳐 어느 부서로 소속이 변화되어 왔는지 추적해보았다. 5시기 기자들은 당력사교양부 18명, 당생활부 33명, 혁명교양부 33명, 공업부 5명, 농업부 7명, 과학문화부 36명, 조국통일부 18명, 국제부 15명, 사진보도부 13명, 특파기

자부 11명으로 이뤄졌다.

5.1. 당력사교양부 18명

5시기 당력사교양부 기자들은 1~4시기 당력사교양부 외에 혁명교양부, 당생활부, 사진보도부에서 옮겨왔거나 1~4시기에는 활동이 없었다가 5시기에 활동을 시작한 것으로 나타났다. 사진보도부에서 옮겨온 기자는 김성남, 전광남 등 2명이었다. 1~5시기 당력사교양부 소속인 기자는 량순 1명이었다.

5시기 당력사교양부 18명의 5개 시기별 부서 이동 현황을 표로 정리하면 다음과 같다.

〈표 4-88〉 5시기 당력사교양부 구성원의 5개 시기 부서이동

번호	이름	1시기	2시기	3시기	4시기	5시기
1	강경숙	당력사				당력사
2	강원남					당력사
3	강철남		당력사	당력사	당력사	당력사
4	김기병					당력사
5	김성남	당력사	혁명교양		사진부	당력사
6	김인선	당력사	혁명교양	당력사		당력사
7	김일권	당생활	당생활	당생활	당생활	당력사
8	김준혁	당력사		당력사	당력사	당력사
9	김철혁		당력사		혁명교양	당력사
10	량 순	당력사	당력사	당력사	당력사	당력사
11	리금분		당력사	당력사	당력사	당력사
12	림정호		당력사	당력사	당력사	당력사
13	박일민					당력사
14	백영미	당력사	혁명교양	당력사	당력사	당력사
15	전광남				사진부	당력사
16	최유일					당력사
17	한영민				당력사	당력사
18	현경철		당생활	당생활	당생활	당력사

5.2. 당생활부 33명

5시기 당생활부 기자들은 당생활부 외에 농업부, 혁명교양부, 과학문화부, 당력사교양부, 공업부, 국제부, 특파기자부 등에서 옮겨왔다. 1~5시기 전 기간 당생활부 소속 기자는 리정수, 리종석, 손영희 등 3명이었다.

5시기 당생활부 33명의 5개 시기별 부서 이동 현황을 표로 정리하면 다음과 같다.

〈표 4-89〉 5시기 당생활부 구성원의 5개 시기 부서이동

번호	이름	1시기	2시기	3시기	4시기	5시기
1	강철민					당생활
2	김성일	농업부	농업부	농업부	당생활	당생활
3	김순영	혁명교양	혁명교양	당생활	혁명교양	당생활
4	김순홍	특파	특파			당생활
5	김승표	당생활	당생활	당생활	과학문화	당생활
6	김옥별			과학문화	과학문화	당생활
7	김원석		당생활			당생활
8	김진수			당생활	당생활	당생활
9	김진욱	당생활	혁명교양	공업부	당생활	당생활
10	김치곤	당생활	당생활			당생활
11	리경일		공업부	당력사	당생활	당생활
12	리승철	특파	특파	특파	당생활	당생활
13	리신향					당생활
14	리정수	당생활	당생활	당생활	당생활	당생활
15	리종석	당생활	당생활	당생활	당생활	당생활
16	백성근			당생활	과학문화	당생활
17	서남일		국제부		당생활	당생활
18	손영희	당생활	당생활	당생활	당생활	당생활
19	승철진					당생활
20	신 철					당생활
21	신현규				당생활	당생활
22	엄명석	농업부			당생활	당생활
23	오은별		당생활	당생활	당생활	당생활
24	윤명보					당생활

25	윤명철					당생활
26	장선숙	당생활				당생활
27	장정철					당생활
28	장철범	농업부	당력사		당생활	당생활
29	조향선	당생활		당생활	혁명교양	당생활
30	조현철	당생활	당생활	당생활		당생활
31	주창일		농업부	농업부	당생활	당생활
32	허일무					당생활
33	홍성철	혁명교양	당생활		당생활	당생활

5.3. 혁명교양부 33명

5시기 혁명교양부 기자들은 1~4시기 혁명교양부 외에 당생활부, 당력사교양부, 과학문화부, 농업부, 국제부, 조국통일부, 공업부 등에서 옮겨왔다. 1~5시기 전 기간 혁명교양부에 소속된 기자들은 한 명도 없었다.

혁명교양부 33명의 5개 시기별 부서 이동 현황을 표로 정리하면 다음과 같다.

〈표 4-90〉 5시기 혁명교양부 구성원의 5개 시기 부서이동

번호	이름	1시기	2시기	3시기	4시기	5시기
1	김성룡		혁명교양	혁명교양	혁명교양	혁명교양
2	김영철	당생활	당생활	당생활	당생활	혁명교양
3	김용일					혁명교양
4	김정수	당력사	혁명교양	혁명교양	혁명교양	혁명교양
5	김철룡				국제부	혁명교양
6	김철학		혁명교양	혁명교양	혁명교양	혁명교양
7	김향란	당생활	농업부	당생활		혁명교양
8	김 혁					혁명교양
9	김현철		조국통일	조국통일	조국통일	혁명교양
10	김호혁	당생활	당생활	당생활	공업부	혁명교양
11	동태관		당력사	당력사	혁명교양	혁명교양
12	로주봉	당생활	당력사	당생활	당생활	혁명교양
13	리강철		혁명교양	혁명교양	당생활	혁명교양
14	리 건				과학문화	혁명교양
15	리남호	당생활	당생활	당생활	당생활	혁명교양

16	리수복					혁명교양
17	리수정	당생활	농업부	과학문화	과학문화	혁명교양
18	박상훈	당생활	당생활		당생활	혁명교양
19	박옥경	당생활	당생활	당생활	당생활	혁명교양
20	방성화	혁명교양	혁명교양	당생활	당생활	혁명교양
21	오수경	혁명교양		국제부	혁명교양	혁명교양
22	윤철희			혁명교양	혁명교양	혁명교양
23	정선철	혁명교양		혁명교양	혁명교양	혁명교양
24	정태봉					혁명교양
25	조경철		공업부	당생활	당생활	혁명교양
26	조학철					혁명교양
27	차 수	과학문화	당력사	과학문화	과학문화	혁명교양
28	채철룡	혁명교양	혁명교양	당력사	국제부	혁명교양
29	채희성				당력사	혁명교양
30	최유일					혁명교양
31	허명숙	당력사	조국통일	당생활	당생활	혁명교양
32	허의명					혁명교양
33	홍병우	혁명교양	혁명교양	혁명교양		혁명교양

5.4. 공업부 5명

5시기 공업부 기자들은 리철옥(1시기 당생활부) 외에는 모두 1~4시기 공업부에서 옮겨온 것으로 파악되었다. 심학철은 1~4시기 활동이 없었다가 5시기에 처음 나타난 인원이다.

5시기 공업부 기자 5명의 5개 시기별 부서 이동 현황을 표로 정리하면 다음과 같다.

〈표 4-91〉 5시기 공업부 구성원의 5개 시기 부서이동

번호	이름	1시기	2시기	3시기	4시기	5시기
1	강명천	공업부	공업부	공업부		공업부
2	김충성			공업부	공업부	공업부
3	리영민				공업부	공업부
4	리철옥	당생활	공업부	공업부	공업부	공업부
5	심학철					공업부

5.5. 농업부 7명

5시기 농업부 기자들은 1~4시기 농업부 외에 당생활부, 과학문화부, 공업부 등에 소속돼 있었던 것으로 드러났다. 7명 중 장은영, 정영철 외에는 모두 앞서 농업부 근무 경험이 있었다. 전명일은 1~4시기 활동이 없었다가 5시기에 농업부 소속으로 활동한 것으로 파악되었다.

1~5시기 전 기간 농업부 소속인 기자는 김창길, 윤용호 등 2명이었다. 5시기 농업부 7명의 5개 시기별 부서 이동 현황을 표로 정리하면 다음과 같다.

〈표 4-92〉 5시기 농업부 구성원의 5개 시기 부서이동

번호	이름	1시기	2시기	3시기	4시기	5시기
1	김성철			농업부	농업부	농업부
2	김창길	농업부	농업부	농업부	농업부	농업부
3	리영학					농업부
4	윤용호	농업부	농업부	농업부	농업부	농업부
5	장은영	당생활	과학문화	당생활	공업부	농업부
6	전명일					농업부
7	정영철			농업부	당생활	농업부

5.6. 과학문화부 36명

5시기 과학문화부 기자들은 1~4시기 과학문화부 외에 혁명교양부, 당생활부, 공업부, 농업부 소속에서 옮겨왔다. 5시기 들어 과학문화부는 인원이 크게 증원되어 사상 처음으로 편집국 내에서 가장 인원이 많은 부서가 되었다.

1~4시기 활동 흔적이 없었다가 5시기 과학문화부 소속으로 활동한 기자들만 강철웅, 강효심, 김성민, 박영진, 박현, 신윤철, 윤금찬, 전혁철, 전혜영, 정류철, 지혁철 등 11명에 달했다.

5시기 과학문화부 36명의 5개 시기별 부서 이동 현황을 표로 정리하면 다음과 같다.

〈표 4-93〉 5시기 과학문화부 구성원의 5개 시기 부서이동

번호	이름	1시기	2시기	3시기	4시기	5시기
1	강진형	과학문화	혁명교양	당생활	당생활	과학문화
2	강철웅					과학문화
3	강효심					과학문화
4	공로혁	특파	특파	과학문화	과학문화	과학문화
5	김경철		과학문화	과학문화	과학문화	과학문화
6	김명훈			당력사	당력사	과학문화
7	김성민					과학문화
8	려명희	과학문화	과학문화	과학문화	과학문화	과학문화
9	리병춘	공업부	공업부	공업부	공업부	과학문화
10	명홍숙	공업부	공업부	공업부	공업부	과학문화
11	박영진					과학문화
12	박현					과학문화
13	방경찬			과학문화	과학문화	과학문화
14	신윤철					과학문화
15	오철룡	과학문화	당생활	과학문화	과학문화	과학문화
16	오철훈	공업부	공업부	공업부	과학문화	과학문화
17	우정혁	과학문화	혁명교양	과학문화	과학문화	과학문화
18	윤금찬					과학문화
19	전성삼	공업부	공업부	공업부	공업부	과학문화
20	전철호		과학문화	과학문화	과학문화	과학문화
21	전혁철					과학문화
22	전혜영					과학문화
23	정경철		공업부	공업부		과학문화
24	정류철					과학문화
25	정성일		사진부	당생활	농업부	과학문화
26	정순성	공업부	공업부	공업부	공업부	과학문화
27	조향미				과학문화	과학문화
28	주령봉				과학문화	과학문화
29	지원철	공업부	공업부	공업부	당생활	과학문화
30	지혁철					과학문화
31	채인철		당생활	당생활	당생활	과학문화
32	최영길	과학문화	혁명교양	당생활	당생활	과학문화
33	태명호	과학문화	농업부	농업부		과학문화

34	한경철		과학문화	과학문화	혁명교양	과학문화
35	한영철				당생활	과학문화
36	황철민				농업부	과학문화

5.7. 조국통일부 18명

5시기 조국통일부 기자들은 대부분 1~5시기 내내 조국통일부 소속을 유지한 경우가 많았다. 대남 문제를 다루는 조국통일부의 특수성을 고려해 편집국 내에서 조국통일부로의 이동은 상당히 제한적이었던 것으로 보인다.

다른 부서에서 조국통일부로 이동하거나 조국통일부에서 다른 부서로 이동하는 사례 양쪽 모두 극히 드물었다. 조국통일부와 함께 민감한 사안을 다루는 국제부와의 인적 교류가 일부 나타났으나, 그 규모는 미미한 수준이었다.

소수 인원이지만 1~4시기 조국통일부로 옮겨온 기자들은 조국통일부 외에 농업부, 특파기자부, 과학문화부, 국제부 등의 소속이었던 것으로 파악되었다. 5시기 조국통일부 기자 중 1~5시기 내내 조국통일부 소속이었던 기자들은 라설하, 리효진, 박철준, 은정철, 전종호, 조남수, 허영민 등 7명이었다.

〈표 4-94〉 5시기 조국통일부 구성원의 5개 시기 부서이동

번호	이름	1시기	2시기	3시기	4시기	5시기
1	김철남	농업부				조국통일
2	김향미	조국통일	조국통일	조국통일		조국통일
3	라설하	조국통일	조국통일	조국통일	조국통일	조국통일
4	라영국				조국통일	조국통일
5	리경수	국제부	국제부	국제부	국제부	조국통일
6	리성호	특파	특파	조국통일	과학문화	조국통일
7	리효진	조국통일	조국통일	조국통일	조국통일	조국통일

8	박영수					조국통일
9	박철준	조국통일	조국통일	조국통일	조국통일	조국통일
10	심철영	조국통일	조국통일	조국통일	국제부	조국통일
11	은정철	조국통일	조국통일	조국통일	조국통일	조국통일
12	장윤남		조국통일	조국통일	조국통일	조국통일
13	장임향					조국통일
14	전종호	조국통일	조국통일	조국통일	조국통일	조국통일
15	조남수	조국통일	조국통일	조국통일	조국통일	조국통일
16	조택범	국제부	국제부	국제부		조국통일
17	최진향					조국통일
18	허영민	조국통일	조국통일	조국통일	조국통일	조국통일

5.8. 국제부 15명

5시기 국제부는 채일출(조국통일부)을 제외하면 모든 인원이 1~4시기에서 국제부 소속을 유지한 것으로 드러났다. 그 외 김국철, 림원, 박예경, 안철권, 정원준, 최숙현 등 6명은 1~4시기 활동하지 않다가 5시기에 국제부로 배속돼 활동한 것으로 드러났다. 1~5시기 전 기간 국제부 소속 기자는 리학남, 배금희 등 2명이었다.

5시기 국제부 15명의 5개 시기별 부서 이동 현황을 표로 정리하면 다음과 같다.

〈표 4-95〉 5시기 국제부 구성원의 5개 시기 부서이동

번호	이름	1시기	2시기	3시기	4시기	5시기
1	강철수		국제부	국제부	국제부	국제부
2	김국철					국제부
3	김수진				국제부	국제부
4	라명성		국제부	국제부	국제부	국제부
5	리철혁				국제부	국제부
6	리학남	국제부	국제부	국제부	국제부	국제부
7	리현도	국제부	국제부	국제부		국제부
8	림 원					국제부
9	박송영		국제부	국제부	국제부	국제부

10	박예경					국제부
11	배금희	국제부	국제부	국제부	국제부	국제부
12	안철권					국제부
13	정원준					국제부
14	채일출	국제부	국제부	국제부	조국통일	국제부
15	최숙현					국제부

5.9. 사진보도부 13명

5시기 사진보도부 기자들은 예외 없이 1~4시기 사진보도부 소속이었다. 김광림, 리동규는 1~4시기 활동하지 않다가 5시기 사진보도부 소속으로 활동했다.

다수 인원이 특정 시기에 대거 출현한 것은 해당 시기를 전후로 로동신문 편집국에 기자들이 신규 채용되었을 가능성을 보여준다.

5시기 사진보도부 중 1~5시기 전 기간 사진보도부에 몸담은 기자는 강정민, 김광혁, 리명남, 림학락 등 4명이었다.

5시기 사진보도부 13명의 5개 시기별 부서 이동 현황을 표로 정리하면 다음과 같다.

⟨표 4-96⟩ 5시기 사진보도부 구성원의 5개 시기 부서이동

번호	이름	1시기	2시기	3시기	4시기	5시기
1	강정민	사진부	사진부	사진부	사진부	사진부
2	김광림					사진부
3	김광혁	사진부	사진부	사진부	사진부	사진부
4	김종훈	사진부	사진부		사진부	사진부
5	김진명			사진부	사진부	사진부
6	리동규					사진부
7	리명남	사진부	사진부	사진부	사진부	사진부
8	리명일	사진부	사진부	사진부		사진부
9	리진명			사진부	사진부	사진부
10	리충성			사진부	사진부	사진부
11	림학락	사진부	사진부	사진부	사진부	사진부

| 12 | 신충혁 | | | 사진부 | 사진부 | 사진부 |
| 13 | 한광명 | | | 사진부 | 사진부 | 사진부 |

5.10. 특파기자부 11명

5시기 특파기자부는 1~4시기 특파기자부 외에 당생활부, 과학문화부, 농업부, 공업부, 당력사교양부 등에서 활동한 것으로 파악되었다.

1~5시기 전 기간 특파기자부 소속 기자는 리혁철, 박동석, 전철주 등 3명이었다.

5시기 특파기자부 11명의 5개 시기별 부서 이동 현황을 표로 정리하면 다음과 같다.

〈표 4-97〉 5시기 특파기자부 구성원의 5개 시기 부서이동

번호	이름	1시기	2시기	3시기	4시기	5시기
1	김천일	당생활	특파	특파	특파	특파
2	동세웅	당생활		특파	특파	특파
3	리은남		과학문화	과학문화	특파	특파
4	리혁철	특파	특파	특파	특파	특파
5	박동석	특파	특파	특파	특파	특파
6	박 철	당생활	농업부	당생활	공업부	특파
7	송창윤	당생활	당생활	특파	특파	특파
8	신천일	공업부	공업부	특파	특파	특파
9	전철주	특파	특파	특파	특파	특파
10	주창선		공업부	공업부	특파	특파
11	최수복	당력사		특파	특파	특파

제5절
소결

  로동신문 편집국의 기자 수는 5개 시기를 거치며 1시기 271명, 2시기 278명, 3시기 200명, 4시기 198명, 5시기 189명으로 변화하고 있다. 김정일이 생존해 있던 1, 2시기에는 기자들 수가 대체로 증가하나 김정은의 집권이 본격화되는 3시기부터 5시기까지는 지속해서 줄어드는 경향을 보인다.

  로동신문 편집국을 구성하는 10개 부서 중 당력사교양부 소속 기자는 1~5시기 기간에 30명, 34명, 22명, 20명, 18명으로 2시기 이후 인원이 점차 줄어든다. 국제부도 28-30-23-16-15명으로 추세가 비슷하다. 공업부와 농업부 역시 1~5시기에 걸쳐 11-24-20-16-5명, 18-21-13-9-7명으로 2시기 이후 인원이 줄어든다.

  이렇게 대부분의 부서가 3~5시기에 걸쳐 인원 감소세가 뚜렷한 반면, 과학문화부는 29-25-23-23-36명 순으로 3시기 이후 5시기로 갈수록 인원이 증가하는 특징을 보인다.

  한편, 편집국에서 상대적으로 인원이 많았던 당생활부와 혁명교양부는 각각 45-47-34-44-33명, 47-44-22-29-33명의 변화를 보인다. 3시기에 접어들며 인원이 급감한 뒤 4~5시기에 소폭 조정되는 추세다. 조국통일부 인원도 이와 비슷하게 39-25-19-13-18명으로 변화한다. 사진보도부와 특파기자부는 전 기간에 걸쳐 대체적으로 비슷한 인원을 유지한다.

〈표 4-98〉 1~5시기 각 부서별 추정된 인적 구성(단위: 명)

	1시기	2시기	3시기	4시기	5시기
당력사	30	34	22	20	18
당생활	45	47	34	44	33
혁명교양	47	44	22	29	33
공업	11	24	20	16	5
농업	18	21	13	9	7
과학문화	29	25	23	23	36
조국통일	39	25	19	13	18
국제	28	30	23	16	15
사진	14	18	15	18	13
특파	10	10	9	10	9

1시기에서 각 부서별로 가장 많은 기사를 작성한 기자는 김성남(당력사교양부, 42개), 리종석(당생활부, 48개), 김동철(혁명교양부, 35개), 리병춘(공업부, 32개), 김창길(농업부, 32개), 림현숙(과학문화부, 29개), 심철영(조국통일부, 59개), 조성철(국제부, 44개), 강정민(사진보도부, 80개), 최재남(특파기자부, 50개) 등 10명으로 나타났다.

2시기는 김치곤(당력사교양부, 30개), 리종석(당생활부, 40개), 백영미(혁명교양부, 31개), 리철옥(공업부, 27개), 박철(농업부, 43개), 리은남(과학문화부, 26개), 심철영(조국통일부, 51개), 리현도(국제부, 35개), 강정민(사진보도부, 80개), 최재남(특파기자부, 54개) 등 10명이었다.

3시기는 리금분(당력사교양부, 48개), 박옥경(당생활부, 50개), 황명희(사회주의교양부, 18개), 강명천(공업부, 25개), 윤용호(농업부, 27개), 정영화(과학문화부, 32개), 허영민(조국통일부, 47개), 조성철(국제부, 39개), 김진명(사진보도부, 55개), 동세웅(특파기자부, 37개) 등 10명이 부서별 가장 많은 기사를 썼다.

4시기는 김명훈(당력사교양부, 40개), 손영희(당생활부, 37개), 김성룡(사회주의교양부, 8개), 류성국(공업부, 26개), 황연옥(농업부, 25개), 백성근(과학문화부, 31개), 장윤남(조국통일부, 36개), 김철룡(국제부, 42개), 리진명(사진보도부, 61개), 전철주(특파기자부, 44개) 등 10명이었다.

5시기는 김철혁(당력사교양부, 25개), 손영희(당생활부, 31개), 김향란(사회주의교양부, 26개), 강명천(공업부, 25개), 김창길(농업부, 30개), 김명훈(과학문화부, 26개), 심철영(조국통일부, 60개), 리학남(국제부, 26개), 김종훈(사진보도부, 49개), 송창윤(특파기자부, 38개) 등으로 파악되었다.

1시기 부서별 기사량 순위는 당생활부(718개), 사진부(445개), 조국통일부(399개), 국제부(395개), 특파기자부(282개), 당력사교양부(264개), 혁명교양부(218개), 공업부(213개), 과학문화부(197개), 농업부(150개) 순이었다.

2시기는 사진부(524개), 당생활부(494개), 조국통일부(479개), 국제부(422개), 혁명교양부(279개), 당력사교양부(247개), 공업부(222개), 농업부(222개), 특파기자부(215개), 과학문화부(211개) 순이었다.

3시기는 당생활부(580개), 조국통일부(465개), 국제부(414개), 당력사교양부(309개), 사진보도부(306개), 과학문화부(290개), 공업부(246개), 특파기자부(230개), 농업부(158개), 사회주의교양부(78개) 순으로 나타났다.

4시기는 당생활부(591개), 사진보도부(430개), 국제부(327개), 조국통일부(290개), 특파기자부(280개), 당력사교양부(280개), 과학문화부(252

개), 공업부(211개), 농업부(126개), 사회주의교양부(75개) 순이었다.

5시기는 과학문화부(483개), 당생활부(390개), 조국통일부(361개), 사진보도부(352개), 당력사교양부(267개), 국제부(234개), 특파기자부(215개), 사회주의교양부(210개), 농업부(103개), 공업부(82개) 순서로 나타났다.

김정은 집권기와 과도기에는 당생활부와 조국통일부, 국제부, 당력사교양부 등 정치 관련 부서의 활약이 두드러졌으나 과도기인 3시기부터 4시기, 5시기에 걸쳐 과학문화부의 순위가 꾸준히 올라 5시기에는 부서별 기사 수 순위에서 1위에 오르는 현상이 나타났다.

김정일 집권기와 김정은 집권기 편집국 조직에 있어 가장 구별되는 특징이 과학문화부 인원 및 기사량의 증가라고 할 수 있다.

부서별 기사량 1위를 표와 그래프로 나타내면 다음과 같다. 과학문화부의 기사가 김정은 집권기 들어 폭발적으로 늘어났음을 알 수 있다.

〈표 4-99〉 부서별 기사량 비교(단위: 건)

	1시기	2시기	3시기	4시기	5시기
당력사	264	247	309	280	267
당생활	718	494	580	591	390
혁명교양	218	279	78	75	210
공업	213	222	246	211	82
농업	150	222	158	126	103
과학문화	197	211	290	252	483
조국통일	399	479	465	290	361
국제	395	422	414	327	234
사진	445	524	306	430	352
특파	282	215	230	280	215

1~5시기에 걸쳐 기자의 소속 변화를 분석한 결과 10개 부서 소속 인원들 중 조국통일부와 국제부를 제외한 8개 부서는 상호 활발한 인사

교류를 하고 있는 것으로 나타났다. 반면, 조국통일부와 국제부 소속 인원들은 1~5시기에 걸쳐 꾸준히 같은 부서를 고수하는 경향이 분명했다. 이 2개 부서는 편집국 10개 부서 중 타 부서 인원에게 가급적 접근이 제한된 부서로 해석되었다. 특파기자부나 사진보도부는 부서의 특성상 편집국 내 다른 부서와의 교류가 빈번하지는 않았지만, 조국통일부와 국제부를 제외한 다른 부서와 다양한 방식으로 인사 교류를 하고 있는 것으로 확인되었다.

제5장
로동신문 기사 내용 분석 결과

제1절
시기별 기사 내용 분석 결과

1. 로동신문 기사의 작성 경향

로동신문은 북한 조선로동당 중앙위원회 기관지로서 북한을 대표하는 신문이다. 북한 최고인민회의 상임위원회 및 내각 기관지인 '민주조선', 김일성 사회주의 청년동맹 중앙위원회 기관지인 '청년전위' 등과 함께 북한의 3대 신문으로 꼽힌다.

로동신문 편집국 소속 기자들의 기사는 대부분 기명 기사로 지면에 게재된다. 로동신문 기사는 대부분 로동신문 편집국 내 10개 부서 소속 기자가 주로 작성하지만, 속보성 기사는 조선중앙통신의 기사를 활용하는 경우도 적지 않다.

또한 최고 지도자의 현지지도 기사 등 특정한 주요 기사에 대해서는 '본사정치보도반' 등의 바이라인을 달고 무기명으로 게재하기도 한다. 최고 지도자 관련 기사에 대한 예우 방식의 일종으로 보인다.

즉 로동신문의 무기명 기사로는 조선중앙통신을 전재한 기사, 편집상의 고려에서 이름을 의도적으로 뺀 기사, 원래 이름 없이 게재되는 사설이나 론평 등의 형태 등이 있는 것이다.

　로동신문에 실린 조선중앙통신 기사는 기자 바이라인 위치에 '조선중앙통신'이라는 바이라인을 달아 다른 기사들과의 혼동을 방지한다. 로동신문 기자가 작성한 기사가 분명해 보이지만, 기사를 쓴 기자의 이름이 없는 경우도 흔하게 나타난다. 이름이 아예 없거나 이름 없이 '본사기자'라는 표시만 붙은 경우도 쉽게 볼 수 있다.

　로동신문 기자가 작성한 기사에 이름을 붙이지 않는 이유로는 편집을 통한 미적 가치 및 가독성 극대화, 기사 분량상의 고려 등을 생각해볼 수 있다. 같은 면에 여러 기명 기사가 집중적으로 배치되는 경우 기자의 이름이 도드라져 편집의 미를 해친다. 이런 문제를 해결하기 위해 기자 이름을 뺀 것으로 보이는 사례가 있었다. 실례로 로동신문 지면의 상단과 중단 양 측단에 기명 기사가 배치된 경우 가운데 단의 기명 기사에 이름이 빠지고 '본사기자' 등의 표시만 들어가는 사례가 발견되었다. 왼쪽, 가운데, 오른쪽 기사에 모두 이름이 들어갈 경우 신문 편집의 관점에서 미관이 나쁘다고 판단해 이름을 뺀 것으로 보인다.

　또한 기사 분량이 짧은 경우에도 로동신문 기자가 작성했지만, 이름이 빠지는 경우가 나타났다. 기자 개인의 소회나 감상을 정리한 '단상' 등의 칼럼은 기사 분량이 많은 경우 이름이 들어가지만, 분량이 짧으면 이름이 붙지 않는 사례가 많았다. 다만, 로동신문 기자가 작성한 기사에서 이름이 빠지더라도 기사의 성격이나 내용은 기명 기사와 뚜렷한 차이를 보이지 않았다.

　로동신문 기자들의 실명이 적힌 기명 기사들은 말미에 '본사기자 ○○○' 또는 '○○○(이름만 표기)' 등의 표기가 기사 아래에 붙는다.

　김일성과 김정일, 김정은 등 전현직 최고 지도자에 대한 선전 기사는 당력사교양부와 혁명교양부(또는 사회주의교양부) 등이 담당하고, 당 관련 인민 생활에서 취재된 우수 사례를 전파해 이른바 '사회주의 혁명 사상'을 고취하는 내용의 기사는 당생활부에서 주로 맡는다.

공업적 제조 및 생산 관련 기사는 공업부, 농업 작물 재배 관련 기사는 농업부가 담당한다. 과학 기술과 문화 예술 및 교육 문제는 과학문화부가 맡고 있는 것으로 파악된다. 남한 정세 비판은 조국통일부, 국제정세 안내 및 미국과 유럽 등의 서방세계 비판은 국제부에서 담당한다. 북한 내부 주요 도시의 소식 전달은 특파기자부가 담당하고, 신문에 게재되는 다양한 형태의 사진보도물 제작은 사진보도부가 맡는다.

로동신문의 기명 기사에는 로동신문 편집국 소속 기자들 기사만 있는 게 아니다. 로동신문에는 북한 정권의 장관급 고위 직위자, 주요 대학의 교수나 박사 등 학자, 특정 분야에 정통한 전문 직업인들의 기고문 등도 기명 기사 형식으로 게재된다.

편집국 기자 외에 기자의 보조 역할을 맡는 통신원(김영주, 2003, 182쪽)이 기고하는 기명 기사도 있다. 이런 기명 기사는 로동신문에서 '로농통신원 ○○○' 형식으로 게재되는 경우가 다수 발견된다. 대신 이런 기사의 분량은 1단 이하의 소량인 경우가 대부분이며, 특정 의견이나 주장보다는 단순한 사실 전달 위주인 경우가 많다.

기자를 보조하는 역할의 통신원 제도는 북한 언론에 널리 활용되고 있는 것으로 파악된다.

김일성 사회주의 청년동맹 중앙위원회 기관지인 '청년전위'에는 '청년통신원 ○○○', 북한 조선인민군 최고사령부 기관지인 '조선인민군'에는 '병사통신원 ○○○' 등의 형식을 취하고 있다.

2. 로동신문 기사와 조선중앙통신 기사의 특징

 로동신문에 게재되는 기사는 로동신문 기자가 작성한 기사와 조선중앙통신 기사로 크게 분류할 수 있다. 주요 행사 소식 등 속보성과 보도성이 강한 기사는 조선중앙통신 기사를 활용하고 가치 판단이나 감상, 권유, 주장 등 주관적 내용이 포함되는 기사는 로동신문 기자들이 직접 쓴다.

 로동신문 2009년 9월 13일자 3면 하단에 나란히 배치된 조선중앙통신 무기명 기사와 로동신문 기명 기사의 제목은 두 기사의 차이를 분명하게 보여준다. '한덕수평양경공업대학창립 50돐 기념보고회 진행'은 조선중앙통신 기사 제목이고, '기행-조국의 부강번영을 위한 길에 위훈을 수놓으며'는 로동신문 기사 제목이다.

 아래 조선중앙통신 기사는 사실 전달 위주의 스트레이트 기사 형식을 갖추고 있다.

2009.9.13일자 로동신문 게재 [조선중앙통신] 무기명 기사

한덕수평양경공업대학창립 50돐 기념보고회 진행

 한덕수평양경공업대학창립 50돐 기념보고회가 11일에 진행되였다. 보고회에는 최희정 조선로동당 중앙위원회 부장, 리주오경공업상, 김용진교육상, 대학교직원, 학생, 졸업생들이 참가하였다. 사회주의조국을 방문하고있는 배익주 총련중앙상임위원회 부의장과 재일동포들이 보고회에 참가하였다. 보고회에서는 한덕수평양경공업대학 교직원, 학생들에게 보내는 조선로동당 중앙위원회 축하문이 전달되였다.

> 조선로동당 중앙위원회는 축하문에서 온 나라 전체 인민이 당의 호소따라 150일전투를 힘있게 벌리며 강성대국건설의 모든 전선에서 혁명적대고조의 불길을 세차게 지펴올리고 있는 시기에 창립 50돐을 맞는 한덕수평양경공업대학의 교직원, 학생들에게 열렬한 축하를 보낸다고 하면서 다음과 같이 지적하였다.…

같은 날 같은 면 바로 옆단에 배치된 '기행-조국의 부강번영을 위한 길에 위훈을 수놓으며' 제하 로동신문 기명 기사(본사기자 주창선)는 조선중앙통신 기사와는 전혀 다른 문체를 쓰고 있다. 이 기사는 기자의 가치 판단을 독자들에게 강요하여 공감을 불러일으키는 것을 목표로 하고 있다.

> 2009.9.13일자 로동신문 게재 [주창선 로동신문 본사기자] 기명기사
>
> 기행-조국의 부강번영을 위한 길에 위훈을 수놓으며
>
> 위대한 령도자 김정일동지께서는 다음과 같이 지적하시였다. ≪집단주의와 동지애는 가장 아름다운 미덕이며 사람들을 단합시키고 정의로운 투쟁과 위훈에로 고무하는 힘의 원천입니다≫. 새로운 대고조진군속도창조의 불길높이 총진군을 다그치는 온 나라 로동계급과 함께 대안지구의 로동계급이 대고조의 승리를 위해 힘찬 투쟁을 벌리고 있다. 우리는 대안중기계련합기업소와 대안친선유리공장 로동계급의 투쟁소식을 전하기 위하여 이곳 생산현장들을 찾았다. 일찌기 어버이수령님의 현명한 령도의 손길아래 굴지의 발전설비생산기지로 일떠선 대안중기계련합기업소를 찾은 우리는 드넓은 구내길을 걸었다. 혁명적대고조의 불길속에 사람들의 지향과 걸음새도 달라졌고 그것이 집단주의와 동지애의 위력으로 분출하고있다고 동행한 일군인 강철범동

> 무는 말하였다.
>
> 우리는 먼저 위대한 수령님께서와 경애하는 장군님께서 다녀가신 발전설비 1가공직장에 들어섰다. 각종 가공설비들이 만가동의 동음속에 불꽃을 날리는데 우람찬 가공품들이 사방에서 은은한 빛을 뿜고있었다.
>
> ≪우리 기업소에서는 금야강발전소 1호발전기생산을 끝내고 그 기세로 중요대상설비생산에 계속 박차를 가하고있습니다.≫
>
> 현장에서 우리와 만난 지배인 장원규동무의 이야기였다. 우리는 구내길에 세워진 사회주의경쟁도표판앞에서 이들의 투쟁열의와 일욱심을 충분히 느낄수 있었다. 조국의 방방곡곡 발전소건설장들로 떠나게 될 집채같은 발전설비들은 대안로동계급의 진군속도를 상징하는 전설속의 ≪룡마≫처럼 느껴졌다. 후방물자를 마련해가지고 밤늦게 현장에 나오는 녀성종업원들을 보니 생각이 깊어졌다.
>
> 우리는 이번 기행길을 통하여 새로운 혁명적대고조의 봉화를 지펴주시고 전설적인 강행군으로 진두에서 이끌어주시는 위대한 장군님의 령도의 현명성을 심장으로 절감하였다. 그렇다. 오늘의 대고조는 심장으로 하는 대고조이다. 위대한 장군님의 애국호소에 화답하여 온 나라 전체 인민이 자력갱생의 불길, 집단적혁신의 불길높이 강성대국에로 폭풍쳐 내달리는 오늘의 총진군은 력사에 길이길이 전해질것이다.…

3. 시기별 기사 내용 분석 결과

3.1. 김정일 건강 이상 이전시기

구축된 2주를 구성해 5개 시기별 내용적 특성을 분석한 결과 시기별로 뚜렷한 내용적 차이가 나타났다. 1시기의 구축된 2주에서는 기명 기사가 총 231개 표집 되었다. 같은 방법으로 2시기에는 226개, 3시기 240

개, 4시기 187개, 5시기 180개를 모아 내용을 분석하였다.

1시기에서는 '사회주의 혁명사상 고취' 관련 내용을 다룬 기사가 72개(31.2%), '경제발전 강조' 관련 39개(16.9%), '김일성 업적 찬양' 27개(11.7%), '김정일 찬양 및 체제 과시' 24개(10.4%), '남한정세 비판' 24개(10.4%) 등의 순으로 나타났다. 그밖에 '미국과 유럽 등 서구 비판' 17개(7.4%), '과학기술 및 교육 강조' 15개(6.5%), '기타 국제정세 소개 및 우방국 옹호' 12개(5.2%), '문화풍습 소개' 1개(0.4%) 등의 순이었다.

〈표 5-1〉 1시기 로동신문의 기사 내용 분석

1시기	기사 수	구성 비율(%)
사회주의 혁명사상 고취	72	31.2
경제발전 강조	39	16.9
김일성 업적 찬양	27	11.7
김정일찬양체제과시	24	10.4
남한정세비판	24	10.4
미국 및 서방세계 비판	17	7.4
과학기술 및 교육 강조	15	6.5
기타 국제정세소개 및 우방국 옹호	12	5.2
문화풍습소개	1	0.4
김정은 후계구도 강화	0	0
계	231	100

1~5 시기를 대표할 수 있는 기사를 분석하기 위해 5개 시기별로 가장 활발하게 활동한 부서에서 가장 기사를 많이 작성한 기자의 기사를 각 시기의 대표 기사로 선정해 분석하였다.

1시기의 부서별 총 기사 수 순위는 당생활부(718개, 1위), 사진보도부(445개, 2위), 조국통일부(399개, 3위), 국제부(395개, 4위), 특파기자부(282개, 5위), 당력사교양부(264개, 6위), 혁명교양부(218개, 7위), 공업부(213개, 8위), 과학문화부(197개, 9위), 농업부(150개, 10위) 순이었다.

1시기에서 가장 활발하게 활동한 부서는 당생활부였다. 당생활부에서 가장 활발하게 활동한 기자 1~5위는 리종석(48개), 손영희(47개), 정성일(42개), 박철(41개), 전경서(36개) 등이었다. 1시기 당생활부 기사 작성량 1위인 이종석(48개)은 2008년 3월 3일자 로동신문 3면에서 '내세운 목표는 끝장을 볼 때까지-동림군상업관리소 초급당위원회 사업에서'라는 제목의 기사에서 1시기 당생활부가 작성하는 전형적 기사를 보여주고 있다.

이 기사는 당 관점에서 건전하고 모범적인 생활 태도를 부각시키면서 이러한 태도가 결국 북한이 추구하는 사회주의의 궁극적인 목표 추구에 도움이 되며, 가깝게는 경제적 이해에도 부합한다면서 독자들을 독려하고 있다. 김정일 통치하에서 요구되는 주민의 표본을 제시하고, 사회주의 혁명 완성과 경제적 이해를 동시에 추구하는 당시의 풍조를 엿볼 수 있다.

> 2008.3.3일자 로동신문 당생활부 소속추정 [이종석 본사기자] 작성
>
> 내세운 목표는 끝장을 볼 때까지-
> 동림군상업관리소 초급당위원회 사업에서
>
> 공화국창건 60돐을 맞는 뜻깊은 올해에 동림군상업관리소의 일군들과 종업원들이 인민을 위한 좋은 일을 많이 하여 우리 식 사회주의 제도의 우월성을 더욱 높이 발양시킬 숭고한 자각으로 가슴을 끓이며 상업봉사활동을 힘있게 벌리고 있다. 이들은 목표를 높이 세우고 내세운 목표는 끝장을 볼 때까지 완강하게 밀고나가 성과를 거두고 있다. 위대한 령도자 김정일동지께서는 다음과 같이 지적하시였다. ≪일단 목표를 내건 다음에는 오물쪼물하지 말고 그것을 대담하고 패기있게

내밀어 끝까지 해제껴야 합니다.≫

　몇해전까지만 하여도 상업관리소의 물질기술적토대는 응당한 수준에 있지 못하였다. 이런 때 새로 사업을 시작한 소장 김정애동무가 초급당일군을 찾아와 상업관리소의 사업을 혁신하기 위한 문제를 제기하였다. 군안의 모든 상점들을 잘 꾸리며 원료기지를 활성화하고 종합축산기지를 꾸릴데 대하여 이야기하는 소장의 열정적인 모습을 보며 초급당일군은 그의 사업을 잘 도와주리라 결심하였다. 그후 초급당위원회는 투쟁목표를 바로세우기 위한 사업부터 진행하였다. 일을 잘하고있는 도안의 여러 군상업관리소들에 대한 참관을 조직하고 모든 종업원들이 상업관리소의 물질기술적토대를 더 잘 꾸리기 위한 방도들을 제기하도록 하였다. 이 과정에 자기 단위의 실정에 맞으면서도 다른 단위보다 더 잘 꾸리기 위한 대책이 대중의 집체적인 지혜에 의하여 세워지게 되었다.

　초급당위원회는 종업원들속에서 제기된 대책들을 토의하는 일군들의 모임을 열고 통이 크게 일관을 벌리기 위한 투쟁목표를 확정하였다. 그러나 그것을 실천하는 과정은 결코 말처럼 쉽지 않았다. 상점들도 잘 꾸리면서 원료기지를 기름지게 걸구고 종합적인 축산기지도 번듯하게 일떠세울 목표를 대부분이 녀성들로 이루어진 관리소의 조건에서 실현해나간다는 것은 참으로 아름찬것이였다.

　하지만 초급당일군은 정춘실영웅의 투쟁기풍을 본받아 위대한 장군님을 그리는 마음을 안고 인민의 충복으로 살 뜨거운 마음만 가진다면 못해낼 일이 없다는 것을 종업원들의 심장마다에 깊이 새겨주는 정치사업을 화선식으로 벌려 그들이 마음의 탕개를 바싹 조이도록 하였다.

　일군들과 종업원들은 암반을 까내고 거기서 나오는 돌로 건물기초와 울타리를 쌓으며 염소와 소, 돼지를 기를수 있는 수백m²짜리 종합적인 축산기지를 건설하였고 런이어 큼직하면서도 생활하기 편리한 산뜻한 합숙과 굴형식토까우리도 일떠세웠다. 겨울이면 질좋은 거름을 많이 생산하여 원료기지에 실어냈으며 봄내, 여름내 원료기지를 가꾸면서도 상업봉사망들을 환하게 꾸리기 위한 사업도 같이 밀고나갔다.

어렵고 힘들 때마다 김정애, 장영만, 림일남동무들을 비롯한 일군들은 정춘실영웅처럼 일해나간다면 척박하던 원료기지에 풍요한 가을을 불러올수 있고 상업망들도 잘 꾸릴수 있다고 종업원들에게 신심을 안겨주면서 내세운 목표를 끝까지 실현하기 위한 투쟁의 앞장에 섰다. 일군들의 뒤를 따라 김정삼, 김광선, 김명철, 최성관동무들을 비롯한 원료기지의 로동자들은 한마음한뜻이 되어 억척같이 땅을 걸구고 건물을 일떠세웠으며 계인국, 오영진, 리금화, 선우철순 동무들은 정성을 기울여 집짐승들을 키워갔다. 자연을 길들이기 위한 그들의 이악한 일본새는 주변 협동농장의 농장원들도 혀를 찰 정도였다. 마침내 그들은 한두해사이에 상점들을 환하게 꾸리였다. 이와 함께 종합축산기지를 새 세기의 요구에 맞게 번듯하게 일떠세우고 염소, 소, 돼지, 토끼, 닭, 오리 등 천수백마리의 집짐승들을 키우게 되었으며 기름지게 걸군 원료기지에서 생산량도 부쩍 늘이였다. 여기서 생산된 고기와 여러가지 원료를 가지고 군안의 영예군인들과 주민들이 덕을 볼수 있는 여러가지 식료품을 생산하게 되였다.

초급당위원회는 지난 기간의 투쟁을 통하여 일단 목표를 내세운 다음에는 끝장을 볼 때까지 이악하게 밀고나가야 성과를 거둘수 있다는 귀중한 경험을 체득하였다.

올해공동사설을 받아안고 초급당위원회는 정춘실영웅의 투쟁정신과 일본새를 본받아 더높은 투쟁목표를 제기하였다. 올해에 버섯과 여러 가지 남새를 생산할수 있는 버섯공장과 태양열온실을 원료기지에 새로 꾸려 주민들의 생활을 윤택하게 하는데 이바지하며 원료기지의 정보당 수확고를 또다시 지난해보다 더 높이 끌어올리자는 것이 이들의 투쟁목표이다.

지금 초급당위원회는 종업원들속에서 정춘실영웅을 따라배우기 위한 사업을 실천과 결부하여 더욱 힘있게 벌리면서 이 과정에 3대혁명 붉은기를 쟁취할 결의드높이 원료기지를 더 잘 걸구기 위한 사업을 비롯하여 내세운 목표실현에 그들이 적극 떨쳐나서도록 당사업을 잘 해나가고 있다.…

1시기 로동신문 편집국 당생활부 소속으로 리종석에 이어 두 번째로 많은 기사를 작성한 손영희(47개)는 2008년 6월 18일자 로동신문의 '불멸의 당건설업적을 깊이 심어주며-대동강구역당위원회에서'라는 제목의 기사에서 김일성, 김정일의 능력과 업적을 고무·찬양한 뒤 그 뜻을 이어받은 당위원회의 업적을 집중적으로 소개하고 있다. 역시 전형적인 당생활부 유형의 기사로서, 김정일 통치시기에 바람직한 당생활의 표본을 다각적으로 제시하면서 사회주의 혁명위업의 완성을 목표로 제시하는 한편, 내부 분위기를 당 중심의 사회를 지향하는 방식으로 이끌어가는 효과도 얻고 있다.

이 기사를 통해 로동신문은 조선로동당의 중요성을 강조하면서 김정일 국방위원장의 선군정치를 다시 당 중심의 정치로 복귀시키려는 의지를 내비치고 있다. 김정일 통치 말기에 접어들면서 이러한 내용을 주로 다루는 당생활부의 기사량이 로동신문에서 가장 많은 것으로 나타났고, 기사 내용 역시 당이 중심이 되는 사회 및 정치 체제를 지향하고 있어 김정일 집권기 기간 북한 수뇌부가 지향한 것은 당의 통치력 강화에 있었던 것으로 풀이된다.

2008.6.18일자 로동신문 당생활부 소속추정 [손영희 본사기자] 작성

불멸의 당건설업적을 깊이 심어주며-대동강구역당위원회에서

위대한 수령 김일성동지께서는 다음과 같이 교시하시였다. ≪김정일동지는 천재중의 천재입니다. 그는 모든 분야에 능통한 인류력사가 낳은 위인들중의 위인입니다.≫"라고 시작하면서 "경애하는 장군님께서 당중앙위원회에서 사업을 시작하신 44돐을 맞으며 대동강구역당

위원회에서는 당원들과 근로자들속에서 조선로동당을 영광스러운 김일성동지의 당으로, 선군혁명의 강위력한 향도력량으로 강화발전시키기 위하여 바쳐오신 장군님의 불멸의 당건설업적을 새겨주기 위한 교양사업을 실속있게 진행하고 있다. 특히 경애하는 장군님께서 이룩하신 불멸의 당건설 업적을 보여주는 도시선전을 통한 교양사업은 실효를 거두고 있다.

구역당위원회 선전선동부의 계획에 따라 위대한 장군님께서 당중앙위원회에서 사업을 시작하신 뜻깊은 기념일을 맞으며 구역급 기관은 물론 공장, 기업소들에서 도서 ≪김정일동지전기≫, ≪주체시대를 빛내이시며≫에 대한 독보와 연구발표모임, 읽은책발표모임이 진행되였다.

구역당위원회는 도서선전에 예술선동의 형식을 적극 활용하여 한번을 해도 그 실효가 높이 발휘될수 있게 하는데 깊은 주목을 돌리였다. 구역출판물보급소 보급원들은 경애하는 장군님의 당건설업적을 선전하는 도서보급 및 해설사업을 예술선동형식에 담아 준비한 다음 공장, 기업소를 순회하며 선동활동을 전투적으로 진행하여 대중속에서 커다란 반향을 불러일으키고있다.

경애하는 장군님께서 당건설위업에 쌓으신 불멸의 업적을 인식시키기 위한 교양사업은 학습과 강연, 선동을 비롯한 여러 가지 형식과 방법으로 진행되고있는 것으로 하여 실효가 크다.

구역당위원회는 학습강사, 강연강사, 선동원을 비롯한 초급선전일군대렬을 잘 꾸리는 한편 그들의 수준을 높여주기 위한 사업을 의도적으로 짜고들었다.

매달 학습강사의 날, 강연강사의 날, 선동원의 날을 정상적으로 운영하고 대중속에서 경애하는 장군님의 불멸의 업적선전을 잘하고있는 모범적인 초급선전일군들의 경험을 일반화하기 위한 사업을 정상화하였다.

이 과정에 평양탄광기계공장의 학습강사들과 구역도시시설관리소의 선동원을 비롯한 많은 초급선전일군들이 대상의 준비 정도와 특성에 맞게 경애하는 장군님의 불멸의 업적선전을 참신하게 진행하여 좋은 성과를 거두게 되었다.

구역당위원회는 경애하는 장군님께서 당중앙위원회에서 사업을 시작하신 뜻깊은 기념일을 맞으며 TV로 방영되는 기록영화를 빠짐없이 보게 하고 그를 통한 교양사업을 단위별로 특성에 맞게 진행하게 하였다. 이 과정에 당원들과 근로자들은 력사에 길이 빛날 6월 19일 경애하는 장군님께서 당중앙위원회에서 사업을 시작하신 것은 우리 당과 혁명, 조국과 인민에게 있어서 크나큰 영광이었다는 것을 더욱 가슴깊이 새기게 되었다. 구역당위원회는 당원들과 근로자들속에 당창건기념탑에 깃든 위대한 장군님의 불멸의 업적을 새겨주기 위한 사업도 잘하고있다.

당창건기념탑에 깃든 위대한 장군님의 불멸의 업적을 길이 빛내이자는 내용으로 된 정치사업자료가 아랫단위 당조직들에 배포되고 공장, 기업소, 동, 인민반단위로 당창건기념탑에 대한 집중참관이 진행되였다. 이 과정에 당원들과 근로자들은 우리 당을 영원히 영광스러운 김일성동지의 당으로 강화발전시키시려는 경애하는 장군님의 숭고한 도덕의리의 세계에 대하여 가슴뜨겁게 절감하게 되였다.

구역당위원회에서는 당원들과 근로자들속에서 경애하는 장군님께서 당건설에 쌓으신 업적을 새겨주기 위한 교양사업을 선군사상교양과 결부하여 짜고들어 진행하고있다.

이렇듯 구역당위원회는 경애하는 장군님께서 당중앙위원회에서 사업을 시작하신 뜻깊은 날을 맞으며 장군님께서 당건설위업에 쌓으신 불멸의 령도업적으로 당원들과 근로자들을 무장시키기 위한 사업을 여러 가지 형식과 방법으로 진행하여 좋은 성과를 거두고 있다.…

3.2. 김정일 건강 이상과 후계체제 구축시기

2시기에는 '사회주의 혁명사상 고취' 관련 기사가 103개(49.3%), '미국과 유럽 등 서구 비판' 28개(13.4%), '남한정세 비판' 27개(12.9%), '김정일 찬양 및 체제 과시' 20개(9.6%) 순이었다. 그밖에 '김일성 업적 찬양' 12개(5.7%), '경제발전 강조' 9개(4.3%), '과학기술 및 교육 강조' 5개(2.4%), '기타 국제정세 소개 및 우방국 옹호' 5개(2.4%) 등이었다.

〈표 5-2〉 2시기 내용 분석

2시기	기사 수	구성비율(%)
사회주의 혁명사상 고취	103	49.3
미국 및 서방세계 비판	28	13.4
남한정세비판	27	12.9
김정일찬양체제과시	20	9.6
김일성 업적 찬양	12	5.7
경제발전 강조	9	4.3
우방국 옹호 및 기타 정세	5	2.4
과학기술 및 교육 강조	5	2.4
김정은 후계구도 강화	0	0
문화풍습소개	0	0
계	209	100

2시기의 부서별 총 기사 수 순위는 사진보도부(524개, 1위), 당생활부(494개, 2위), 조국통일부(479개, 3위), 국제부(422개, 4위), 혁명교양부(279개, 5위), 당력사교양부(247개, 6위), 공업부(222개, 7위), 농업부(222개, 7위), 특파기자부(215개, 9위), 과학문화부(211개, 10위) 등의 순이었다. 2시기에서 가장 활발하게 활동한 부서는 사진보도부였으나, 사진보도부의 특수성을 감안해 이를 제외하면 1시기와 마찬가지로 당생활부가 1위를 유지했다. 2위 역시 사진보도부를 제외하면 1시기와 마찬가지로

조국통일부의 차지였다.

　당생활부에서 기사 작성량 면에서 가장 활발하게 활동한 기자 1~5위는 리종석(40개), 손영희(38개), 최시홍(37개), 김호혁(35개), 최일호(35개)였다. 1시기 때와 비교하면 1, 2위는 그대로 유지되고 3, 4, 5위는 바뀌었다.

　2시기 조국통일부의 기사 작성량 1~5위 기자는 심철영(51개), 엄일규(46개), 송영석(44개), 박철준(36개), 라설하(33개) 순이었다. 1위 심철영(51개)은 2008년 12월 6일자 '위기수습을 위한 발악적몸부림'이라는 제목의 기사에서 남한 정세에 대해 논하며 당시 남측 이명박 정부를 강도 높게 비난하고 있다.

　로동신문 편집국의 조국통일부는 주로 남한 정세 비판 및 분석 기사를 전담하는 부서로서 김정일 국방위원장이 건강을 회복해 김정은을 위한 후계구도 준비에 박차를 가하는 2시기를 맞아 극도의 긴장감 속에 대남 비판에 주력하고 있다. 이 시기 김정일 정권이 외부 세력을 극도로 경계하면서 뒤늦게나마 후계구도 구축에 집중하던 정황이 드러난다.

2008.12.6일자 로동신문 조국통일부 소속 [심철영 본사기재 작성

위기수습을 위한 발악적몸부림

최근 리명박패거리들이 그 무슨 ≪보수세력결집≫과 ≪국정쇄신≫에 대해 입을 모아 떠들어대고 있다. 얼마전 ≪〈뉴라이트〉전국련합 창립기념식≫에 참가한 ≪한나라당≫의 한 인물은 ≪앞으로 〈뉴라이트〉와 손을 잡고 같이 꿈을 이루자≫고 이 극우보수단체에 추파를 던

지며 ≪보수세력결집≫에 대해 운운했다.

한편 ≪한나라당≫ 대표라는자 역시 보수세력의 그 무슨 ≪각성≫이니 뭐니 하면서 현 ≪국회≫ 일정이 끝나면 전면적인 ≪국정쇄신≫에 들어가야 한다고 떠들었다"며 "하다면 리명박일당이 무엇 때문에 ≪보수세력결집≫이니, ≪국정쇄신≫이니 하며 분주탕을 피우고있는가 하는 것이다. 오늘 리명박일당은 저들의 어리석은 반역정치로 하여 전례없는 최악의 집권위기에 빠져 허덕이고 있다. 남조선에서 ≪실용정부≫와 사대매국적이고 반민족적인 대내외정책을 반대하는 각계층 인민들의 분노와 규탄의 목소리가 날을 따라 더욱 높아가고 있다.

역도패당이 증오의 도마우에 오른 것은 너무도 당연한 일이다. 그 무슨 ≪실용≫의 간판을 들고 ≪경제를 살리고 민생을 돌보겠다.≫느니, ≪서민들을 위한 정치≫를 하겠다느니 하는 달콤한 수작들을 늘어놓으며 권력의 자리에 기여오른 리명박역도가 해놓은 일이란 하나도 없다.

리명박 ≪정권≫이 빚어낸 현실이란 지금까지 좋게 발전하여온 북남관계의 전면파탄과 경제위기의 심화, 근로인민대중의 극심한 생활난뿐이다. 지금 남조선에서 매일과 같이 벌어지는 반리명박투쟁은 반인민적악정으로 인민들을 기만우롱한 반역패당에 대한 분노한 민심의 폭발이다.

여기에다 엎친데덮친 격으로 ≪정부≫와 ≪한나라당≫ 내에서 집안싸움이 잦아지고 리명박의 지지기반이라고 하는 보수세력들까지 역도를 비난하면서 등을 돌려대고있어 반역도당을 더욱 곤경에 몰아넣고 있다. 리명박은 자기의 사설단체와 다름없는 ≪선진국민련대≫의 출신들을 ≪청와대≫와 ≪정부≫, 산하단체의 요직들에 대대적으로 들여앉히였다. 역도의 이러한 조치를 두고 지금까지 ≪한나라당≫과 일보 보수단체들에서는 ≪권력은 모조리 선진국민련대가 차지한다≫는 불만들이 터져나오고 있다. 리명박이 내놓는 설익은 정책들도 집안싸움의 원인으로 되고 있다. ≪한나라당≫ 패들은 지금 당국의 ≪수도권규제완화정책≫을 둘러싸고 옳으니 그르니 하면서 서로 대립되여 개싸움을 벌리고 있다.

　얼마전 ≪한나라당≫ 대변인이라는자는 당국의 정책에 불만을 표시하면서 정책들이라는 것이 ≪일관성이 없고 체계화되지 못해 사태를 악화시킨다.≫고 정면으로 리명박을 공격하였다. 보수단체인 ≪선진화재단≫의 토론회장에서도 리명박에 대해 ≪정치적감각이 매우 무디고 자질과 품격이 절대적으로 미숙하다.≫, ≪국정운영에 필요한 종합적인 사고와 판단력이 부족하다.≫, ≪시대변화를 가늠하는 지각력이 없다.≫는 등의 역도의 자질과 인격을 조소하는 목소리들이 울려나왔다. 역도의 어용나팔수로 되고있는 극우보수언론들마저 리명박의 정책들을 비난하고 있다.

　보수세력의 지지와 도움이 없는 리명박일당이란 끈 떨어진 갓신세와 다를바 없다. 한마디로 리명박패당은 안팎으로 궁지에 몰리고있으며 헤여나기 어려운 위기에 처하였다. 극도로 당황망조한 리명박역도와 ≪한나라당≫패거리들은 ≪국정쇄신≫을 떠들며 불만으로 가득차있는 보수세력들을 달래여 규합하고 그들에게 의거하여 진보세력들의 반 ≪정부≫투쟁을 말살함으로써 위기를 모면하고 저들의 더러운 야망을 기어코 실현해보려고 피하고있는 것이다.

　리명박일당이 보수세력규합책동에 매달린 것은 결코 처음이 아니다. 그들이 보수세력들을 긁어모아 소고기시장개방을 반대하는 남조선인민들의 초불시위투쟁을 약화시키고 말살할 흉심밑에 일선경찰서들에 ≪전통지지세력복원방안≫과 ≪진보단체 등 반대세력의 포용범위와 추진방안≫이라는 것을 내려보낸 사실, ≪바른 사회시민회의≫, ≪국가쇄신국민련합≫, ≪국민행동본부≫, ≪〈뉴라이트〉전국련합≫ 등 극우보수단체들을 조직적으로 내몰아 반 ≪정부≫투쟁에 나선 진보적단체들과 인민들에 대한 집단적폭행을 감행한 사실이 그것을 말해주고 있다.

　지금 리명박일당이 ≪보수세력결집≫과 ≪국정쇄신≫을 부르짖고 있는것이 지난 시기와 마찬가지로 보수세력들을 긁어모아 저들에게 반기를 드는 진보세력들과 애국적인민들의 진출을 가로막고 탄압말

> 살함으로써 정치적잔명을 유지하려는 파쑈적흉계의 발로라는 것은 두말할 필요가 없다. 현실은 리명박패거리들의 음모를 묵인한다면 파쑈독재의 서슬푸른 칼날이 온 남녘땅을 또다시 피로 물들일수 있다는 것을 예고해주고 있다.
> 　반인민적통치는 력사와 인민의 준엄한 심판을 받기마련이다. 지금 남조선에서는 리명박패당의 보수세력규합책동에 맞서 민주대련합을 형성하고 진보세력의 단합된 힘으로 반역통치를 짓부시기 위한 적극적인 움직임이 나타나고있다.
> 　정의를 사랑하고 사회의 자주화와 민주화, 조국통일을 지향하는 남조선의 각계 단체들과 인민들은 굳게 단합하여 매국과 반역에 미쳐 돌아가는 리명박일당을 력사의 무덤속에 처박고야말 것이다.…

　2시기 조국통일부에서 기사 작성량 2위인 엄일규(46개) 역시 비슷한 시기인 2009년 1월 12일자 '정초부터 폭압의 칼을 물고 날뛴다' 제하 기사에서 남한 정부를 향해 신랄한 비난을 쏟아냈다. 이 기사에서 로동신문은 남조선 정부당국의 대북 적대시 입장에 대해 극도의 우려를 나타내면서 강한 적대감마저 내비친다. 또한 이와 함께 체제 보장을 위한 여건 조성에 전력을 다하고자 하는 인상을 준다. 즉 로동신문은 건강을 회복한 김정일이 김정은을 중심으로 하는 후계구도 재편에 나선 가운데 대북 압박 위주의 남측 태도를 위협적으로 여기고 더욱 강한 표현으로 남측을 질타하고 반박하여 역설적으로 당시 북측이 안고 있던 공포와 긴장감을 행간을 통해 드러내고 있다.

> 2009.1.12일자 로동신문 조국통일부 소속 [엄일규 본사기자] 작성
>
> 정초부터 폭압의 칼을 물고 날뛴다

리명박 일당이 새해정초부터 파쑈적폭언을 늘어놓으며 사회전반에 살벌한 분위기를 조성하고 있다.

며칠전 《검찰총장》이라는자는 《친북좌익세력발본색원》이니 뭐니 하며 피대를 돋구었다. 이에 앞서 《법무부》 패거리들은 《새해업무보고》라는데서 《공안조직과 기구에 대한 정비와 인적, 물적 자원보강방침》을 운운하였다. 이들이 《친북좌익세력을 발본색원》하겠다는 것은 련북통일을 주장하는 통일민주세력들을 근본적으로 없애버리겠다는 선언이며 《공안조직과 기구를 정비, 보강》하겠다는것은 파쑈폭압기구들을 대폭 강화하여 인민들의 반 《정부》투쟁을 가차없이 탄압하겠다는 수작이다. 반역패당의 이러한 언동이 전례없이 악랄한 파쑈폭압전의 전주곡이라는 것은 누구에게나 명백하다. 남조선당국이 탄압말살하겠다고 벼르는 《친북좌익세력》이란 저들의 반인민적악정과 동족대결책동을 반대하고 남조선사회의 자주화, 민주화와 조국통일을 위해 활동하는 의로운 통일운동단체들과 애국인사들이다. 이렇게 놓고볼 때 파쑈도당이 정초부터 살기띤 폭언을 줴치는것은 자주, 민주, 통일을 지향하는 남조선의 각계층 인민들을 우리와 억지로 련결시켜 가차없이 칼부림하려는 흉계의 발로로서 간과할수 없다.

폭로된것처럼 리명박일당은 지난 온 한해동안 《친북좌파세력청산》을 떠들며 6.15공동선언과 10.4선언을 지지하고 민족의 화해와 단합, 통일을 주장하는 남조선의 진보적단체들과 각계 인사들은 물론 생존권을 요구하는 사람들까지 광란적인 파쑈폭압의 대상으로 삼았다. 불한당들은 집권하기 바쁘게 범청학련 남측본부 의장 윤기진청년을 악명높은 《보안법》의 제물로 만든것을 비롯하여 민족적화해와 단합, 련북통일을 주장하는 사람이라면 그가 누구이든 가차없이 《친북좌파세력》으로 몰아 족쇄를 채워 철창속으로 끌어가는 만행을 저질렀다. 미국소고기수입을 반대하는 초불시위투쟁참가자들까지 《친북》의 모자를 씌워 탄압의 대상으로 삼은 폭군들이니 더 말해 무엇하겠는가. 그들의 광란적인 폭압만행으로 지난해 남조선에서는 어느 하루도 통일민주세력들의 피가 흐르지 않은 날이란 없었다.

며칠전에도 파쑈광들은 《국회》에까지 경찰병력을 들이밀어 《MB(리명박) 악법》 강행처리를 반대하여 투쟁하는 롱성자들을 강제해산시키는 폭거를 저질렀다.

남조선의 《6.15와 함께하는 제주청년회》는 실천련대, 6.15 청학련대 등 시민사회단체들과 지어 《유모차부대》녀성들을 비롯한 각계층 인민들에게 무차별적인 탄압을 가하는 현 《정권》보다 더한 파쑈 《정권》이라고 규탄하였다. 남조선의 다른 단체도 리명박 독재 《정권》이 저들의 반민족적이며 반통일적인 정책을 비판해나선 인민들을 탄압하기 위해 들고나온것이 바로 《좌파잔재청산》이라고 까밝혔다.

일신의 향락과 집권욕에 환장하여 남조선사회의 자주화와 민주화, 민족의 화합과 통일을 지향하는 단체들과 인사들을 탄압, 말살하고 독재시대를 되살리기 위해 집권 첫해에 벌써 남조선을 파쑈의 란무장으로, 민주와 인권의 무덤으로 만든 리명박일당의 죄악은 실로 용납할 수 없는것이다. 그 죄과만으로도 역도패당은 력사와 인민의 준엄한 심판을 면할수 없다.

그런데 그런 죄악의 산을 쌓고도 성차지 않아 지난해에 감행한 류혈적인 인민탄압전을 올해에 또다시 펼쳐놓을 심산으로 정초부터 폭압의 칼바람을 일으키고있으니 이 얼마나 지독한 파쑈폭군들인가. 남조선의 현 보수집권세력이야말로 군부독재자들도 무색케 할 파쑈광신자, 반통일역적들이며 따라서 이런 폭군들을 그대로 두고서는 자주, 민주, 통일의 념원을 언제 가도 이룰 수 없다는 것이 남조선인민들의 한결같은 주장이다.

력사적인 북남공동선언들에 도전하여 전례없이 악랄한 파쑈폭압공세로 자주통일시대의 흐름을 가로막아보려고 무모하게 날뛰는 리명박일당에 대한 남조선인민들의 원한과 분노는 하늘땅에 사무치고있다. 남조선인민들은 반역패당을 반대하는 거족적인 투쟁의 불길을 지펴올려 자기들이 흘린 피값을 천백배로 받아내고야말 것이다.…

3.3 김정일 사망 전후시기

3시기에는 '사회주의 혁명사상 고취' 관련 67개(29.4%), '김정일 찬양 및 체제 과시' 37개(16.2%), '남한정세 비판' 37개(16.2%), '김정은 후계구도 강화' 29개(12.7%), '경제발전 강조' 22개(9.6%), '미국 및 서구 비판' 18개(7.9%) 순이었다. 이어 '김일성 업적 찬양' 7개(3.1%), '기타 국제정세 소개 및 우방국 옹호' 6개(2.6%), '과학기술 및 교육 강조' 5개(2.2%) 순이었다.

〈표 5-3〉 3시기 내용 분석

3시기	기사 수	구성비율(%)
사회주의 혁명사상 고취	67	29.4
김정일찬양체제과시	37	16.2
남한정세비판	37	16.2
김정은 후계구도 강화	29	12.7
경제발전 강조	22	9.6
미국 및 서방세계 비판	18	7.9
김일성 업적 찬양	7	3.1
우방국 옹호, 국제정세 소개	6	2.6
과학기술 및 교육 강조	5	2.2
문화풍습소개	0	0
계	228	100

3시기 부서별 총 기사 수 순위는 당생활부(580개, 1위), 조국통일부(465개, 2위), 국제부(414개, 3위), 당력사교양부(309개, 4위), 사진보도부(306개, 5위), 과학문화부(290개, 6위), 공업부(246개, 7위), 특파기자부(230개, 8위), 농업부(158개, 9위), 사회주의교양부(78개, 10위) 순이었다.

3시기에서 기사 작성량 상위 부서는 1, 2시기와 마찬가지로 당생활부, 조국통일부, 국제부의 순이 유지되었다. 반면 1, 2시기와 달리 당력사교양부와 과학문화부 등이 상위권(4, 6위)으로 올라서고 사진부, 혁명교양부(사회주의교양부) 등이 하위권으로 내려가는 변화가 나타났다. 3시기는 김정은이 김정일의 공식 후계자로 자리매김한 뒤 김정일이 실제 사망하고 김정은이 정식 후계자로 등극하는 기간을 포함한다. 이러한 과도기적 특성이 신문지상에 반영된 것으로 보인다. 김정일 집권기의 주류적 특성을 그대로 유지하면서 물밑에서 모종의 변화가 시작되고 있는 것이다.

앞서 1, 2시기의 기사 작성량 상위권 부서 당생활부, 조국통일부의 대표적 기사 분석에 이어 3시기에서는 기사 작성량 상위권중 1, 2시기와 겹치지 않게 3위(국제부)의 기사를 분석해 보았다. 3시기 국제부에서 기사량 1~5위는 조성철(39개), 김종손(38개), 조택범(38개), 리경수(35개), 전영희(34개)였다.

3시기 국제부 기사량 1위 조성철(39개)은 2011년 11월 15일자 '군사적 위협에 대한 강경대응'이라는 제목의 기사에서 러시아와 미국 간에 치열하게 전개되고 있는 유럽미사일방위체계 구축과 관련한 소식을 상세하게 전달하고 있다. 미국이 주도하는 유럽미사일방위체계 구축 움직임과 이에 맞서는 러시아의 대응을 분석적으로 전달함으로써 독자들에게 향후 북한이 궁극적으로 취해야 할 자세를 고민하고 되돌아보게 하는 효과를 얻고 있다.

2011년 11월은 김정일이 사망하지 않은 시점이다. 김정일이 김정은을 중심으로 한 후계구도 구축에 전력을 다하고 있던 시기다. 당시 북한 수뇌부의 주된 관심사가 당생활부를 통한 내치 점검, 조국통일부를 통한 남한정세 분석 및 견제, 국제부를 통한 국제정세 분석이었던 것으로 해석된다.

이런 맥락에서 로동신문의 국제부는 김정일 치하 김정은 후계구도

확립 과정에서 한반도를 둘러싼 주변국의 움직임을 치밀하게 관찰하고 분석하는 기사를 다량 생산하는 성과를 냈다.

2011.11.15일자 로동신문 국제부 소속 [조성철 본사기자] 작성

군사적위협에 대한 강경대응

유럽미싸일방위체계구축문제를 둘러싸고 로미사이의 모순이 의연히 가서지지 않고 있다. 얼마전 로씨야국가회의 국방위원회 위원장은 미국과 나토에 유럽미싸일방위체계개발에 로씨야를 참가시킬것을 요구하였다. 그는 미싸일방위체계개발에 필요한 정보 및 기술적자료제공에서 로씨야를 제외시키는 경우 전략적안전균형이 파괴되며 로씨야는 그에 대한 대응조치를 취할것이며 따라서 새로운 군비경쟁이 시작될것이라고 경고하였다.

유럽미싸일방위체계는 로미관계에서 초미의 문제로 나서고 있다. 미국은 유럽미싸일방위체계가 로씨야에 위협이 되지 않는다고 하면서 미싸일방위체계수립을 계속 추진시키고있다. 얼마전 미국은 에스빠냐와 해상대공중요격미싸일체계인 ≪SM-3≫을 장비한 4척의 이지스함들을 이 나라 령해에 배비할것을 합의하였다.

로씨야외무성은 론평을 발표하여 모든 유관측들의 의견을 고려함이 없이 에스빠냐해안에 미싸일방위체계를 전개하기로 한 미국의 결정을 받아들일수 없다고 하면서 다음과 같이 지적하였다. ≪사태가 앞으로도 이런 식으로 계속발전한다면 로씨야-나토리사회 리스봉수뇌자회의에 의해 마련된 미싸일방위체계를 분쟁의 대상으로부터 협조의 대상으로 전환시킬수있는 기회를 놓치게 될 것이다. 단계적인 유럽미싸일방위체계창설을 실현하려는 미국의 이번 조치에 대해 긴장하지 않을수 없다. 그것은 이미 첫 단계에서 유럽지역에서의 미국의 미싸일방위능력이 현저히 강화되고있기 때문이다.≫

로씨야는 유럽미싸일방위체계에 대응하기 위하여 대륙간탄도미싸

일을 비롯한 전략무력강화에 박차를 가하고 있다. 지난 10월말 4세대 전략핵잠수함 ≪유리 돌고루끼≫호가 대륙간탄도미사일 ≪불라바≫의 시험발사를 성과적으로 진행하였다.

미사일은 잠수상태에서 백해수역으로부터 깜챠뜨까반도의 꾸라사격장으로 발사되였다. 미싸일시험발사는 성과적이였다. 이것은 반년동안에 세번째로 되는 미싸일시험발사였다.

로씨야에서는 무장장비현대화에도 힘을 넣고있다. 얼마전로씨야수상 뿌찐은 국방공업종합체에 관한 협의회에서 로씨야는 현대적인 무기를 생산하기 위해 선진기술을 소유하여야 하며 때문에 국방공업종합체를 갱신하고 여기에 자금을 투자하여야 한다고 하면서 다음과 같이 언명하였다.

≪10년동안에 우리는 국방공업종합체에 3조Rbl을 투자해야할것이다. 이것은 거액의 자금이다. 2012-2014년 련방예산안에서 우리는 이미 국방공업종합체기업소들을 갱신하는데 필요한 자금을 예견하였다. 그 액수는 총 4400억Rbl에 달한다. 우리는 국방공업종합체에 이 거액의 자금을 투자하는 것이 로씨야경제전반의 현대화에 이바지할 것이라고 기대하고 있다.≫국방부문에 대한 자금투자는 로씨야무력의 현대화에 크게 이바지되고 있다. 최근 로씨야에서는 ≪륙군항공대의 날≫에 즈음하여 륙군항공대가 100여대의 새 직승기와 현대화된 직승기를 받았다. 현재 로씨야에서는 륙군항공대를 ≪Ми-28H≫, ≪Ka-226≫, ≪Ми-26≫, ≪Ka-52≫, ≪Ми-8AMTIII≫, ≪Ми-8MTB-5≫와 같은 현대화된 직승기들로 재무장시키는 사업이 계속 진행되고있다. 이와 동시에 현재 사용되고있는 직승기들을 수리하는 사업이 벌어지고 있다.

로씨야국방공업종합체와 수리생산련합체들은 70여대의 비행기를 수리하여 공군부대들에 보내주었다. 로씨야에서는 2020년까지의 국가무장장비계획에 따라 국방공업종합체의 기업소들이 1000여대의 직승기를 생산해야 한다고 한다.

현대적인 비행기는 유능한 비행사를 요구한다. 로씨야에서는 비행

> 사양성사업도 중시하고있다.
> 얼마전 씨즈란고급비행군관학교가 신형다목적직승기 ≪안사뜨-Y≫를 받았다.
> 2012년부터 이 직승기를 가지고 새 세대 직승기조종사들을 양성하게 된다고 한다. 외신들은 로씨야의 군사력강화에 대하여 평하면서 이것은 미국의 군사적위협에 대한 대응으로서 앞으로 로미사이의 모순이 쉽게 해결되지 않을것이라고 전망하고 있다. …

조성철은 김정일 사망(2011년 12월 17일) 후인 2012년 1월 21일자에서 다시 한 번 '신의없는 행동, 응당한 반발'이라는 제목의 기사에서 앞서 다뤘던 유럽미사일방위체계 문제를 다뤘다.

> 2012.1.21일자 로동신문 국제부 소속 [조성철 본사기자] 작성
>
> 신의없는 행동, 응당한 반발
>
> 얼마전 벨지끄의 브류쎌에 있는 나토본부에서 진행된 로씨야-나토리사회 외무상회의가 소득없이 막을 내렸다. 회의에서 토의된 주요의제중의 하나는 유럽미싸일방위체계문제였다. 여론들은 이번 회의가 이전과 마찬가지로 유럽미싸일방위체계문제에서 쌍방이 의견상이를 해소하지 못하고 ≪마라손회담≫으로 이어진데 대하여 실망을 금치 못하였다.
> 회의기간 나토사무총장과 미국무장관은 유럽미싸일방위체계가 로씨야를 겨냥한것이 아니므로 로씨야와 미국사이의 전략적균형을 파괴하지 않는다고 하였다. 로씨야외무상은 나토가 로씨야의 우려를 심중하게 대하지않을뿐아니라 구두공약도 줴버렸으므로 자기 나라는 법적구속력을 가진 조약으로 자체의 안전이 위협을 받지 않도록 담보

> 를 받을 것이라고 언명하였다.
> 　유럽미싸일방위체계문제와 관련한 로씨야의 입장은 명백하다. 그 것은 로씨야의 참가하에 유럽미싸일방위체계를 공동으로 창설하든가 아니면 유럽미싸일방위체계가 로씨야의 핵억제력을 겨냥한 것이 아니라는 법적담보를 나토가 로씨야에 제공해야 한다는 것이다. 얼마전 나토주재 미국상임대표는 로씨야가 원하든 원하지 않든 미국은 미싸일방위체계 배비를 완성할것이라고 하면서 그것은 로씨야에 위협으로 되지 않는다고 하였다. 그의 발언을 로씨야가 곧이 들을리 만무하다.
> 　분석가들이 예측하는바와 같이 유럽미싸일방위체계문제를 둘러싼 로미관계에서는 미국의 신의없는 행동으로 호상 신뢰가 부족하고 경계심이 매우 높기때문에 쌍방사이의 모순이 쉽사리 해소되기 어려울 것이다.…

또한 조성철은 2012년 2월 1일자에서 '미국사회의 진면모'라는 제목으로 미국의 실상을 비난하는 기사를 작성하였다. 로동신문 국제부는 기사를 통해 미국에 강한 적개심을 표출하면서 미국의 불합리나 모순을 집요하게 비판하고 견제하는 형식으로 독자들 사이에 미국에 대한 부정적 인식을 확산시키는 역할을 맡고 있었던 것이다.

> 2012.2.1일자 로동신문 국제부 소속 [조성철 본사기자] 작성
>
> 미국사회의 진면모
>
> 　얼마전 미국의 VOA방송이 2011년 미국내 10대사건을 선정하였다. 여기에는 미국사회의 부패상을 보여주는 사건들도 적지 않다. 범죄가 란무하는 미국사회에 대한 표상에서 사람들은 총기류범죄를 먼저 꼽는다. 미국에서 범람하는 총기류범죄는 미국의 악성종양으로 되고있

다. 일반학생들과 대학생, 교원 등은 물론 국회의원까지 총기류범죄의 희생물이 되고있는 것이 미국사회이다.
　체육계에서 감독이라고 하면 사람들의 존경을 받는다. 그러나 미국 펜실바니아주립종합대학의 축구팀 전직감독 샌더스키가 소년들을 성폭행한 것이 폭로되여 사회적물의를 일으켰다. 여느 부문의 체육감독도 아니고 신헌한 교정의 감독이라는 사람이 15년간에 걸쳐 10대의 소년들을 성폭행하였다니 사람들은 경악을 금치 못하였다. 가관은 근 한생을 종합대학 축구팀에서 보냈다는 총감독이 샌더스키의 성폭행을 뻔히 알고있으면서 눈을 감아준것이였다. 죄는 지은데로 가기 마련이다.
　돈이 모든것을 지배하는 미국사회에서 자식들이 부모들을 살해하는 사건은 부지기수이다. 그러나 어머니가 제 딸을 죽였다고 하면 누구도 선뜻 믿지 못할것이다. 그것도 2살난 딸을 상해하였다면 사람들은 과연 그가 친어머니가 옳긴 옳은가하고 반문할 것이다. 고사리같은 손을 움켜쥐고 눈을 감은 천진란만한 어린이의 참상은 사람들의 경악을 자아냈다. 그야말로 어머니로서는 고사하고 녀인으로서, 인간으로서의 자격을 상실한 인간백정이였다. 살인자는 딸을 죽인 뒤 한 달동안이나 그 사실을 숨기면서 친구들과 함께 연회까지 참가하였다고 한다.
　살인자는 마땅히 벌을 받아야 한다. 그런데 법정에서는 그에게 무죄를 선언하였다. 리유인즉 그가 직접 살인을 저질렀다는 증거가 불충분하기때문이라는것이였다. 이것이 바로 ≪법치국가≫라고 하는 미국사회의 썩어빠진 진면모이다. …

3.4. 장성택 숙청 전후시기

　4시기에는 '사회주의 혁명사상 고취' 관련 56개(29.8%), '김정은 후계구도 강화' 44개(23.4%), '경제발전 강조' 27개(14.4%), '미국 및 서구 비판' 18개(9.6%) 순이었다. '남한정세 비판' 14개(7.4%), '김정일 찬양 및 체제과시' 8개(4.3%), '과학기술 및 교육 강조' 7개(3.7%), '기타 국제정세 소개' 7개(3.7%), '문화풍습 소개' 4개, '김일성 업적 찬양' 3개(1.6%)로 나타났다.

〈표 5-4〉 4시기 내용 분석

4시기	기사 수	구성비율(%)
사회주의 혁명사상 고취	56	29.8
김정은 후계구도 강화	44	23.4
경제발전 강조	27	14.4
미국 및 서방세계 비판	18	9.6
남한정세비판	14	7.4
김정일찬양체제과시	8	4.3
과학기술 및 교육 강조	7	3.7
우방국 옹호, 국제정세소개	7	3.7
문화풍습소개	4	2.1
김일성 업적 찬양	3	1.6
계	188	100

4시기의 부서별 기사량 순위는 당생활부(591개, 1위), 사진보도부(430개, 2위), 국제부(327개, 3위), 조국통일부(290개, 4위), 특파기자부와 당력사교양부(280개, 공동 5위), 과학문화부(252개, 7위), 공업부(211개, 8위), 농업부(126개, 9위), 사회주의교양부(75개, 10위) 순이었다.

4시기 기사량 1위 부서는 1, 2, 3시기와 마찬가지로 당생활부였으나, 사진보도부를 제외하면 4시기에서는 국제부가 두 번째, 조국통일부가 세 번째로 순위 바꿈이 있었다. 네 번째 자리에 3시기에서 8위였던 특파기자부가 올라와 달라진 위상을 암시했다.

특파기자부는 평양을 포함해 북한 전역에서 활동하며 지방 소식을 전하는 부서이다. 이들의 보도를 통해 북한의 지방에서 일어나는 주요 소식을 전국에 전달하고, 이로 인해 평양에서 지시 및 하달한 지침이 북한 전역에서 어떤 방식으로 수행되고 있는지 확인하는 효과도 얻을 수 있다. 김정은 집권기가 본격화되면서 중앙의 지침이 지방에서 어떻게 수행되는지에 대한 중앙의 관심이 높아진 것으로 풀이할 수 있다.

4시기는 김정은이 국방위원장에 등극한 뒤 자신의 후계 승계 작업을 일정 부분 도왔던 고모부 장성택을 숙청(2013년 12월)하고, 북한 수뇌부에 대한 대대적 물갈이를 진행하여 자신 중심의 권력 구조를 더욱 확고히 한 기간이다.

이런 해석에 기반하면 김정은은 3시기를 거치면서 자신 중심으로 형성된 권력 구조가 하달한 정책 지침이 북한 전역에서 어떻게 수행되고 있는지에 관심을 기울인 것으로 보인다. 이러한 분위기가 지방 소식을 전담하는 특파기자부 활동 증가로 이어진 것으로 추정할 수 있다.

앞서 1, 2, 3시기의 기사량 상위권 부서인 당생활부, 조국통일부, 국제부의 기사를 살펴보았다. 4시기에서는 위 3개 부서 다음 순위인 특파기자부의 기사를 분석해 보았다.

4시기 특파기자부의 기사량 1~5위는 전철주(44개), 동세웅(38개), 송창윤(38개), 리은남(36개), 박동석(31개)이었다. 4시기 특파기자부 기사량 1위 전철주(44개)는 2013년 10월 1일자 '백두대지에 울려 퍼진 감자농사혁명의 장엄한 포성'이라는 제목의 기사에서 김정일 국방위원장의 사진을 기사 중앙에 4단으로 크게 실었다. 신문에 나온 "오늘 호 당보"라는 표현은 북한 조선로동당 기관지인 로동신문을 본지 지면에서 자칭하는 것이다.

해당 기사는 이 날짜 2면에 6단에 걸쳐 게재된 것으로 당일 기사 중 지면에서 큰 비중을 차지한 기사였다. 같은 날짜의 1면 기사 또한 6단을 차지한 '사설-당의 감자농사 혁명방침관철에서 새로운 전환을 일으키자'는 제목의 기사였다.

2013.10.1일자 로동신문 특파기자부 소속 [전철주 본사기자] 작성

백두대지에 울려퍼진 감자농사혁명의 장엄한 포성

위대한 김정일대원수님께서 백두대지에 계신다. 준엄한 항일혁명사가 어리여있는 백두대지, 조국해방전쟁의 간고한 시기에 개척의 새 력사가 시작되였던 오늘의 백두삼천리벌. 하지만 위대한 장군님께서 백두대지에 계신 것은 이 땅에 굽이친 성스러운 력사에 대한 회억때문만이 아니였다. 위대한 장군님께서는 감자농사혁명의 장엄한 포성을 백두대지의 대홍단군에서 울리시고 대홍단군을 본보기로 하여 감자농사혁명을 진두에서 줄기차게 령도하시였다.

오늘호 당보에는 대홍단군을 현지지도하시는 위대한 령도자 김정일동지의 사진문헌을 정중히 모시였다.

기억도 새로운 주체87(1998)년 10월 1일, 력사의 그날 먼저 백두삼천리벌에 건립된 유래비와 전경사판을 보아주신 위대한 장군님께서는 우리는 대홍단군에 깃들어있는 어버이수령님의 로고와 심혈을 잊지 말아야 한다고, 수령님께서 이룩하여놓으신 불멸의 업적을 대를 이어 빛내여나가야 한다고 뜨겁게 말씀하시였다. 그러시고는 일군들에게 다음과 같은 뜻깊은 말씀을 하시였다.

≪내가 오늘 대홍단군종합농장에 온 것은 감자농사정형을 알아보고 감자농사에서 전환을 일으키도록 하기 위해서입니다.≫

순간 일군들의 마음속 충격은 컸다. 항일대전의 그날 원쑤격멸의 총성이 높이 울렸던 백두대지에 거대한 력사적인 사변이 다가오고있음을 예감하였기 때문이였다.

이날 우리 당은 농업생산을 추켜세우기 위하여 감자농사에서부터 혁명을 일으키려 한다고, 이제부터는 자신께서 책임지고 감자농사에 큰 힘을 넣으려 한다고 하시면서 감자농사혁명을 일으키는데서 대홍단군이 전국의 앞장에 서야 한다고 강조하시는 위대한 장군님을 우러러보며 일군들의 가슴마다에는 이런 확신이 차넘쳤다. (위대한 장군님

께서 백두대지에서 감자농사혁명의 포성을 울리고계시는구나!)
 위대한 장군님께서는 이날 백두삼천리벌의 곳곳에 현지지도의 자욱을 이어가시며 감자종자육종으로부터 재배방법, 영농작업의 종합적기계화, 가공, 저장에 이르기까지 귀중한 가르치심을 주시였다. 위대한 장군님의 말씀을 받아안으면서 일군들은 장군님께서 감자농사혁명에 대하여 오래전부터 구상하시였고 이 거창한 혁명을 본격적으로 이끌고계심을 크나큰 격정속에 깨닫게 되였다.
 일군들의 가슴마다에는 못 잊을 사연들이 되새겨졌다. 그해 정초 박달나무도 쩡쩡 얼어터지는 대소한의 추위도 마다하지 않으시고 량강도를 찾으신 위대한 장군님께서는 도의 책임일군에게 지난해 감자농사가 잘되였는가, 감자종자는 어떤 것을 심는가고 물으시였다.
 일군은 량강도에서 많이 심고있는 몇가지 감자종자에 대하여 말씀드리면서 그 종자들은 퇴화된것이기 때문에 정보당수확고가 그리 높지 못하다고 말씀올리였다. 그러자 위대한 장군님께서는 자신께서 최근에 량강도를 비롯한 우리 나라의 감자농사실태도 알아보고 감자농사와 관련한 자료들도 연구해보고 찾은 결론은 감자농사에서도 역시 종자혁명을 해야 하겠다는것, 우리가 선차적으로 해결해야 할 문제는 종자문제이라고 말씀하시였다.
 위대한 장군님께서는 현지지도를 마치고 떠나시면서 책임일군에게 량강도에서 감자농사를 잘하여야 한다고, 농사계획도 감자를 많이 심는 방향에서 세워야 한다고 거듭 당부하시고 렬차에 오르시였다. 감자농사에서 혁명을 일으킬 원대한 구상을 안으시고 그이께서 박달나무도 얼어터지는 북방의 추운 정월부터 도를 찾으시였다고 생각하니 일군들은 눈시울이 젖어들었다.
 일군들모두가 이런 생각을 하고있을 때 위대한 장군님께서는 농장원들이 통알감자를 심는데 대하여 다 지지하는가고 웃으며 물으시였다. 사실 전후사연을 다 헤아리고하시는 말씀이였다.
 대홍단군에서 처음으로 통알감자를 심었던 해에 있은 일이였다. 우량품종감자종자를 쪼개여 심지 않고 통알채로 심어야 한다고 하자 이

> 고장에서 오래 산 사람들은 머리를 기웃거렸다.
> 옛적부터 량강땅사람들은 이른봄이면 감자움을 터치고 뾰조록이 싹이 튼 감자를 쪼개고는 칼로 벤 자리에 재를 툭툭 쳐서 심군 하였다.
> 조상대대로 감자종자는 이렇게 심어야 하는것으로 여겨오던 토배기농민들은 통알감자를 그대로 심어 첫 수확을 하게 되었을 때 놀라지 않을수 없었다. 정보당 15t밖에 나지 못하던 포전에서 25t의 수확이 났던것이다.
> 군당책임일군이 감자종자문제를 놓고 기웃거리던 그들이 다음해에는 다 통알감자를 심겠다고 한다고 말씀올리자 위대한 장군님께서는 호탕하게 웃으시였다.
> 그러시면서 감자농사에서 통알감자를 심는것으로 결정하면 그것은 곧 주체농법으로 된다고, 감자를 통알채로 심는 방법이 파악된것만큼 감자농사에서는 통알채로 심는 것을 철칙으로 삼고 동요없이 확신성 있게 내밀어야 한다고 말씀하시였다.
> 통알감자심기, 그것은 재래식감자농사법과 결별한 하나의 혁명이였다.…

2면에 게재된 전철주 기자의 기사는 로동신문 1면에 대대적으로 실린 평양의 정책적 지침이 대홍단군과 백두삼천리벌 등이 있는 양강도 일대에서 어떻게 시행되고 있는지를 생생히 전달해주고 있다. 그 이후로도 전철주는 양강도 관련 지역 기사를 활발하게 송고하고 있다.

전철주는 2013년 12월 장성택의 숙청 이후에도 꾸준히 양강도 지역을 중심으로 정치, 경제, 문화 등 다양한 방면에서 기사를 송고하고 있다. 장성택은 2013년 12월 8일 조선로동당 중앙위원회 현장에서 체포됐고, 로동신문은 다음날인 12월 9일 1면에서 그의 실각 소식을 전했다. 전철주는 장성택 실각 다음날인 2013년 12월 10일자 신문에서 '백두산 기슭에 울려 퍼지는 충정의 맹세-량강도의 일군들과 근로자들'이라는 제목의 기사를 송고한다. 12월 28일자에서는 '나래를 더 활짝 펼쳐라-량강도 인민병원 의료일군들', 2014년 1월 8일에는 '백두에서 개척된 주체혁명위업을 끝까지 완성하라-백두산지구 혁명전적지, 혁명사적지 겨울철 답사 활발' 등의 기사를 썼다. 1월 13일에는 '백두산기슭의 스키바람-삼지연군 삼지연 고급중학교에서', 1월 17일에는 '현장에 나가 과학연구사업을 힘 있게-량강공업대학 교원, 연구사들', 1월 25일에는 '치료사업에 고려약을 적극 리용-량강도 고려병원' 등 다양한 분야의 기사를 다뤘다.

전철주는 해당 기사들에서 장성택 실각 이후 지방의 정치적 의식 추이, 복지시설의 확충 등을 점검하며 중앙 수뇌부의 관점을 반영하고 있다.

3.5. 김정은식 권력구조 개편시기

5시기에는 '경제발전 강조' 43개(23.8%), '김정은 후계구도 강화' 33개(18.2%), '과학기술 및 교육 강조' 31개(17.1%), '김일성 업적 찬양' 19개(10.5%), '남한정세 비판' 17개(9.4%), '미국 및 서구 비판' 15개(8.3%) 순이었다. 이어서 '사회주의 혁명사상 고취' 11개(6.1%), '김정일 찬양 및 체제과시' 10개(5.5%), '국제정세 소개 및 우방국 옹호' 2개(1.1%) 순이었다.

〈표 5-5〉 5시기 내용 분석

5시기	개수	구성비율(%)
경제발전 강조	43	23.8
김정은 후계구도 강화	33	18.2
과학기술 및 교육 강조	31	17.1
김일성 업적 찬양	19	10.5
남한정세비판	17	9.4
미국 및 서방세계 비판	15	8.3
사회주의 혁명사상 고취	11	6.1

김정일찬양체제과시	10	5.5
우방국 옹호, 국제정세소개	2	1.1
문화풍습소개	0	0
계	188	100

5시기의 부서별 총 기사량 순위는 과학문화부(483개, 1위), 당생활부(390개, 2위), 조국통일부(361개, 3위), 사진보도부(352개, 4위), 당력사교양부(267개, 5위), 국제부(234개, 6위), 특파기자부(215개, 7위), 사회주의교양부(210개, 8위), 농업부(103개, 9위), 공업부(82개, 10위) 순이었다.

5시기 기사량 1위 부서는 1, 2, 3, 4시기와 전혀 달리 과학문화부가 차지해 김정은 집권기 북한 수뇌부의 중점 시책이 과학 기술과 밀접한 관련이 있음을 보여준다. 그 밖의 순위는 대체로 전과 비슷한 양상을 유지했다. 5시기는 4시기에서 권력을 승계한 김정은이 장성택을 숙청하면서 북한 핵심 권력부를 자신 중심으로 물갈이한 뒤 대내외적으로 명실상부한 북한의 최고 권력자로 등극하는 기간이다.

김정은은 5시기에 김정일 국방위원장 사후 승계한 국방위원회 제1위원장직과 함께 조선로동당 위원장(2016년 5월)에도 올라 군 조직은 물론, 당 조직도 장악한다. 이어 우리의 국회격인 최고인민회의에서 국무위원회를 신설하고 사실상의 국가수반격인 국무위원장(2016년 6월)에 올라 자신 중심의 통치체제를 완비하게 된다.

이러한 시기에 로동신문 편집국에서 과학문화부가 기사량 1위에 올랐다는 것은 김정은이 국가수반으로서 과학기술 및 교육 발전을 1순위의 정책 지표로 삼은 것으로 풀이할 수 있다. 김정은이 자신 중심의 통치 기반을 확고히 한 뒤 정치적 구호에 매몰되지 않고, 내실을 다지는 실속 행보를 본격화한 것이다.

5시기 과학기술부의 기사량 1~5위는 김명훈(26개), 김성민(26개), 지혁철(25개), 정성일(23개), 한경철(22개)이었다. 5시기 과학기술부의 특징은 다른 부서처럼 특정 기자가 압도적인 다수의 기사를 작성하지 않고, 여러 구성원이 골고루 비슷한 량의 기사를 작성한다는 것이다.

다른 부서의 기사량 1, 2위 기자는 최고 50개가 넘는 기사를 쓰는 반면, 과학문화부 기자들은 10여명이 번갈아가며 10~20여개의 기사를 작성해 결과적으로 가장 기사량이 많은 부서로 자리매김하고 있는 것이다.

이런 이유로 과학문화부 1~5위 기자들과 20위권 기자의 기사 수 차이는 크게 나지 않는다. 1위 김명훈(26개)과 23위인 윤금찬(10개)까지 두 자릿수 기사를 쓴 기자가 23명이나 된다. 이는 또한 그만큼 많은 수의 기자가 같은 시기에 과학기술 및 교육과 관련된 기사를 집중적으로 작성했다는 의미이기도 하다.

5시기 과학문화부 기사량 1위 김명훈(26개)은 2016년 3월 24일자 5면 '국산화의 열풍속에 다발적, 련발적으로 이룩되는 첨단과학연구성과-김책공업종합대학에서 10여건의 첨단과학기술 및 첨단기술제품에 대한 연구과제 결속'이라는 제목의 기사에서 과학기술의 중요성을 강조하고 있다. 통상 5면은 조국통일부가 작성하는 대남 비판 기사가 게재되는 면이지만, 이날은 과학기술의 중요성을 강조하는 기사로 대체되었다. 오랜 기간 형성되어온 로동신문의 지면별 주제마저 김정은 집권 이후 변화하고 있는 것이다.

2016.3.24일자 로동신문 과학문화부 소속 [김명훈 본사기자] 작성

국산화의 열풍속에 다발적, 련발적으로 이룩되는 첨단과학 연구성과
김책공업종합대학에서 10여건의 첨단과학기술 및
첨단기술제품에 대한 연구과제 결속

경애하는 김정은동지께서는 다음과 같이 말씀하시였다.
≪과학기술로 강성국가의 기초를 굳건히 다지고 과학기술의 기관차로 부강조국건설을 다그쳐나가려는 우리 당의 결심과 의지는 확고합니다.≫
당조직의 지도밑에 대학에서는 충정의 70일전투의 시작과 함께 년간계획에 반영된 과학연구과제들을 하나하나 따져보면서 전투기간에 앞당겨 끝내기 위한 조직정치사업을 적극 짜고들었다.
특히 홍서현, 리원철동무를 비롯한 대학의 책임일군들과 과학연구부의 일군들은 전투가 벌어지고있는 중요공장, 기업소들에 달려나가 함께 토론도 해주고 걸린 문제들도 시급히 해결해주는 등 과학연구사업에 대한 지휘를 전투적으로 해나감으로써 교원, 연구사들을 적극 고무추동하고 있다.
대학에서는 매일 연구사업추진정형과 성과를 놓고 순위발표와 사회주의경쟁도표를 통한 정치사업을 활발히 진행하고있으며 충정의 70일전투기록장에 성과를 거둔 일군들과 교원, 연구사들을 등록하고 출근길에 축하방송도 해주고 꽃다발도 안겨주면서 경쟁열의를 한껏 북돋아주고 있다. 이런 앙양된 분위기속에서 국가적의의가 큰 첨단과학연구성과들이 다발적, 련발적으로 이룩되고 있다. 전기공학부 강좌 장석철, 실장 전영훈동무를 비롯한 연구집단이 지하전동차견인전동기용으로 영구자석동기전동기와 견인변환기를 만들어낸데 이어 자동화공학부 강좌장 서강호동무를 비롯한 연구집단은 굴함없는 공격정신과 자력자강의 정신력을 폭발시키며 철야전투를 벌려 제동프로그람과 8축동시조종프로그람을 완성하고 만부하시험에서 성공하는 커다란 성과

를 거두었다.

실장 김금철동무를 비롯한 전자공학부 전자수감장치연구실의 연구집단은 최첨단돌파전을 힘있게 벌려 환경가스종합분석기를 만들어내는 커다란 성과를 거두었다. 이들은 최첨단의 새로운 경지를 개척하기 위한 연구사업을 심화시킬데 대한 경애하는 원수님의 높은 뜻을 피끓는 심장에 새겨안고 수감부 구조확정과 전해질제조, 유해가스생성실험, 전기화학적인 반응물림새확정, 가스투과막의 제조를 비롯하여 새롭게 제기되는 기술적문제들에 대한 수백차의 모의실험과 전기화학반응실험, 가스생성실험들을 진행하여 6가지 수감부들을 단번에 만들어내는 놀라운 성과를 이룩하였다.

금속공학부 소장 리준기동무를 핵심으로 하는 연구집단은 식료품의 위생안전성을 높이는데 적극 기여하는 우리 식의 수소화합물법원자형광분석기를 설계제작하였으며 강좌장 김인규동무를 비롯한 연구집단은 우리의 원료에 의거한 국산화된 6각별집형축열체개발에서 성공하고 생산에 진입하였다.

동력공학부 실장 리순철동무를 비롯한 연구집단은 6종의 영구자석용고순도희토류제조기술에 대한 연구과제를 결속하였고 재료공학부 강좌장 김종건동무를 비롯한 연구집단은 미소방전에 의한 결면합금화장치를 연구제작하였으며 물리공학부 연구사 리광혁동무는 실용적가치가 큰 대형데이자조각기를 만들어냈다.

광업공학부 연구사 박대운동무는 발파작업의 편리성, 정밀성 등을 높이면서도 원가가 낮은 우리식의 첨단기폭체계를 개발하기 위한 연구사업을 심하시켜 얼마전 무선발파기폭체계를 완성하여 현장시험에서 성공하였다. 이로써 발파진동을 50~60% 감소시키고 발파효율을 95%이상 높이며 갱도굴진원가를 훨씬 줄일수 있는 확고한 전망이 열리게 되었다.

공업경제관리학부 학부장 김성일동무를 비롯한 연구집단은 세계적으로 발전된 경영업무편집도구를 압도할 높은 목표를 세우고 수백건에 달하는 공업부문별업무양식들과 공식, 업무방법을 수집, 연구분석하여 핵심기술을 개발하고 만경대학생소년궁전에 경영정보체계를 도입하였다.

    광업공학부 연구사 김문혁동무를 비롯한 연구집단이 완성한 연소효율제고기술, 전기공학부 실장 김용산동무를 비롯한 연구집단이 완성한 10kW풍력발전기설계, 체신학부 학부장 전지현동무를 비롯한 연구집단이 제작한 분산형방송체계용 6통로음향신호분배기… 지난 시기에는 그처럼 빠른 시일안에 해낼수 있으리라고 상상도 하지 못하였던 놀라운 연구성과들이다. 대학의 교원, 연구사들은 과학기술의 련마에 계속 박차를 가하며 내 나라, 내 조국을 더욱 부강하게 하는 국산화의 자랑찬 열매들을 더 많이 마련하기 위해 힘찬 투쟁을 벌리고 있다.…

제2절 시기별 기사 내용과 편집국 조직 및 인원 변화

본 연구에서는 먼저 5개 시기별 편집국 인원 변화 등 편집국 내부의 형태적 변화에 대해 알아보았고, 이어 5개 시기별 기사 내용의 변화를 분석하였다. 이를 바탕으로 5개 시기별 편집국 인원 변화와 기사 내용 변화의 연관성을 알아보았다.

1. 김정일 건강 이상 이전 시기

1시기 로동신문 편집국에서 인원이 가장 많은 부서는 혁명교양부(47명), 당생활부(45명) 순이었다. 이 시기 내용 분석에서 가장 많은 빈도수를 보인 사회주의 혁명사상 고취(72개, 31.2%) 관련 기사를 혁명교양부와 당생활부가 주로 작성한다는 점에서 모종의 연관성이 발견된다.

세 번째 많은 인원이 편성된 조국통일부(39명)가 작성하는 남한정세 비판 기사는 다섯 번째(24개, 10.4%) 많이 작성되었다. 인원이 네 번째로 많은 당력사교양부(30명)는 이 시기 두 번째로 많은 기사인 김일성 및 김정일 관련 기사 51개(18.8%)를 작성했다. 51개의 기사는 김일성 관련 기사 27개, 김정일 관련 기사 24개로 이뤄진다.

다섯 번째로 인원이 많은 과학문화부(29명)는 기사량 7위(15개, 6.5%)인 과학기술 및 교육 관련 기사를 작성했고, 이 시기 인원 6위인 국제부(28명)는 미국 및 서구 비판 17개(7.4%), 기타 국제정세 소개 12건 (5.2%) 등 총 29개(10.7%)의 기사를 썼다. 인원이 18명인 농업부와 11명인 공업부는 39개(16.9%)의 경제 관련 기사를 썼다.

1시기 사회주의 혁명사상 고취 관련 기사를 쓰는 부서의 인원이 가장 많았고, 이들 부서에서 작성한 기사 수 역시 가장 많은 것으로 나타났다.

〈표 5-6〉 1시기 부서 인원과 기사 수

부서	당력	당생	혁교	공업	농업	과문	조통	국제	사진	특파	계
인원	30	45	47	11	18	29	39	28	14	10	271
기사	51	72			39	15	24	29			
비율	18.8	31.2			16.9	6.5	10.4	10.7			
내용	김씨 찬양	사회주의 혁명사상 고취		경제발전 강조		과학기술 교육강조	남한정세 비판	서방비판			

2. 김정일 건강 이상과 후계체제 구축시기

2시기 역시 사회주의 혁명사상 고취를 다루는 기사를 가장 많이 작성했다. 이 분야를 작성하는 당생활부와 혁명교양부가 편집국에서 인원이 가장 많은 부서였다.

3. 김정일 사망 전후시기

3시기 역시 사회주의 혁명사상 고취 관련 기사 수가 96개로 압도적으로 높게 나타났다. 이런 기사를 작성하는 당생활부와 혁명교양부 인원이 각각 34명(2시기 47명)과 22명(2시기 44명)으로 급감했지만, 전체적인 인원 감소 추세 속에 여전히 편집국의 핵심부서 기능을 담당했다. 뒤를 이어 김일성과 김정일 등 백두 혈통을 찬양하는 기사, 남한정세 비판 기사, 미국 및 서구 비판 기사, 경제 관련 기사, 과학 관련 기사 등의 순으로 나타났다.

이 시기에는 인원의 전체적 감소세 속에 과학문화부와 공업부 인원은 상대적으로 적게 감소했다. 이 부서의 기사 수는 많지 않았지만 인원수가 다른 부서처럼 급감하지 않아 향후 두각을 보일 수 있는 여지를 남겼다.

이 시기 두 번째로 많은 빈도수를 보인 내용은 김정일 찬양 및 체제 과시(37개, 16.2%)와 남한정세 비판(37개, 16.2%)이었다. 김정일 찬양 관련 기사가 2시기 기사량 4위였으나 이번에 2위로 올라선 것이다. 3시기 김정일 사망 전후로 기사 중 김정일 찬양 내용이 크게 늘었음을 의미한다. 북한 당국은 한편으로 사망한 김정일에 대한 추모 분위기를 극대화하면서 또 다른 한편으로 권력 과도기적 체제에서 외부 위협에 높은 경계심을 유지한 것으로 해석된다.

국제부의 서구 비판 기사는 24개로 2시기(33개)에 비해 줄었고, 국제부의 인원(23명) 역시 2시기(30명)에 비해 줄었다. 서구 비판 기사는 2시기 2위였으나 3시기 5위로 내려앉았다. 공업부는 2시기 24명에서 3시기 20명으로 4명 감소하고, 농업부는 같은 기간 21명에서 13명으로 감소했지만,

기사 내용상 경제를 강조하는 분위기가 두드러졌다. 경제 발전을 강조하는 기사(22개, 9.6%)가 점차 많아지면서 경제 관련 기사를 작성하는 공업부와 농업부 기사량 순위가 2시기(6위)에 비해 반등, 3시기 4위에 올랐다. 김정은 중심의 후계체제 구축이 본격화되면서 경제 발전이 강조되고 정치적 이슈는 한풀 꺾이는 양상이 나타나고 있는 것이다.

3시기 김정은 후계구도 강화 관련 기사가 내용상 세 번째로 많은 기사(29개, 12.7%)로서 일시에 처음 등장한 것은 3시기 김정일 사망 및 김정은 중심 후계체제 출범에 따른 것이다.

3시기는 1, 2시기와 비교해 인원이 큰 폭으로 감소해 인원 변화와 기사 내용 변화의 연관성을 살피는 것은 쉽지 않다. 다만 3시기에도 인원이 가장 많은 부서의 기사량이 가장 많은 추세는 그대로 나타났다.

김일성 업적 찬양(7개, 3.1%), 기타 국제정세 소개 및 우방국 옹호(6개, 2.6%), 과학기술 및 교육 강조(5개, 2.2%) 등은 기사량 하위권인 6, 7, 8위로 나타났다.

〈표 5-7〉 3시기 부서 인원과 기사 수

부서	당력	당생	혁교	공업	농업	과문	조통	국제	사진	특파	계
인원	22	34	22	20	13	23	19	23	15	9	200
기사	44	96			22	5	37	24			
비율	21.8	47.5			10.9	2.2	16.2	11.9			

4. 장성택 숙청 전후시기

4시기는 1~3시기의 기사 구도가 큰 폭으로 변화하는 시기다. 김정은의 후계 구도가 점차 확고해지는 가운데 로동신문의 기사 논조도 전환기를 맞고 있다. 4시기 편집국 인원 중 당생활부(44명)가 3시기와 마찬가지로 가장 많았고, 혁명교양부(29명)가 2위, 과학문화부(23명)가 3위, 당력사교양부(20명)가 4위, 사진보도부(18명)가 5위, 공업부(16명)와 국제부(16명)가 공동 6위, 조국통일부(13명)가 7위, 특파기자부(10명)가 8위, 농업부(9명)가 9위로 나타났다.

당생활부와 혁명교양부는 2, 3시기를 거치면서 인원이 줄었다가 4시기에 다시 증가했고, 당력사교양부는 4시기에 조금 더 줄었다. 과학문화부는 전체적인 편집국 인원 감소 추세에서 인원을 예전 수준으로 유지하면서 상대적으로 부서 규모가 커지는 효과를 얻게 되었다.

이 시기 가장 많이 다뤄진 기사 내용은 사회주의 혁명사상 고취(56개, 29.8%)였고, 두 번째는 김정은 후계구도 강화(44개, 23.4%)였다. 3시기 나타난 김정은 후계구도 강화 기조가 4시기에 훨씬 강화되고 있는 것이다.

이어 경제발전 강조(27개, 14.4%), 미국 및 서구 비판(18개, 9.6%), 남한정세 비판(14개, 7.4%), 김정일 찬양 및 체제 과시(8개, 4.3%) 순이었다. 하위권에는 과학기술 및 교육 강조(7개, 3.7%)와 기타 국제정세 소개(7개, 3.7%), 문화풍습 소개(4개, 2.1%), 김일성 업적 찬양(3개, 1.6%) 등이 있었다.

4시기가 되면서 김정은 후계구도 강화 및 경제 발전이 로동신문의 양대 기조가 되고 있는 것이다. 남한정세 비판이나 서구 비판 등 정치적 내용은 후순위로 밀려난 양상이다. 특히 남한정세 비판 기사는 3시기(37개, 16.2%)에 비해 절반 이상 줄어든 수치(14개, 7.4%)로 나타났고, 조국통일부 인원 역시 3시기 19명에서 13명으로 감소했다.

물론 4시기에도 가장 많은 인원수를 유지한 당생활부와 혁명교양부

위주의 사회주의 혁명사상을 고취하는 내용이 여전히 압도적으로 많았다. 내용상 김정은 후계구도를 강화하는 내용이 3시기 3위에서 4시기 2위로 올라섰다. 경제발전 관련 내용은 3시기 4위에서 4시기 3위로 올라 추세의 변동이 엿보인다.

편집국 인원 면에서 줄지 않은 과학문화부의 비중이 점차 커지고 있지만 기사 수는 3시기(5개)에 비해 미미하게 증가하는 수준(7개)을 보였다. 김정일과 김일성 찬양은 3시기 각각 2위와 6위에서 4시기 6위와 8위로 떨어졌다.

〈표 5-8〉 4시기 부서 인원과 기사 수

부서	당력	당생	혁교	공업	농업	과문	조통	국제	사진	특파	계
인원	20	44	29	16	9	23	13	16	18	10	198
기사	11	56		27		7	14	25			
비율	5.6	29.8		14.4		3.7	7.4	12.6			

5. 김정은식 권력구조 개편시기

5시기에는 1~4시기 로동신문 지면상에서 가장 많은 비중을 차지했던 사회주의 혁명사상 고취 관련 내용이 대폭 줄었다. 대신 경제 발전(43개, 23.8%)과 김정은 후계구도 강화(33개, 18.2%) 관련 내용이 1, 2위로 올라서 김정은 시대의 북한이 변화하고 있음을 여실히 보여준다.

김정은은 2012년 4월 북한 국방위원회 제1위원장 자리에 오른 뒤 처음 새해를 맞은 2013년 1월 1일, 북한 최고 지도자로서는 19년 만에 육성 신년사를 발표했다. 이 발표에서 가장 강조한 내용이 '인민생활 향상을 위한 경제부흥'이었다(이준삼, 2013). 이후부터 줄곧 김정은이 강조해

온 경제부흥이 로동신문 지면에도 반영되어 5시기 기사 내용상으로 확인되고 있는 것으로 풀이된다.

이 시기 로동신문 편집국 인원 역시 전과 다른 파격적인 변화를 맞이하고 있다. 과학문화부 소속 인원이 36명으로 편집국에서 인원이 가장 많은 부서가 되었고, 당생활부와 혁명교양부 소속 인원은 각각 33명으로 2위로 떨어졌다. 조국통일부 인원이 반등해 18명으로 당력사교양부와 함께 공동 3위, 국제부가 15명으로 4위, 사진보도부가 13명으로 5위, 특파기자부는 11명으로 6위에 올랐다. 농업부(7명)와 공업부(5명)가 각각 7, 8위였다.

기사 내용상 이 시기는 경제발전과 김정은 후계구도 강화에 이어 과학기술 및 교육 강조(31개, 17.1%)가 3위에 올랐다. 편집국 인원 1위가 된 과학문화부의 위상이 반영된 결과로 볼 수 있다. 당생활부와 혁명교양부 등 '사회주의 혁명사상 고취' 관련 기사를 주로 작성하던 부서들이 4, 5시기가 되면서 '김정은 후계구도 강화' 관련 기사에 집중하는 양상을 보인다.

사회주의 혁명사상 고취(11개, 6.1%)가 1~4시기 1위에서 5시기 7위로 내려앉았고, 김일성 업적 찬양(19개, 10.5%)은 4시기에 비해 크게 늘었다. 김정은 시대 들어 경제 발전이 주류적 담론으로 올라선 가운데 김정은의 후계 체제가 공고화된 상황에서 선대의 업적을 찬양하는 것 역시 김정은 후계구도 강화의 일환으로 보인다.

남한정세 비판(17개, 9.4%)과 미국 및 서구 비판(15개, 8.3%)이 5, 6위였고, 김정일 찬양 및 체제 과시(10개, 5.5%), 기타 국제정세 소개 및 우방국 옹호(2개, 1.1%)가 뒤를 이었다.

〈표 5-9〉 5시기 부서 인원과 기사 수

부서	당력	당생	혁교	공업	농업	과문	조통	국제	사진	특파	계
인원	18	33	33	5	7	36	18	15	13	11	189
기사	29	44		43		31	17	17			
비율	15.3	23.3		23.8		17.1	9.4	8.9			

5시기 기사량 1위 부서는 1~4시기와 전혀 다른 것으로 나타났다. 5시기 부서별 기사량 순위는 과학문화부(483개, 1위), 당생활부(390개, 2위), 조국통일부(361개, 3위), 사진보도부(352개, 4위), 당력사교양부(267개, 5위), 국제부(234개, 6위), 특파기자부(215개, 7위), 사회주의교양부(210개, 8위), 농업부(103개, 9위), 공업부(82개, 10위) 순이었다.

과학문화부가 이 시기 기사량 1위라는 것은 김정은 시대가 되면서 정권의 중심 정책이 과학기술 및 교육 발전과 밀접하다는 것을 보여준다. 그 외 순위는 대체로 1~4시기와 비슷한 양상을 유지했다.

5시기는 4시기에서 권력을 승계한 김정은이 장성택을 숙청한 뒤 북한의 권력 핵심부를 자신 중심으로 물갈이하고 대내외적으로 명실상부한 북한 정권 최고서열 1위로 올라서는 시기다. 김정은은 이 시기인 2016년 5월 국방위원회 제1위원장직에 오르고, 2016년 6월 우리의 국회 격인 최고인민회의에서 국무위원회를 신설해 스스로 사실상의 국가수반인 국무위원장직에 오르게 된다.

이런 시기에 로동신문 편집국에서 과학문화부의 인원 및 기사량이 가장 많았으며, 기사 내용상으로는 '경제 발전' 관련 내용이 가장 많았다는 것은 로동신문이 이 시기를 기점으로 '경제 발전'과 '과학기술 발전' 등의 화두를 향해 대대적인 전환기를 맞고 있는 것으로 풀이할 수 있다.

제3절
로동신문의 시기별 언론관 분석 결과

1. 시기별 언론 관련 기사 현황

1시기에 언론 관련된 로동신문 기사는 총 8건, 2시기 총 6건, 3시기 총 14건, 4시기 총 5건, 5시기 총 2건으로 파악되었다. 시기적으로 북한 당국이 김정은 시대를 맞아 새로운 언론 이론을 발표한 시기인 2011년을 전후하여 언론 관련 기사의 양이 가장 많았다. 해당 시기 언론에 대한 논의와 담론이 가장 활발하게 진행된 것으로 보인다. 로동신문 기사에 있어 언론 관련 주제 선정은 시기가 지날수록 감소하여 5시기가 되면 언론 관련 기사의 수는 2개로 크게 줄어든다. 1시기 언론 관련 기사의 현황은 다음과 같다.

〈표 5-10〉 1시기 언론 관련 기사 현황

시기	번호	날짜	기사 제목	지면	작성 기자
1시기	1	2008. 4.21	혁명의 수령을 붓대로 만든 새 조선의 작가	4면	본사기자 리수근
	2	5.8	주체적인 영화 및 방송음악발전의 길에 빛나는 불멸의 업적	4면	본사기자 박옥경

	3	6.7	포전방송기재를 리용하여	3면	본사기자 황철웅
	4	6.28	〈정권〉 유지를 노린 비렬한 언론장악놀음	5면	본사기자 김향미
	5	8.2	독재정치비호에 앞장선 반동언론	5면	본사기자 심철영
	6	8.11	악랄하고 비렬한 언론탄압행위	5면	본사기자 은정철
	7	8.18	파쑈적야망을 드러낸 〈언론쿠데타〉 소동	5면	본사기자 리효진
	8	8.24	독재자의 무지막지한 언론탄압소동	5면	본사기자 심철영

기사 중 3면, 4면에 게재된 기사는 북한의 언론에 대한 내용을 담고 있다. 다만 같은 날 5면 기사는 조국통일부가 주로 작성한 것으로 남한의 언론 상황에 대한 것이다. 1시기 총 8개의 기사 중 3개가 북한 언론 관련 내용이고 나머지 5개는 남한 언론 관련 기사이다.

2시기 언론 관련 기사의 현황은 다음과 같다. 총 6개 중 1개 기사가 북한의 '붓대' 사상에 관한 것인 반면, 나머지 5개는 모두 남한 언론 상황에 관한 기사이다.

〈표 5-11〉 2시기 언론 관련 기사 현황

시기	번호	날짜	기사 제목	지면	작성 기자
2시기	1	2008. 11.1	단상-붓대	3면	본사기자 전경서
	2	11.2	강한 반대에 부딪치고있는 파쑈적인 언론장악책동	5면	본사기자 심철영
	3	11.3	무참히 짓밟히는 언론의 자유	5면	본사기자 리효진
	4	11.23	파쑈적인 언론장악책동	5면	본사기자 송영석
	5	12.14	언론관련 〈법〉 개악놀음의 불순한 내막	5면	본사기자 리효진

| | 6 | 2009. 2.22 | 보수언론들의 악랄한 대결선동 | | 5면 | 본사기자 심철영 |

3시기 언론 관련 기사의 현황은 다음과 같다. 통상 6면 발행되는 로동신문이 8면으로 확대 발행된 2011년 10월 10일자에서 8면에 나온 기사와 2, 3, 4면에 나온 기사 등 7개는 북한의 언론 개념이나 의식을 다룬 것이다. 5면에 게재된 기사 5개는 남한 언론에 대한 것이고, 6면 기사 2개는 해외 언론에 소개된 기사를 국제부에서 번역해 전달하는 내용이다.

〈표 5-12〉 3시기 언론 관련 기사 현황

시기	번호	날짜	기사 제목	지면	작성 기자
3시기	1	2011. 10.10	수필-우리의 붓대	8면	본사기자 조경철
	2	10.15	대중의 심장에 불을 다는 선군시대 화선나팔수-신의주시당위원회 방송선전차 방송원 윤경옥동무	3면	본사기자 전경서
	3	10.29	보답의 마음 붓대에 실어-락랑구역 정백2동 19인민반에 살고있는 공훈예술가 김덕천동무	4면	본사기자 리경일
	4	11.2	사상의 위력, 붓대의 위력으로 승리떨치리	2면	본사기자 백영미
	5	11.19	기자, 언론인들은 우리 당사상전선의 전초병	2면	본사기자 김은주
	6	12.7	세계언론이 평하는 미국의 오늘과 래일	6면	본사기자 배금희
	7	12.12	불순한 기도가 어린 언론쿠데타	5면	본사기자 허영민
	8	2012. 1.3	〈김정일국방위원장은 과시 위인은 위인이시다〉-남조선신문 〈자주민보〉에 실린 글	5면	본사기자 김현철
	9	1.15	영원히 빛날 혁명적출판물의 위대한 전통-〈새날〉신문창간기념일에 즈음하여	2면	본사기자 김명훈
	10	1.20	붓대중시사상을 신념으로-4.15문학창작단을 찾아서	4면	본사기자 차수

	11	1.31	침략자들은 무릎을 꿇고말았다-로씨야신문 〈빠뜨리오뜨〉에 실린 글	6면	모스크바발 본사특파기자
	12	2.11	어용방송을 끝장낼 의지를 안고	5면	본사기자 장윤남
	13	3.9	대결을 부추기는 보수언론의 추태	5면	본사기자 허영민
	14	3.15	파멸의 벼랑길로 줄달음치는 역적무리-언론의 공정성을 위한 투쟁	5면	본사기자 김향미

4시기 언론 관련 기사의 현황은 다음과 같다. 이 시기 총 5개의 언론 관련 기사 중 북한 언론 관련 내용은 3개이고, 그 외 2개는 국제부가 해외 언론에 나온 소식을 전하는 내용을 담고 있다.

〈표 5-13〉 4시기 언론 관련 기사 현황

시기	번호	날짜	기사 제목	지면	작성 기자
4시기	1	2014. 1.8	언론의 신뢰는 누가 짓밟는가	6면	본사기자 배금희
	2	2.12	언론전선의 총공세로 전환시키시여	3면	본사기자 리금분
	3	2.12	붓대포의 포성을 울려주신 위대한 스승	3면	본사기자 김인선
	4	2.12	력사의 2월 12일	3면	본사기자 림정호
	5	3.3	여지없이 드러난 언론매수작전의 진상	6면	본사기자 박송영

5시기 언론 관련 기사의 현황은 다음과 같다. 2개의 기사는 모두 북한의 언론과 관련된 내용으로, 하나는 김정일 북한 국방위원장과 로동신문 기사에 얽힌 회고담이며 하나는 북한 언론의 사상적 기반이 되는 '붓대중시사상'에 관한 내용을 담고 있다.

⟨표 5-14⟩ 5시기 언론 관련 기사 현황

시기	날짜	기사 제목	지면	작성 기자
5시기	2016. 4.3	신문에 실린 기사를 보시고도	2면	본사기자 김철혁
	4.20	당의 청년중시사상, 청년중시정치를 붓대로 믿음직하게 받들어	2면	본사기자 강철남

2. 시기별 언론 관련 기사의 논조

2.1. 1시기

1시기에 해당하는 2008년 4월 21일자 4면에 게재된 기사 ⟨혁명의 수령을 붓대로 받든 새 조선의 작가⟩에서 로동신문은 붓대중시사상에 의거하여 혁명시인의 삶을 칭송하고 있다.

> 2008.4.21일자 로동신문 4면 [본사기자 리수근] 작성
>
> 혁명의 수령을 붓대로 받든 새 조선의 작가
>
> 오늘 우리 작가들은 당과 수령에 대한 충실성을 신념과 의리로 간직하고 위대한 장군님의 선군령도를 높이 받들어 우리 혁명의 정치사상진지를 굳건히 지켜가고 있다"며 "우리 혁명의 준엄하고 간고한 년대들에서 추호의 동요없이 붓을 무기로 억세게 틀어쥐고 혁명의 수령, 혁명의 령도자를 결사옹위해온 자랑스러운 작가대오, 그 맨 앞장에는 경애하는 장군님께서 당의 유일사상체계가 철저히 선 혁명시인이라고 높이 평가하신 조기천이 영생의 모습으로 서 있다.…

여기에서 기사는 '시인 조기천'에 대해 일종의 언론인으로서의 역할

을 부여하며 그의 인생을 회고한다.

> … ≪난 서사시에서 위대한 장군님을 어떻게 호칭할것인가를 두고 고민하였소. 그런데 마침내 찾았단 말이요. 난 〈김대장〉이라고 부르겠소.≫
>
> 이렇게 웨치는 시인의 얼굴에는 행복한 미소가 피여올랐다. 후에 알게 된 일이지만 조기천은 이틀동안 어버이수령님을 호칭하는 가장 적중한 표현을 찾기 위해 만경대며 보통강개수공사장을 비롯한 여러 곳을 오가며 수많은 사람들을 만나 이야기를 나누었던 것이다.…
>
> 열정의 시인은 현지체험을 마치고 평양에 돌아오자 밤을 밝혀가며 며칠사이에 방대한 서사시의 초고집필을 끝내였으며 수정작업을 다 그쳐 1946년 11월에 완성된 초고를 내놓았다.
>
> 조기천은 장편서사시를 어버이수령님앞에 읊어드리고싶은 간절한 마음을 안고 두툼한 원고를 진달래색 보자기에 정히 싸들고 수령님의 저택을 찾았다.
>
> 그때를 회상하여 위대한 수령 김일성동지께서는 회고록 ≪세기와 더불어≫에서 다음과 같이 쓰시였다.
>
> ≪해방후 조기천은 장편서사시 〈백두산〉이 탈고되자 원고보따리를 안고 나부터 찾아왔다. 나는 첫 독자가 되여 그가 랑송하는 서사시를 감상하였는데 진주같은 명문도 명문이지만 그 내용에 완전히 심취되였다. 그 서사시에는 심금을 울리는 대목이 참으로 많았다.≫
>
> 조기천이 국내공작임무를 받고 압록강을 건느던 철호가 적의 흉탄에 쓰러진 영남이를 안장했을 때의 심정을 반영한 주정토로대목을 랑송할 때 시인도 울고 위대한 수령님께서도 눈물을 흘리시였다. 장편서사시 ≪백두산≫은 ≪로동신문≫ 1947년 2월 7일부터 11회에 걸쳐 련재되였다.…

북한 당국이 이 기사에서 강조하고자 하는 바는 혁명적 출판보도물이 혁명과업의 성취에 얼마나 중요한 기여를 하는지에 관한 것이다. 북한 언론사상의 근간이 되고 있는 주체의 출판보도사상에 따르면, 이 사상은 김일성이 창시하고 김정일이 발전풍부화한 사상으로서 출판보도물에 대한 가장 올바른 견해와 관점을 세울 수 있게 하는 사상이다.

인민대중이 자기 운명의 주인이라면 그들을 그런 힘 있는 존재로 키우는 역할을 혁명적 출판보도물이 담당한다는 것이다. 기사에 나오는 '조기천'은 시인으로서 주체의 출판보도사상에 입각한 언론인의 임무를 북한의 언론 사상적 관점에서 가장 모범적으로 수행한 사례로 소개되어지고 있다.

북한의 언론 사상에서 주체의 출판보도사상과 함께 강조되는 것은 붓대중시사상으로, 이 사상은 북한의 출판보도사상에서 가장 중요한 위치를 차지하고 있는 것으로 규정된다. 혁명과업을 달성하기 위한 투쟁에서 붓대는 총대와 함께 양대 축을 형성한다. 총대가 '군대'를 상징한다면, 붓대는 '기자나 작가 등의 문필가'를 상징하는 용어이다.

그러나 역시 1시기에 해당하는 2008년 8월 24일자 5면 기사 〈독재자의 무지막지한 언론탄압소동〉 제하 기사에서는 남한의 언론을 비판하면서 '언론 탄압' 등의 용어를 자주 쓰는 등 오히려 남한의 언론 비평 기사와 흡사한 논조를 보이고 있다.

> 2008.8.24일자 로동신문 5면 [본사기자 심철영] 작성
>
> 독재자의 무지막지한 언론탄압소동
>
> 　알려진바와 같이 얼마전 남조선검찰은 ≪KBS≫방송사장에 대해 체포령장을 발급하고 군사작전을 벌리듯이 그를 구속하였다. 이 사건은 진보적언론을 비롯한 언론전반을 저들의 비위를 맞추는 권력의 시녀로, ≪실용정부≫의 어용나팔수로 만듦으로써 ≪집권안보≫를 실현하기 위한 리명박패당의 언론장악책동이 매우 엄중한 단계에 이르렀다는 것을 여실히 보여주고 있다.
> 　지금 남조선 각계는 이번 사건이 리명박패당의 언론탄압음모를 보여주는 명백한 증거라고 한결같이 주장하고 있다. 언론장악을 위한 리명박패당의 책동은 집권후 오늘까지 계획적으로 감행되여왔다.
> 　권력의 자리에 올라앉기 바쁘게 자기 심복을 ≪방송통신위원회≫ 위원장자리에 올려앉히는것으로 언론장악의 막을 연 역도는 각 언론기관의 주요자리들에 지난 ≪대통령선거≫ 당시 ≪실용정부≫ 출현에 적지않게 ≪공헌≫한 앞잡이들을 박아넣었다. 그러한 리명박이 이번에는 언론장악의 화살을 ≪KBS≫방송에로 돌린 것이다.

　북한은 남한의 언론에 대해 정권의 비위를 맞추는 권력의 시녀라고 칭하는가 하면, 정부의 어용나팔수라고 폄하하는 등 북한의 언론관과 배치되는 표현을 서슴없이 사용하고 있다. 북한의 언론을 정권의 혁명과업을 이루기 위한 수단적 존재이자 어용 나팔수로 스스로 활용하고 있으면서도 남한의 언론에 대해 이중적 자세를 취하는 것이다. 이러한 북한의 이중적 언론관은 5개 시기에서 일관되게 적용되는 특징이다. 즉, 2~4면에 게재된 북한 언론 관련 기사에서는 주체의 출판보도사상에 입각해 대상을 바라보고, 남한 사건을 주로 다루는 5면 기사에서는

남한 정부와 사회 및 언론을 비판하기 위한 별도의 시각을 장착하여 비평에 나서는 것이다.

2.2. 2시기

2시기에 해당하는 2008년 11월 1일자 〈단상-붓대〉 제하 기사에서 로동신문은 '붓대중시사상'에 대해 명확한 관점을 제시하고 있다. 기사는 김정일의 '붓대'에 대한 언급을 인용하면서 붓대를 '선군혁명의 총대'로 풀이하고 있다. 더불어 "계급투쟁의 전초선에 선 병사의 무기가 총대라면 우리 문필가들이 틀어쥔 무기는 붓대"라고 강조한다. 또한 "우리의 붓대야말로 경애하는 장군님께서 안겨주신 세상에서 가장 위력한 정치사상적 무기"라고 매듭짓고 있다.

2008.11.1일자 로동신문 3면 [본사기자 전경서] 작성

단상-붓대

위대한 령도자 김정일 동지께서는 다음과 같이 지적하시였다.
≪나는 혁명투쟁에서 언제나 붓대를 중시합니다.≫
뜻깊은 당보의 창간일을 맞이하게 되니 며칠전 강원도의 취재길에서 이느 한 당일군이 한 말이 새삼스럽게 떠오른다.
≪제국주의자들과 총포성이 없는 사상의지의 전쟁을 하고있는 오늘 당보의 글 한건한건은 그대로 천만자루의 총을 대신한다고 생각합니다. 그래서 어렵고 힘들수록 늘 당보를 펼쳐보며 새 힘을 얻군 합니다. 그러고보면 붓대야말로 사회주의 사상진지를 굳건히 지켜나가는 선군혁명의 총대라고 말할 수 있는 것이 아니겠습니까.…≫
선군혁명의 ≪총대≫.

> 우리 붓대의 의미가 얼마나 의미심장하게 실려있는 말인가. 옳다. 우리의 붓대는 군대와 인민에게는 승리의 신심과 락관을 안겨주고 원쑤들에게는 무자비한 철추를 내리는 선군혁명의 사상적무기이다. 언제부터였던가, 우리의 붓대가 정의의 ≪총대≫가 되어 사회주의를 수호하고 빛내이는 정치사상전선의 제1선에서 자기의 역할을 다 할수 있게 된것은.
> 돌이켜보면 어버이수령님께서 우리 지식인들의 지위와 역할을 올바로 규정해주신 때로부터 우리의 붓대는 비로소 사회주의위업을 승리적으로 이끌어나가는 위력한 무기가 되었고 위대한 장군님의 붓대중시사상에 의하여 그 위력은 비할바없이 높아졌다. 그래서 총포성이 울리지 않는 지금 우리 붓대의 위력은 그 어떤 물리적힘도 감히 견줄수 없는 무한대의 힘을 가지는 것이다.
> 바로 계급투쟁의 전초선에 선 병사의 무기가 총대라면 우리 문필가들이 틀어쥔 무기는 붓대이다. 원쑤들의 머리우엔 정의의 글포화를 들씌우고 우리 인민의 심장마다엔 필승의 신념을 안겨주는 선군의 붓대!
> 그렇다. 우리의 붓대야말로 경애하는 장군님께서 안겨주신 세상에서 가장 위력한 정치사상적무기가 아니겠는가.

2시기 들어 언론 관련 기사 총 6개 중 나머지 5개는 모두 남한 문제를 다루는 5면에 게재된 기사로서, 남한 정부가 언론의 자유를 침해하고 있다는 논조를 일관되게 유지하고 있다.

2.3. 3시기

3시기 북한 로동신문에서 가장 뚜렷한 언론관을 드러내고 있는 기사는 2011년 11월 19일자 2면에 게재된 〈기자, 언론인들은 우리 당사상전선의 전초병〉 제하 기사로 당대의 북한 언론과 언론인에 대한 북한 당국과 로동신문 측의 관점이 명확하게 제시되어 있다.

2011.11.19일자 로동신문 2면 [본사기자 김은주] 작성

기자, 언론인들은 우리 당사상전선의 전초병

우리 당마크에는 마치와 낫과 함께 붓대가 있다. 우리 당의 붓대중시 사상은 세월이 흐르고 세대가 바뀌여도 변함이 없으며 당의 혁명위업을 꿋꿋이 받들어나가는 우리 기자, 언론인들의 신념은 확고부동하다.
　총대와 함께 사상의 위력으로 전진하여온 우리 혁명의 력사에서 위대한 령도자 김정일동지의 고전적 로작 ≪기자, 언론인들은 우리의 사상, 우리의 제도, 우리의 위업을 견결히 옹호고수하는 사상적기수이다≫는 중요한 의의를 가진다.
　주체 90(2001)년 11월 18일에 발표된 이 로작은 혁명과 건설에서 주체적언론이 차지하는 지위와 역할을 뚜렷이 밝히고 우리의 사상진지를 철옹성같이 다지는데서 나서는 과업과 방도들을 명시한 강령적문헌이다.
　오늘 우리 기자, 언론인들은 붓대로 당과 수령을 결사옹위해온 자랑스러운 전통을 이어 주체혁명의 새 승리를 위한 투쟁에서 당의 영원한 동행자, 선군시대의 사상적기수로 삶을 빛내여나갈 불타는 결의에 넘쳐있다.
　위대한 령도자 김정일동지께서는 다음과 같이 지적하시였다.
　≪기자, 언론인들은 시대와 력사앞에 지닌 영예로운 사명과 임무를 깊이 자각하고 혁명의 붓대로 우리 당의 사상과 위업을 충직하게 받들어나가야 하겠습니다.≫
　언론은 혁명과 건설의 위력한 사상적 무기이다. 광범한 인민대중을 사상적으로 각성시키고 사회주의위업수행에로 불러일으키는데서 혁명적언론처럼 위력한 수단은 없다.…

언론을 혁명과 건설의 위력한 사상적 무기로 규정하고, 언론인은 사상과 제도를 고수하기 위한 사상적 기수로 규정하고 있다. 또한 붓대로 상징되는 언론의 역할에 의해 혁명이 전진한다는 것은 력사가 확증하는 진리라고 단언한다. 물론 향후 언론인들의 임무와 역할에 대해서도 제시하고 있다. 새로운 시대의 요구에 맞게 사상 및 활동의 방식에 있어 근본적인 혁신을 일으킬 수 있어야 하고 실력제일주의에 따른 능력 고양에도 힘써야 한다는 것이다. 아울러 언론인의 활동이 궁극적으로 온 사회의 주체사상화라는 위업 수행에 이바지할 수 있어야 한다는 관점도 제시되었다. 언론인은 사회주의 사상의 진지를 다지는 사상적 기수로서 혁명의 길을 선도해야 한다는 것이다.

이보다 앞선 2011년 11월 2일자 2면 〈사상의 위력, 붓대의 위력으로 승리떨치리〉 제하 기사에서도 붓대중시사상과 사상적 기수로서 언론인의 역할과 위상이 명백하게 제시되어 있다. 언론인은 '훌륭한 교양자', '대담한 선전자', '충실한 대변자'로서 인민대중을 사상적으로 각성시키고, 혁명을 전진시키기 위해 세상 그 무엇도 대신할 수 없는 중요한 존재로 설명되고 있다.

특히 이 기사에서는 붓대중시사상의 근원을 항일혁명투쟁 당시까지 끌어올려 이와 관련된 일화를 소상히 전하고 있다. 김일성이 항일혁명 활동을 하던 시기에 이미 신문을 발간하면서 언론의 역할과 위력을 몸소 체험했다는 것이다. 1945년 11월 1일 '정로'라는 이름의 당보 창간호가 나왔던 당시 김일성이 기뻐했던 일화를 회고하면서 인류 역사에 출판보도물에 관심이 많았던 정치가는 많았지만 김일성과 같이 혁명투쟁의 무기로 언론을 활용한 정치가는 없었다며 당보 창간을 역사적 사변으로 기록하고 있다. 그 외 이 시기 대부분의 언론 관련 기사는 5면이나 6면의 남한 정부 언론탄압 비판 기사나 해외 언론 번역 기사로 이뤄져 있다.

2.4. 4시기

4시기는 3시기에 비해 언론 관련 기사량이 대폭 감소한 시기로서 총 5개에 불과하다. 그러나 이 시기에도 붓대중시사상을 기반으로 사상적 무기로서의 언론의 사명과 역할을 집중 조명하고 있다. 특히 2014년 2월 12일자 2면의 〈붓대포의 포성을 울려주신 위대한 스승〉 제하 기사에서는 김정일이 로동신문의 논설 초안들을 직접 검토하고 의견을 개진한 정황을 밝히고 있다. 이는 북한의 언론이 최고 지도자의 의중에 따라 좌지우지되는 역할을 수행했음을 스스로 인정한 것이다. 그러나 오히려 이 기사에서 로동신문은 최고 지도자의 격려와 지도로 언론이 사상적 기수의 역할을 맡을 수 있었던 것에 대해 감사하고 있다.

2014. 2.12일자 로동신문 2면 [본사기자 김인선] 작성

붓대포의 포성을 울려주신 위대한 스승

…붓대포의 포성이 더욱 힘차게 울려퍼지도록 정력적으로 이끌어주신 위대한 장군님의 헌신의 세계는 사설혁명의 갈피마다에 력력히 어려있다. 깊은 밤, 이른 새벽에도 꺼질줄 모르는 당중앙의 불빛을 심장에 안으며 사론설필자들만이 아닌 당보의 모든 기자, 편집원들은 사설혁명, 신문혁명의 불길을 더욱 높여나갈 결의에 넘쳐있었다.
그 나날 자신께서는 요즘 아무리 바빠도 로동신문사에서 올려보내는 사론설초안들을 다 보아주고있는데 사론설들이 당의 사상과 리론,

> 구상과 의도를 옳게 반영하고 새맛이 나게 잘 씌여지고있다고 하시면서 사설혁명의 불길이 더욱 타번지도록 고무해주신 위대한 장군님의 헌신과 로고를 어이 다 헤아릴수 있으랴.…

같은 날짜 같은 면에 게재된 기사 〈력사의 2월 12일〉은 1974년 2월 11-13일 사이에 열린 당중앙위원회 제5기 제8차 전원회의에서 당보의 역할을 강화하는 결정이 이루어진 것을 경축하고 있다. 이 기사는 당시 김정일의 결정을 '사설혁명'이라고 부르면서 "위대한 장군님께서 몸소 지펴주신 사설혁명의 불길, 그것은 주체혁명위업을 끊임없이 계승발전시켜 나가는데서 언론전선이 차지하는 위치의 중요성을 깊이 통찰하신 우리 장군님의 불타는 의지에서 뿜어져 나온 위대한 불길이였다"고 평가하고 있다.

역시 같은 날짜 같은 면의 기사 〈여론전선의 총공세로 전환시키시여〉는 "사설혁명은 위대한 장군님께서 당의 기초축성시기에 발기하시고 지도해주신 언론전선에서의 력사적인 첫 총공세였다"며 "우리 당보와 사회주의언론 발전력사에는 1970년대 사설혁명처럼 진공적인 언론공세는 일찍이 있어보지 못하였다"고 부연했다.

2.5. 5시기

5시기 언론 관련 기사는 2개로, 하나는 로동신문에 실린 철도 개통 기사에 김정일이 어떤 반응을 보였는지에 관한 기사이고, 다른 하나는 '청년전위' 신문 창간 70주년을 축하하는 기사이다.

다른 시기에 비해 언론 사상 및 이론을 다룬 기사는 5시기에 아예 없을 뿐만 아니라 언론을 다룬 기사도 언론에 관련된 일화, 언론 창간 축하 기사로서 이전 4시기와는 달라진 분위기를 시사하고 있다. 먼저 2016년 4월 3일자 〈신문에 실린 기사를 보시고도〉 제하 기사에서는 "10일 허천역에서는 단천-만덕사이 전기철도개통식이 진행되였다"는 과거(1989년 4월 11일자) 로동신문 기사를 인용한 뒤 그 기사와 김정일에 얽힌 숨은 사연을 소개하고 있다. 로동신문을 보고 있던 김정일이 집무실에 '여성일군'을 불러 철도 개통과 관련된 기사에 대해 이야기를 나누다가 대화 상대가 새로 개통된 철도의 수혜자라는 사실을 언급하자 그 상대가 감동해 눈시울을 붉혔다는 이야기가 소개된다.

2016년 4월 20일자 〈당의 청년중시사상, 청년중시정치를 붓대로 믿음직하게 받들어〉 제하 기사는 "청년전위 신문창간 70돐을 맞으며"라는 부제를 통해 기사의 목적을 밝히고 있다.

신문은 "경애하는 원수님의 크나큰 사랑과 탁월한 령도의 손길아래 오늘 ≪청년전위≫신문은 수령의 신문, 혁명의 계승자들의 신문으로서의 자기의 혁명적 성격을 변함없이 고수해 나가고 있으며 혁명적인 사상공세로 500만 청년대군을 당의 후비대, 척후대, 익측부대로 튼튼히 키워나가는데 적극 이바지하고 있다"고 평가했다.

제4절

소결

1. 기사 내용 분석 결과

　편집국 인원 구성의 변화가 나타난 것과 마찬가지로 시기별 기사 내용에 변화가 나타났다면 이는 김정은의 등장과 연관 지을 수 있는 신문의 주요한 변화다. 실제로 본 연구의 대상이 된 5개의 시기에서 김정은 집권 이후 로동신문의 내용은 과거와 크게 달라진 양상을 보였다.
　가장 뚜렷한 변화는 5시기인 김정은식 통치구조 안정기에서 가장 많이 보도된 이슈가 1~4시기와 달라졌다는 것이다. 앞선 1~4시기에는 '사회주의 혁명사상 고취' 관련 기사가 가장 많이 다뤄졌지만, 5시기에는 '경제 발전'이 로동신문에서 가장 집중적으로 보도된 이슈였던 것으로 드러난 것이다. 김정은이 후계구도를 안정적으로 구축한 뒤 경제발전에 주력하고 있음을 기사 내용 분석을 통해 유추할 수 있다.
　1~4시기의 기사 내용 분석 결과에서도 의미 있는 현상이 포착되었다. 김정일 집권 후기인 1시기에는 사회주의 혁명사상 고취 관련 주제가 1위, 경제 발전 강조가 2위, 김일성과 김정일 찬양 및 체제 과시가

각각 3, 4위였다. 이어 남한 정세 비판과 미국 등 서구 비판, 과학기술 강조, 국제정세 소개 등의 순이었다. 그러나 김정일 건강 이상 증세가 나타난 2시기에는 1위 사회주의 혁명사상 고취에 이어 미국 등 서구 비판, 남한정세 비판 등이 2, 3위로 올라온다. 이런 현상은 김정일의 건강 이상이 현실화되는 위기를 맞아 북한 수뇌부가 본능적으로 대남 및 대외 적대 메시지를 증폭한 결과로 보인다.

김정일 사망과 김정은의 후계자 등극이 이뤄진 시기인 3시기에도 2시기와 비슷한 양상이 지속되었다. 후계자인 김정은의 입지를 강화하기 위한 기사, 전임자인 김정일을 찬양하는 기사가 집중적으로 작성되었다. 이 시기 내용상 가장 많이 다뤄진 기사는 사회주의 혁명사상 고취 관련 기사였고, 2위는 김정일 찬양, 3위는 남한정세 비판, 4위는 김정은 후계구도 강화 순이었다.

5~8위는 경제발전 강조, 미국 등 서구 비판, 김일성 찬양, 국제정세 소개 순이었다. 이 시기 김정일의 사망이라는 정치적 격변기를 맞이한 북한에서 김정일 추모와 찬양에 역점을 두는 한편, 대남 비판 기사와 김정은의 후계구도 강조 기사를 쏟아내며 내부 단결을 꾀한 것으로 풀이된다.

장성택 숙청이 일어난 4시기에는 통치자로서의 김정은의 입지를 강화하는 기사 내용이 계속적으로 증가하는 시기다. 이 시기 1위는 사회주의 혁명사상 고취였으나 뒤를 이어 김정은 후계구도 강조 내용이 2위로 뛰어올랐고, 경제발전 강조가 3위에 올라서는 등 1~2시기와는 전혀 다른 양상으로 북한 체제가 변모하고 있음이 드러난다. 4~8위는 미국 등 서구 비판, 남한 비판, 김정일 찬양, 과학기술 강조, 국제정세 소개 순으로 나타났다.

김정은식 통치구조가 확고히 구축되는 5시기에는 1~4시기 1위였던 사회주의 혁명사상 고취 관련 이슈가 뒤로 밀리는 전환기적 격변이 포착된다. 5시기에는 경제발전 강조 등 내치의 중요성을 강조한 기사가 1위로 올라서고, 김정은 후계구도 강화 관련 기사가 2위가 된다.

3~5위는 과학기술 강조, 김일성 찬양, 남한 비판 순으로 1~4시기 하위권 이슈였던 과학기술 강조가 이 시기 들어 정권 차원에서 중점을 두는 정책적 지침으로 격상되었음을 엿볼 수 있다. 반면에 1~4시기 중요한 이슈로 다뤄졌던 사회주의 혁명사상 고취 관련 기사는 5시기 미국 등 서구 비판(6위)에 이은 7위로 떨어지고 만다.

즉 5개 시기별 내용을 분석한 결과 1~4시기 사회주의 혁명사상 고취 관련 내용을 다룬 기사가 시기별로 각각 31.2%(72개), 49.3%(103개), 29.4%(67개), 29.8%(56개)로 1위였으나, 5시기에는 경제 발전 관련 기사가 23.8%(43개)로 1위에 오른 것이다.

1~5시기 두 번째로 많이 다뤄진 내용은 경제발전 강조(1시기: 16.9%), 미국 및 서방세계 비판(2시기: 13.4%), 김정일 찬양과 남한정세 비판(3시기 공동 2위: 16.2%) 등 시기별로 달랐으나, 4시기와 5시기에는 김정은 후계 구도 강화(23.4%, 18.2%)로 고정되었다.

이러한 신문 기사의 내용적 변화 추세는 1~3시기는 김정일 집권 및 정치적 과도기라는 점, 4~5시기는 김정은 정권 공고화 시기라는 점을 그대로 반영하고 있다.

1~5시기 내용상 3위 기사는 1시기 김정일 찬양 및 체제 과시(10.4%)와 남한정세 비판(10.4%)이었고, 2시기 남한정세 비판(12.9%), 3시기 김정은 후계구도 강화(12.7%)로 나타났다. 4시기에는 경제발전 강조(14.4%), 5시기는 과학기술 및 교육 강조(17.1%)가 각각 3위에 올랐다.

2. 기사 내용과 편집국 조직 및 인원 변화

이러한 시기별 중점 기사의 내용 변화는 시기별 편집국 인원 구성 및 부서별 기사량 변화와 일부 연관성을 보인다. 1시기 가장 많이 다뤄진 내용은 사회주의 혁명사상 고취, 경제발전, 김정일 찬양 및 체제 과시, 남한정세 비판 관련 기사였으며, 같은 시기 가장 많은 인원이 편성된 부서는 사회주의 혁명사상 관련 기사를 주로 다루는 혁명교양부(47명)와 당생활부(45명)였다. 그밖에 1시기 편집국은 조국통일부(39명), 당력사교양부(30명), 과학문화부(29명), 국제부(28명) 순으로 이뤄졌다.

2시기 가장 많이 다뤄진 내용은 사회주의 혁명사상 고취, 미국 및 서방세계 비판, 남한정세 비판 등이었다. 이 시기 가장 많은 인원이 편성된 부서는 당생활부(47명)와 혁명교양부(44명)였고, 당력사교양부(34명)와 국제부(30명), 과학문화부(25명), 조국통일부(25명) 등이 뒤를 이었다.

3시기 중점적으로 다룬 내용은 사회주의 혁명사상 고취, 김정일 찬양 및 체제 과시, 미국 및 서구 비판, 김정은 후계구도 강화 등의 순으로 나타났다. 이 시기 최다 인원이 배속된 부서는 당생활부(34명), 과학문화부(23명), 국제부(23명), 당력사교양부(22명), 혁명교양부(22명) 순이었다. 김정일 찬양은 당력사교양부, 서구 비판은 국제부, 김정은 후계구도 강화 등은 혁명교양부 및 당생활부 등과의 연관성이 있는 것으로 추정된다. 또한 이 시기 과학문화부 인원이 상대적으로 소폭 감소해 4, 5시기의 반전을 예고하고 있다.

4시기 기사 내용 순위는 사회주의 혁명사상 고취, 김정은 후계구도 강화, 경제발전 강조, 서방 비판, 남한 비판 순이었다. 당시 인원에 따른 부서별 순위는 당생활부(44명), 혁명교양부(29명), 과학문화부(23명), 당력사교양부(20명), 공업부(16명) 등의 순으로 나타났다. 당력사교양부와 혁명교양부는 김정은 후계구도 강화, 공업부와 과학문화부는 경제발전 및 과학기술 강조 등과 연관이 있는 것으로 분석된다.

5시기 기사 내용 순위는 경제발전 강조, 김정은 후계구도 강화, 과학기술 및 교육 강조, 김일성 업적 찬양 등의 순으로 나타난다. 김정은 시대가 본격 출범하면서 경제발전 기조가 북한 수뇌부의 주류적 정책 방향이 되었음을 시사한다. 이 시기 편집국 인원 구성을 보면 과학문화부(36명), 당생활부(33명), 혁명교양부(33명), 당력사교양부(18명), 조국통일부(18명) 등의 순으로 과학문화부의 위상이 1~4시기에 비해 크게 높아졌음을 알 수 있다. 과학문화부는 과학기술 강조, 당생활부와 혁명교양부 등은 김정은 후계구도 강화, 당력사교양부는 김일성 업적 찬양 등과 연관성이 있는 것으로 분석된다.

제6장
결론

제1절

종합 정리

　로동신문 편집국 인원이 5개 시기별로 271명, 278명, 200명, 198명, 189명으로 변화하는 정황을 본 논문은 밝혀내고 있다. 이러한 변화 추세는 5개 시기의 로동신문 기명 기사를 기간별로 충분한 기간(6개월)에 걸쳐 분류하고, 이 기사를 쓴 기자들의 명단을 작성한 결과 드러났다.

　6개월의 5개 각 시기 총 30개월 분량의 로동신문 기명 기사를 분류하고 분석한 결과 해당 기간 기명 기사는 1시기 2836개, 2시기 2802개, 3시기 2778개, 4시기 2459개, 5시기 2377개 등 총 13252개에 달했다.

　시기별로 각 기자들의 기사 목록을 작성하자 기자별로 주제의 일관성이 드러나 기자별 소속 부서를 유추해볼 수 있었다. 이를 바탕으로 5개 시기별 로동신문 편집국 조직 현황도를 추정해 만들 수 있었다.

　편집국 인원 측면에서 김정일 집권 후반기인 1시기, 김정일 건강 이상 및 회복기인 2시기에는 로동신문 기자들 수가 증가 추세를 보였다. 그러나 김정일이 사망하고 김정은이 후계를 계승한 3시기부터 5시기까지는 기자들 수가 지속 감소하는 양상이 나타났다.

　편집국 인원이 급감하기 시작한 3시기는 김정일이 사망(2011년 12월)하고 김정은이 권력을 승계하는 시기에 해당된다. 그전까지 증가 추세이던 로동신문 기자 수가 공교롭게도 김정은의 권력 승계시기와 맞물려 감소하기 시작한 것이다.

언론 이론적 관점에서 3시기는 북한 언론사에 있어 전환기가 되는 시기이다. 1974년 이후 37년 간 지속되었던 김정일의 주체적 출판보도 사상이 수정되어 새롭게 인쇄 및 발행된 2011년 10월께가 바로 3시기에 해당된다. 김영주(2018)는 이에 대해 2011년은 김정은 시대에 맞는 새로운 북한의 언론기능론이 제시된 시기라고 본다. 김정은이 북한의 새로운 최고 지도자가 된 시기에 북한의 새로운 언론기능론이 나왔고, 이 시기 로동신문 기자 수는 급감한 것이다.

본 논문의 연구 결과 1~5 시기 편집국 기자들의 인원 감소는 당력사교양부(30-34-22-20-18), 당생활부(45-47-34-44-33), 혁명교양부(47-44-22-29-33), 공업부(11-24-20-16-5), 농업부(18-21-13-9-7), 국제부(28-30-23-16-15), 조국통일부(39-25-19-13-18), 사진보도부(14-18-15-18-13), 특파기자부(10-10-9-10-9) 등 편집국 10개 부서 중 9개 부서에서 나타나고 있다. 과학문화부만 유일하게 1~5시기를 거치며 인원이 늘었다.

김정은 권력 승계 이후 로동신문 편집국의 변화는 인원 감소에만 그치지 않았다. 기자별 및 부서별 기사 작성량에 있어서도 시기별로 뚜렷한 변화가 나타났다. 1시기 기사 작성량 최상위 3개 부서는 당생활부(718개), 조국통일부(399개), 국제부(395개)였고 2시기 1~3위는 당생활부(494개), 조국통일부(479개), 국제부(422개), 3시기는 당생활부(580개), 조국통일부(465개), 국제부(414개) 순으로 3개 시기 1~3위 부서가 모두 일치했다.

그러나 4시기에 접어들면서 변화가 나타나 4시기 1~3위는 당생활부(591개), 국제부(327개), 조국통일부(290개)로 2, 3위가 뒤바뀌었고 5시기에는 과학문화부(483개), 당생활부(390개), 조국통일부(361개) 순으로, 과학문화부가 1위로 올라서게 된다. 김정은 시대를 맞아 편집국 규모는 축소되었지만, 과학문화부는 인원이 더 많아지고 기사량도 증가한 것이다.

뿐만 아니라 각 부서별로 기사를 가장 많이 작성한 기자들이 파악되었다. 1시기 10개의 각 부서별로 가장 많은 기사를 작성한 기자는 김성남(당력사교양부, 42개), 리종석(당생활부, 48개), 김동철(혁명교양부, 35개), 리병춘(공업부, 32개), 김창길(농업부, 32개), 림현숙(과학문화부, 29개), 심철영(조국통일부, 59개), 조성철(국제부, 44개), 강정민(사진보도부, 80개), 최재남(특파기자부, 50개) 등이었다. 이들 중 2시기에도 가장 많은 기사를 작성한 기자는 리종석(당생활부, 40개), 심철영(조국통일부, 51개), 강정민(사진보도부, 80개), 최재남(특파기자부, 54개) 등 4명이었다. 3시기에 접어들자 1시기 각 부서별 기사 작성량 1위 기자 중 조성철(국제부, 39개)만 유일하게 3시기에도 국제부 1위에 올랐고, 다른 부서에서는 1위가 모두 바뀌었다.

4시기부터는 1~3시기와 연결되는 기자가 없었다. 5시기의 손영희(당생활부, 37개)는 4~5시기 연속 기사 작성량 1위 기자로 유일하게 분류되었고, 강명천(공업부, 25개)은 3시기와 5시기에서, 김창길(농업부, 30개)은 1시기와 5시기에서, 심철영(조국통일부, 60개)은 2시기와 5시기에서 각각 부서별 가상 많은 기사를 작성한 기자로 파악되었다.

기사 작성량이 많은 기자 범주를 늘려 시기별로 기사를 10건 이상 작성한 기자들 위주로 분류해보니 의미 있는 결과가 나타났다. 1시기와 2시기에서 기사 10개 이상을 작성한 기자 가운데 당력사교양부 소속을 유지한 기자는 리성국 1명에 불과하였다. 2시기에서 3시기 사이에는 리금분, 강철남, 정순학 등 3명, 3시기와 4시기 사이에는 리금분, 김명훈, 백영미, 정순학, 강철남, 량순, 김준혁 등 7명, 4시기와 5시기 사이에는 리금분, 한영민, 김준혁, 백영미, 림정호, 량순, 강철남 등 7명이 같은 부서를 유지했다. 각 부서별로 상부에서 중용되는 주요 기자층이 존재했을 가능성이 엿보인다.

다른 부서에서도 역시 중용되는 기자층이 파악되었다. 각 시기별로 기사를 10개 이상 작성한 당생활부 소속 기자를 분류해보면 1시기에서 2시기로 넘어갈 때 당생활부 소속을 유지한 인원은 11명, 2시기에서 3시기 9명, 3시기에서 4시기 12명, 4시기에서 5시기 8명이었다. 혁명교양부는 1시기에서 2시기 1명, 2시기에서 3시기 2명, 3시기에서 4시기 0명, 4시기에서 5시기 0명이었다. 공업부는 0명, 7명, 6명, 2명 순이었고 농업부는 5명, 3명, 4명, 3명, 과학문화부는 3명, 3명, 7명, 7명, 조국통일부는 11명, 12명, 8명, 6명, 국제부는 12명, 10명, 6명, 6명, 사진부는 8명, 5명, 7명, 8명, 특파기자부는 7명, 4명, 7명, 9명으로 파악되었다. 부서별로 꾸준히 중용되는 기자들이 존재한다는 것은 로동신문 편집국 조직 내에서 능력치에 따른 기자 평가가 이뤄진다는 의미로 해석될 수 있다.

공산주의 언론인 로동신문의 종사자들은 당의 지도를 맹목적이고 무비판적으로 수용하는 존재로 여겨지고 있다. 이에 따라 북한 언론인의 기능 및 역할에 대한 외부의 기대감은 극히 낮은 편이다. 북한 언론사에서 개별 언론인의 고유한 취향과 주장은 중요하게 여겨지지 않는다는 인식이 일반적이다. 공산주의 국가의 언론인은 기계를 구동하는 하나의 부품에 지나지 않는다는 인식에 따른 것이다. 그래서 북한 매체에 게재되는 기사의 작성자들은 허울뿐인 존재이며 실제로 존재하지 않는다는 주장마저 제기된다.

그러나 본 연구를 통해 로동신문 기자의 실체 및 편집국 현황이 추정적으로 확인되었고, 로동신문 편집국에서는 활발한 인사 교류가 이뤄지고 있으며, 각 부서별로 집중적으로 중용되는 기자들이 있다는 사실 등이 파악되었다.

1시기 당력사교양부 기자들 30명 중 2시기 같은 부에 남은 기자는 단 3명에 불과하였다. 1~5시기 전체에 걸쳐 당력사교양부 소속을 유지한 기자는 단 1명(량순)에 그쳤다. 당생활부의 경우에도 1시기 45명 중 2~5시기에 당생활부 소속으로 남은 기자는 리정수, 리종석 단 2명에 그쳤다. 1시기 47명의 혁명교양부 기자들 중 2시기에도 같은 부서에 남은 인원은 12명이었고 다른 인원은 당력사교양부, 당생활부, 국제부, 공업부, 과학문화부, 조국통일부 등의 부서로 이동하였다. 공업부, 농업부, 과학문화부 등 다른 부서에서도 이와 유사한 활발한 부서 이동이 이뤄지고 있었다.

1~5시기 기사의 내용적 변화 분석 결과, 김정은 정권은 최우선 과제로 경제 발전과 과학기술 및 교육 강화에 중점을 두고 있다는 사실도 드러났다. 소비에트 공산주의 언론이론 기반의 신문인 로동신문에서 최고 지도자의 의중은 기사로 담아내야 할 최우선 과제에 해당된다. 로동신문에 게재되는 기사가 특정 주제를 일관되게 전달하고 있다면, 북한 수뇌부의 의중이 작동하고 있는 것으로 봐도 무방하다.

5개 시기별 기사 내용을 분석한 결과 1, 2, 3, 4시기에는 사회주의 혁명사상 고취 관련 내용을 다룬 기사가 각각 31.2%(72개), 49.3%(103개), 29.4%(67개), 29.8%(56개)로 가장 많은 부분을 차지하였으나, 5시기에는 경제발전을 강조한 기사가 23.8%(43개)로 가장 높은 비율을 보였다. 로동신문에 가장 많이 게재된 기사 내용이 '경제 발전'과 관련된 것이라면 이는 북한 수뇌부가 경제 발전이라는 목표에 집중하고 있음을 간접적으로 파악해 낼 수 있다.

5시기 기사 내용 중 1위는 '경제 발전'이었고, 2위는 '김정은 후계구도 강화'(18.2%), 3위 '과학기술 및 교육 강조'(17.1%) 순으로 나타났다. 북한은 김정은 중심의 후계 체제 강화에 집중하고 있으며, 경제 발전과 과학기술 강화 등 과거 최우선 순위가 아니었던 과제를 최우선 과제로 삼으려는 움직임으로 풀이할 수 있다. 실제로 김정은의 북한은 이후 2018년 2월 평창 동계올림픽에 참가 결정을 내렸고, 이를 계기로 역사적인 남북대화 및 북미대화를 재개하는 등 국제사회와의 소통에 대해 전례 없이 강한 의지를 보였다. 그 결과 2018년 3차례의 남북정상회담이 열렸고, 사상 최초의 북미정상회담이 열리기도 했다.

제2절
연구의 의의 및 한계

본 연구에서는 김정일~김정은 권력 교체 시기의 주요 정치적 사건을 기점으로 5개의 시기를 분류하고 시기별 로동신문 편집국의 인원 구성과 부서 및 개인의 기사량을 분석하였다. 또한 추가적으로 시기별 기사 내용을 분석하여 이 시기 로동신문의 기사 내용이 어떻게 변화하는지를 연구해 보았다.

이를 위해 로동신문의 기명 기사 리스트를 만들었고, 이를 바탕으로 기자별 소속 부서를 추정하여 분류하여 로동신문 편집국 조직도를 추정적으로 유추하였다. 이러한 연구 방법은 폐쇄성이 짙은 북한 사회에서 북한 로동신문의 부서별 조직도 현황 등이 공개되지 않아 불가피하게 취해진 측면이 있다. 그러나 이런 방법으로 로동신문 조직의 실체에 한 걸음 더 다가가볼 수 있었다.

로동신문 편집국 조직을 알아내기 위해 지푸라기라도 잡는 심정으로 시작한 분석 작업에서 로동신문에 공개된 기명 기사를 전수 파악하였고, 이를 바탕으로 기자별 소속 부서를 유추하여 결국 편집국 조직도를 추정적으로 도출할 수 있었다.

로동신문 기자들의 소속 부서를 분류하는 작업은 지난한 과정이었다. 이를 위해 시기별로 작성된 로동신문 기명 기사 리스트를 기자별 기사 리스트로 전환하여 기사 리스트가 갖는 일관성에 따라 부서를 분류하는 단계로 나아갔다. 분류 결과를 바탕으로 시기별 기자의 기사량 순위를 내고, 시기별 부서 이동 현황까지 파악할 수 있었다.

그러나 이렇게 도출한 결과가 실제 로동신문 편집국 현황과 얼마나 일치하는지 확인하기란 현실적으로 불가능하다. 북한 로동신문 편집국 관련 정보가 공개되지 않고 있기 때문이다. 이 같은 이유로 본 연구에서 도출한 로동신문 편집국의 조직도는 '추정적으로 유추한 결과'라는 꼬리표를 뗄 수 없는 상황이다.

방대한 데이터를 분류하고 분석하여 도출한 결론이지만, 그 결론이 실제 로동신문 편집국 현황과 정확히 일치한다고 단언할 수는 없는 것이다. 이는 곧 본 논문의 한계이자 앞으로 확인하고 밝혀내야 할 첫 번째 과제이다.

즉 이 연구는 다음과 같은 한계를 안고 있다. 5개 시기의 기명 기사 전수조사를 통해 파악한 추정적 로동신문 편집국 인원 현황의 오류 가능성이다. 그러나 현재로서는 확인할 길이 없다. 통일부가 매년 발표하는 북한 주요인사 인명록 등을 참고하여 로동신문 부장급 간부의 이름까지는 확인할 수 있었다. 그러나 일선에서 활동하는 편집국 소속 기자 전원에 대해 알아낼 방법은 현재로서는 해당 신문의 기명 기사를 분류해 파악하는 방법 외에는 뾰족한 방법이 없는 상황이다.

다음으로는 내용 분석을 위한 연구기법의 도입 및 적용에서 한계가 없지 않았다. 북한 언론을 분석하기 위한 틀로써 미국 등 서구에서 사용하는 학술 기법을 차용해오지 않을 수 없었다. 이 기법으로 북한 언론을 분석할 경우 어느 정도의 효과성과 신뢰성이 있는지는 검증되지 않았으나, 북한 언론 내용을 분석할 수 있는 별도의 틀이 없어 가장 널리 일반적으로 사용되는 언론 내용 분석의 틀을 가져올 수밖에 없었다.

로동신문은 북한 사회를 보여주는 대표적인 매체로서 학계에서 북한 연구를 위한 1차 자료로 다양하게 활용되고 있다. 앞으로도 로동신문은 북한 연구를 위한 틀로서 계속 활용될 것이다.

만약 향후 북한 언론 내용을 분석하기 위한 전용 기법이 만들어진다면 로동신문을 통한 북한 연구는 더욱 활발해질 것이다. 이는 앞으로 북한 연구의 효과성과 효율성을 더욱 높이게 될 것이고, 북한 연구의 수준은 진일보하게 될 것이다.

■ 참고문헌

가. 저서

강현두,『북한 매스미디어론』, 서울: 나남, 1997.
남용규 외,『광명백과사전』, 평양: 백과사전출판사, 2011.
고유환·이주철·홍민,『북한 언론 현황과 기능에 관한 연구』, 서울: 한국언론진흥재단, 2012.
고유환 엮음,『로동신문을 통해 본 북한 변화』, 서울: 동국대 북한학연구소, 2006.
김경근 외,『사회주의국가의 언론』, 서울: 한국언론연구원, 1989.
김영주,『현대북한 언론연구』, 마산: 경남대학교출판부, 1998.
김영주·이범수 엮음,『김정일 시대의 언론 이론과 정책』, 서울: 한울아카데미, 1994.
김영주·이범수 엮음,『현대 북한 언론의 이해』, 서울: 한울아카데미, 1994.
김영주·이범수 엮음,『북한 언론의 이론과 실천』, 서울: 나남출판, 1991.
김인동,『북괴의 선전선동기구와 대남선전정책연구』, 서울: 서울대 행정대학원, 1966.
리응필,『신문기사론』, 평양: 김일성종합대학출판사, 1979.
리진규,『21세기 김정일 시대』, 평양: 평양출판사, 1995.
박순성·홍민,『북한의 권력과 일상생활: 지배와 저항 사이에서』, 서울: 한울아카데미, 2013.
박순성,『통일논쟁: 12가지 쟁점, 새로운 모색』, 서울: 한울아카데미, 2015.
박유봉,『공산주의 언론 비판』, 안톤 부젝(저), 서울: 형설, 1982.
백학순·임재형·이태환·정성임·정성장,『북한의 대외관계』, 파주: 한울아카데미, 2011.
서성우,『사회주의 국가의 언론』, 서울: 한국언론연구원, 1989.
신우식,『사회주의 국가의 언론』, 서울: 한국언론연구원, 1989.
양호면,『북한사회의 재인식 1』, 서울: 한울, 1987.
유재천,『북한의 언론』, 서울: 을유문화사, 1989.

우승지 외, 『김정은 시대의 정치와 외교: 선군인가, 선경인가』, 파주: 한울아카데미, 2014.
이광재, 『로동신문 사설에 관한 연구』, 경희대 커뮤니케이션 연구소, 1977.
이교덕·임순희·조정아·송정호, 『김정은 체제의 권력엘리트 연구』, 서울: 통일연구원, 2012.
이규종, 『소련의 여론: 대중설득연구』, 알렉스 인켈스(저), 서울: 문맥사, 1987.
이규종·한병구, 『매스컴4이론』, 프레드 시버트·테오도어 페터슨·윌버 슈람(저), 서울: 문맥사, 1987.
이기우, 『북한의 선전선동과 로동신문』, 서울: 패러다임북, 2015.
이종석, 『새로 쓴 현대북한의 이해』, 서울: 역사비평사, 2000.
정성장, 『현대 북한연구의 쟁점 1』, 파주: 한울아카데미, 2005.
정성장, 『현대 북한의 정치: 역사, 이념, 권력체계』, 파주: 한울아카데미, 2011.
정성장, 『김정은 시대 북한 최고인민회의 상임위원회의 위상과 역할』, 성남: 세종연구소, 2014.
정성장, 『한반도 비핵·평화의 길, 북한의 협상 수용 배경과 한국의 전략』, 성남: 세종연구소, 2018.
정성장·이규열·양문수·김용호, 『북한 리포트: 북한의 변화 가능성』, 서울: 국가안전보장문제연구소, 2014.
정성장·백학순·임을출·전영선, 『김정은 리더십 연구』, 성남: 세종연구소, 2017.
조영주 엮음, 『북한 연구의 새로운 패러다임: 관점·방법론·연구방법』, 파주: 한울아카데미, 2015.
John C. Nerone, 차재영(역), 『최후의 권리: 언론의 4이론을 넘어서』, 서울: 한울아카데미, 1998.
Riffe, D., Lacy, S., & Fico, F.G., 배현석(역), 『미디어 내용분석 방법론』, 서울: 커뮤니케이션북스, 2001.
Siebert, Fred S., Peterson, Theodore., & Schramm, Wilbur. 강대인(역), 『언론의 4이론』, 서울: 나남출판, 1991.

나. 연구논문

고유환, 「북한의 권력구조 개편과 김정일정권의 발전전략」, 『국제정치논총』 제38집 제3호, 1999, 127-151.

고유환, 「2007 남북정상회담 성과와 과제」, 『통일문제연구』 제19권 제2호, 2007, 1-31.
고유환, 「한미동맹 재조명과 북한 핵실험 이후 한반도 정세」, 『평화학연구』 제8권 제1호, 2007, 105-125.
고유환, 「김정은 후계구축 논리와 징후」, 『통일문제연구』 제22권 제1호, 2010, 93-122.
고유환, 「김정은 후계구축과 북한 리더십 변화」, 『한국정치학회보』 제45집 제5호, 2011, 175-192.
고유환, 「김정은 체제와 남북관계: 전망과 과제」, 『통일전략포럼보고서』 제50권, 2012, 7-22.
김수한, 「북한 로동신문 부서별 언론인 분석-2016년 1/4분기 로동신문을 중심으로」, 『북한학보』 제41집 제1호, 2016, 38-68.
김영주, 「김정일의 '주체적 출판보도사상'에 관한 연구」, 『한국사회와 언론』 제5호, 1995, 164-189.
김영주, 「북한체제와 언론: 정치·경제적 변동과 언론정책과의 상관성」, 『동북아연구』 제2권, 1996, 87-132.
김영주, 「북한 기자론-그 종류, 성격과 품성, 기자교육을 중심으로」, 『동북아연구』 제8권, 2003, 175-199.
김영주, 「로동신문에 나타난 대남보도 논조 분석-2008년 이후를 중심으로」, 『언론과학연구』 제10권 제4호, 2010, 80-121.
김영주, 「김정은의 등장과 북한언론이론의 변화-남한 뉴스미디어의 시각교정을 위한 전제」, 『한국언론정보학회 2018년 봄철 정기학술대회』, 2018, 3-18.
김영주·박춘서, 「로동신문 사설을 통해 본 북한이론의 변화」, 『동북아연구』 제6권, 2001, 5-47.
김영희, 「한국전쟁 기간 북한의 대남한 언론활동: 조선인민보와 해방일보를 중심으로」, 『한국언론정보학보』 통권 제40호, 2007, 287-320.
김용현, 「로동신문 분석을 통한 북한정치 변화연구: 1945-1950」, 『북한연구학회보』 제7권 제1호, 2003, 107-127.
김용현, 「'로동신문'을 통해 본 북한의 수령제 형성과 군사화」, 『아세아연구』 통권 제122호, 2005, 115-137.
김용현, 「북한 '력사과학(1955-2013)'의 구성과 특징 연구」, 『평화학연구』 제16권 제4호, 2015, 165-186.

김용현, 「김정일, 김정은 집권 초기 북한 권력체계 비교」, 『한국동북아논총』 제74호, 2015, 155-174.

김원태, 「북한 로동신문의 언론이념과 대중설득에 관한 연구」, 『한국동북아논총』 제56호, 2010, 247-270.

김종완, 「북한 언론인 양성의 현실과 조건」, 『북한』 1986년 2월호(통권 제170호), 1986, 76-80.

노재승, 「북한의 언론기관과 언론인들」, 『북한』 1986년 2월호(통권 제170호), 1986, 70-75.

박순성, 「한반도 공간정치의 복잡성과 21세기 통일전략」, 『21세기정치학회보』 제10집 제1호, 2000, 27-47.

박순성, 「김정일 시대(1994~2004) 북한 경제정책의 변화와 전망」, 『북한연구학회보』 제8권 제1호, 2004, 57-76.

박순성, 「한반도 평화를 위한 실천 구상」, 『사회과학연구』 제25권 제1호, 2018, 27-52.

박순성·고유환·홍민, 「북한 일상생활 연구의 방법론적 모색」, 『현대북한연구』 제11권 제3호, 2008, 9-57.

박영실, 「로동신문을 통해 살펴본 북한의 전후복구 과정(1953~1958년)」, 『통일문제연구』 2013년 상반기 제59호, 2013, 329-359.

박영학, 「북한의 초기 언론사상: 1945년 당보창간을 중심으로」, 『북한』 1990년 9월호(통권 제225호), 1990, 3-18.

박유봉, 「공산주의적 언론이론과 소련의 언론」, 『신문학보』 제17호, 1984, 5-25.

서정우, 「북한 언론의 현주소 진단-북한 정치체제의 특성과 언론기능」, 『북한』 1986년 2월호(통권 제170호), 1986, 58-62.

유재천, 「북한 언론의 성격과 현실 재구성에 관한 연구」, 『동아연구』 제29권, 1995, 3-59.

이주철, 「2000년대 조선중앙TV 편성 변화 연구」, 『통일문제연구』 제23권 제2호, 2011, 195-226.

이항동, 「로동신문 사설분석에 의한 북한정책의 변화: 1987-1996」, 『한국정치학회보』 제31권 4호, 1997.

전미영, 「1960년대 북한의 대남인식과 대남정책: 로동신문 분석을 중심으로」, 『국제정치논총』 제44권 제3호, 2004, 265-287.

전영선, 「북한 언론계의 핵심 3인방 차승수-김기룡-최칠남」, 『북한』 2002년 1월호 (통권 제361호), 2002, 143-153.
정성임, 「1998-2007년 로동신문 분석을 통해 본 북한의 '선군정치' 논리」, 『통일문제연구』 2009년 하반기 제52호, 2009, 245-290.
정성장, 「Post-김정일 체제 전망-후계자 문제를 중심으로」, 『북한학보』 제33편 제1호, 2008, 9-40.
정성장, 「김정은 후계체계의 공식화와 북한 권력체계 변화」, 『북한연구학회보』 제14권 제2호, 2010, 159-188.
정성장, 「장성택 숙청 이후 김정은 체제의 안정성 평가」, 『국방연구』 제57권 제1호, 2014, 1-25.
조수영, 「북한 미디어 환경과 언론의 기능」, 『한국언론학회 심포지움 및 세미나』 2015년 5월, 2015, 27-41.
주성하, 「로동신문 변화로 본 김정은시대 북한 언론」, 『관훈저널』 제60권 제3호, 2018, 101-108.
주정화, 「로동신문을 통해 본 김정은 정치스타일」, 『사회과학연구』 제30권 제2호, 2014, 55-80.
최진봉, 「김정일시대의 북한언론」, 『북한』 1995년 11월호(통권 제287호), 1995, 94-101.
한승대·김용현, 「북한 후계자 등장 관련 한국 언론의 보도 비교 연구-1974년, 2009년을 중심으로」, 『인문사회과학연구』 제16권 제3호, 2015, 299-326.
허재영·표윤신·조화순, 「국제사회의 대북 경제제재와 로동신문의 대응담론: 김정일 체제와 김정은 체제의 비교」, 『한국정치학회보』 제51집 제5호, 2017, 111-134.

다. 학위논문

김근수, 「북한의 언론정책에 관한 연구」, 중앙대학교 신문방송대학원 석사학위논문, 1989.
김성완, 「북한의 대남정치선전」, 서울대학교 신문대학원 석사학위논문, 1975.
김영관, 「북한의 대남선전방송에 관한 연구」, 연세대학교 행정대학원 석사학위논문, 1987.
김인술, 「북한의 대남선전에 관한 연구: 대남 확성기 방송의 효과를 중심으로」, 연세대학교 대학원 석사학위논문, 1982.
김현식, 「군중노선에 있어 북한언론의 역할에 관한 연구」, 중앙대학교 대학원 석사학위논문, 1990.
박영환, 「북한의 대남심리전에 관한 연구」, 동국대학교 행정대학원 석사학위논문, 1981.
선상신, 「북한 언론에 나타난 대외정책 프로파간다-북핵 6자회담 보도를 중심으로」, 동국대학교 북한학과 대학원 박사학위논문, 2013.
송재만, 「북한의 정치선전실태에 관한 연구」, 연세대학교 행정대학원 석사학위논문, 1980.
안춘옥, 「북한신문의 기능에 관한 연구」, 고려대학교 대학원 박사학위논문, 1990.
이광재, 「북한신문의 대중동원성에 관한 연구」, 경희대학교 대학원 박사학위논문, 1979.
이기우, 「북한의 통치기제로서 선전선동과 로동신문의 역할」, 경기대학교 북한학과 대학원 박사학위논문, 2014.
이래운, 「김정은 시대 북한 언론매체의 기능변화에 관한 연구: 조선중앙통신과 노동신문 보도를 중심으로」, 동국대학교 북한학과 대학원 석사학위논문, 2014.
이미영, 「남북한 신문의 미·소 보도 양상에 관한 연구: 1980년대 서울신문과 노동신문을 중심으로」, 연세대학교 대학원 석사학위논문, 1990.
이영익, 「남북한 방송의 비교연구」, 연세대학교 행정대학원 석사학위논문, 1973.
이혜영, 「북한방송에 대한 분석연구」, 서울대학교 대학원 석사학위논문, 1976.
정성자, 「북한대중매체의 기능에 관한 연구」, 서울대학교 대학원 석사학위논문, 1982.
조영희, 「북한의 언론·출판에 관한 연구: 사회주의 언론관과의 비교」, 동국대 대학원 석사학위논문, 1994.
조형준, 「북한언론에 관한 연구: 로동신문 사설 내용분석을 중심으로」, 서울대학교 신문대학원 석사학위논문, 1973.
최영훈, 「북한신문의 갈등관리성에 관한 연구: 노동신문 사설의 내용분석을 중심으로」, 연세대학교 대학원 석사학위논문, 1991.
하상섭,「북한의 경제·국방 병진노선과 체제위기 극복효과-김일성·김정일시대 병진노선의 유형별 비교분석」, 동국대학교 북한학과 대학원 박사학위논문, 2017.
한창규,「북한의 언론이론과 그 적용에 관한 연구」, 서울대학교 대학원 석사학위논문, 1990.

라. 언론

로동신문.
연합뉴스.
VOA.

■ ABSTRACT

A Study on the Changes of Rodong Sinmun after Kim Jong Un's Succession of Power
On the Composition of the Editorial Bureau and News Content

Kim, Soo Han*

Right after Kim Jong Il died of a heart attack while traveling on his train on 17 December in 2011, Kim Jong Un inherited control of North Korea becoming the successor to his father. Because hereditary succession is such an unusual way to transmit leadership in a communist country, there are questions as to whether this arrangement will achieve its objective. However, the Swiss-educated youngest son of his father, called the "Great Successor" by North Korean state-run media was only officially designated as heir in 2009 by Kim Jong Il.

Since Kim Jong Un ascended to power, he announced the priority of building a prosperous nation and improving the people's living standards through the economic development. Kim even said he and the United States President Donald Trump had decided to leave the past behind as they signed a joint document after their summit in Singapore in June, 2018.

North Korea that has been now ruled by three generations of Kim has

---

* Department of North Korean Studies, The Graduate School of Dongguk University.

dramatically changed. Trump had just delivered to Kim a degree of global recognition and acceptance that Kim's father and grandfather could not have imagined.

This study focused on the questions whether there had been a change in the North's media since Kim Jong Un took over power. In order to find out more about Kim Jong Un's influence on the North Korean media, North Korea's Rodong Sinmun has been selected as a research target. Rodong Sinmun serves as the official newspaper of the Central Committee of the Workers' Party of Korea.

If the media had undergone some changes during Kim Jong Un's reign, it would draw a considerable amount of attention. To proceed with the study, the first step was to set and divide the scope of time in Rodong Sinmun. This study divided it into five periods based on important events.

The first period is the last phase of Kim Jong Il before he fainted in August, 2008. The second period was when Kim Jong Il recovered his health and formalized Kim Jong Un's succession in September, 2010. The third period is when Kim Jong Il died and Kim Jong Un became the successor. The fourth period is when Kim Jong Un succeeded to supreme power and purged his uncle, Jang Song Thaek. The fifth period is when Kim Jong Un became the country's chief cabinet member, the Chairman of the State Affairs Commission, and the power structure of his own was completed.

So as to simplify the research process, one period consists of six months, which is quite enough to analyze a daily reporter. The number of articles analyzed in the total period of 30 months in the 5 periods is

13,252. By analyzing about 2,500 articles by reporter for each period, I was able to draw up a list of articles by reporter. Based on this list of articles, I was also able to infer the composition of the personnel in the editorial office in five different periods. It was also possible to find out the status and activity of journalists in five different periods.

In addition, the study conducted an analysis of the contents of articles in five different periods. According to the analysis, there were the most articles on socialist achievement in the four periods. However, the most frequently reported articles in the fifth period were different. In the fifth period, there were the most articles on economic development and the development of science and technology. It was a big change.

During the fifth period, the number of reporters covering economic development was also confirmed to be the highest. Changes in the North Korean media were certainly taking place during the Kim Jong Un regime.

Key word: Rodong Sinmun, Newspaper, Media, Kim Jong Un, Kim Jong Il, Kim Il Sung, North Korea, DPRK, Editorial Bureau, News Content, Content Analysis.